WAGNER CARDOSO

PLANEJAMENTO e CONTROLE da PRODUÇÃO (PCP)

a teoria na prática

1ª Edição

Planejamento e controle da produção (PCP): a teoria na prática

1ª Edição – 2021
Editora Edgard Blücher Ltda.

Publisher Edgard Blücher
Editor Eduardo Blücher
Coordenação editorial Jonatas Eliakim
Produção editorial Aline Fernandes
Preparação de texto Samira Panini
Diagramação Taís do Lago
Revisão de texto Beatriz J. F. Acencio
Capa Laércio Flenic
Imagem da capa Istock

Blucher

Rua Pedroso Alvarenga, 1245, 4° andar
04531-934 – São Paulo – SP – Brasil
Tel 55 11 3078-5366
contato@blucher.com.br
www.blucher.com.br

Segundo Novo Acordo Ortográfico, conforme 5. ed. do *Vocabulário Ortográfico da Língua Portuguesa*, Academia Brasileira de Letras, março de 2009.

Dados Internacionais de Catalogação na Publicação (CIP)
Angélica Ilacqua CRB-8/7057

Cardoso, Wagner
Planejamento e controle da produção (PCP): a teoria na prática / Wagner Cardoso. – São Paulo : Blucher, 2021.
245 p.

Bibliografia
978-65-5506-245-8 (digital)
978-65-5506-242-7 (impresso)

1. Administração da produção 2. Controle de produção I. Título

21-2079 CDD 658.51

Índices para catálogo sistemático:
1. Controle de produção

AGRADECIMENTOS

Primeiramente agradeço a Deus por me conceder saúde, sem a qual nada disso seria possível. Agradeço também aos meus pais e irmã por todo tempo dedicado à minha educação, construindo assim uma base sólida na qual eu edifico minha vida.

PREFÁCIO

O Planejamento e Controle da Produção (PCP) é uma ferramenta do processo de gestão dos níveis estratégico, tático e operacional e com abrangência gerencial de nivelamento da demanda com o fornecimento de recursos (máquinas, mão de obra, insumos e suprimentos), partindo das projeções das vendas e indo até o dimensionamento da capacidade produtiva. O PCP tem o propósito principal de alinhar a capacidade produtiva com a demanda dos clientes para reduzir sobrecargas, subcargas e ociosidades e, consequentemente, custos da operação. Costuma-se dizer no meio empresarial que PCP é coração de indústria, pois nada se produz e nada se compra sem o PCP liberar ordens. Com a implantação correta do PCP a empresa ganha em agilidade e flexibilidade nas respostas aos anseios dos clientes, organização do fluxo de materiais e de informação, além da execução eficiente dos processos produtivos e de suprimentos, maior controle e monitoramento do que foi previsto comparativamente ao que está sendo realizado, dentre outros pontos importantes para uma gestão eficaz e eficiente da organização empresarial como um todo. Isso porque o PCP é como uma central de processamento de informações, na qual se processa informações advindas de todos os setores internos, como RH, produção, marketing e vendas, logística, qualidade, financeiro etc., e ainda recebe e processa informações advindas dos seus parceiros fornecedores e clientes externos. Portanto, este livro tem como objetivo trazer ao leitor todo conhecimento pertinente ao PCP utilizado em empresas brasileiras e mundiais, bem como transformar seu pensamento de forma a se apaixonar pelo tema PCP, como o autor deste livro o é.

Nas páginas que se seguem, você terá uma leitura abrangente e rica que alia revisão bibliográfica sobre Planejamento e Controle da Produção (PCP) e exercícios de fixação práticos, incluindo definições, etapas de implantação, resultados esperados e fatores críticos para o sucesso da implantação. Esse tipo de abordagem teórico-prática permeia todo este livro. Primeiramente, você verá uma introdução ampla sobre PCP e sua importância, aplicabilidade e nuances relativas aos tipos de sistemas de produção existentes. Na sequência, você compreenderá a importância da Previsão de Vendas, suas peculiaridades, como é elaborada, e sua relação direta com a gestão da demanda. Após, você aprenderá sobre Curva ABC, Gestão de Estoques, Plano Agregado de Produção, Plano-mestre da Produção e Planejamento das Necessidades de Materiais e sua evolução. Posteriormente, você aprenderá Programação da Produção e seu Sequenciamento (Gantt), Controle da Produção, Planejamento da Capacidade, Planejamento e Programação Avançado da Produção, Planejamento Integrado entre Operações e Vendas, Planejamento e Controle da Produção na Produção Enxuta e, por fim, Planejamento Estratégico da Produção.

Livro de leitura obrigatória para cursos de Engenharia de Produção, Engenharia Industrial, Administração de Empresas, Gestão Industrial, Gestão da Produção, Logística e quaisquer cursos de Graduação e Pós-graduação nestas áreas supracitadas.

CONTEÚDO

CAPÍTULO 1
EVOLUÇÃO E CONCEITOS

Neste capítulo o leitor encontrará uma abordagem introdutória e objetiva sobre os sistemas de produção e suas classificações gerais, a gestão da produção e operações, sua evolução, e conceitos e definições de Planejamento e Controle da Produção (PCP), seus impactos nas áreas internas e em fornecedores externos.

1.1. GESTÃO DA PRODUÇÃO E OPERAÇÕES: EVOLUÇÃO, CONCEITOS E CLASSIFICAÇÕES IMPORTANTES

Desde a era Fordista, o foco das empresas vem mudando, evoluindo e quebrando paradigmas administrativos. Se no início as organizações empresariais não precisavam se preocupar com qualidade como no momento atual, por existirem poucas concorrentes (elas se preocupavam no máximo com inspeções de fim de linha), hoje, no século XXI, o foco está todo nos clientes, atentando-se principalmente para a qualidade dos produtos e serviços, a pontualidade e os preços praticados, além da agilidade e flexibilidade.

Após a Segunda Guerra Mundial, foram criados vários cursos de MBA focados em formar gestores profissionais que investissem contra os problemas de gestão das empresas, haja vista que poucos anos depois da Segunda Guerra, a globalização chegaria para mudar os paradigmas de gestão. A globalização trouxe benefícios concretos não somente às economias dos países, como também forçou as empresas a melhorarem continuamente seus processos, sua gestão, sua eficiência, sua qualidade e sua integração.

Mas qual a diferença entre Gestão da Produção e Gestão de Operações? Na essência, praticamente nenhuma. Porém, no mercado convencionou-se a distingui-las da seguinte forma: Gestão da Produção atua no gerenciamento da produção de qualquer processo em que haja uma entrada, um processamento ou transformação e uma saída, seja manufatura ou serviços, apesar de estar mais ligada à indústria; e Gestão de Operações é mais ampla, pois atua no gerenciamento de todas as operações de uma empresa manufatureira, de serviços ou comercial, incluindo produção, logística, qualidade, estoques, pesquisa e desenvolvimento, manutenção, enfim, todos os setores necessários à operação da empresa, com exceção dos setores administrativos (RH, finanças e comercial).

É importante lembrar que a Engenharia de Produção, profissão mais adequada para assumir cargos de Gestores de Produção e Gestores de Operações, nasceu nos EUA com o nome de Engenharia Industrial (*Industrial Engineering*), abrangendo toda e qualquer empresa que tenha um sistema produtivo, seja manufatura, comércio ou serviços, pois lá se convencionou chamar de "indústria da moda", "indústria do entretenimento" etc. os setores produtivos/empresariais atuantes, o que amplia muito o mercado de trabalho do Engenheiro Industrial no país citado. Por aqui, quando desembarcou no Brasil na década de 1950, também era chamada de Engenharia Industrial. Porém, observou-se que, aqui, isso limitaria o campo de atuação desse profissional às indústrias, sendo que sua formação é muito mais ampla e deve ser utilizada também em comércio e serviços. Logo, em poucos anos, mudou-se a Engenharia Industrial para Engenharia de Produção, e assim o é até hoje.

Isso posto, é importante agora classificar os sistemas produtivos. Primeiramente, eles são separados em sistemas empurrados e sistemas puxados. O sistema empurrado trabalha de acordo com previsões de vendas, "empurrando" ordens de produção para o estoque de produto acabado. Já o sistema de produção puxado trabalha de acordo com o pedido do cliente, sem o qual não há ordem de produção. Exemplificando, uma fábrica de refrigeradores trabalha empurrada, e uma fábrica de bolos de casamento (confeitaria) trabalha puxada.

Há ainda que se classificar os sistemas produtivos de acordo com seu arranjo gerencial. As quatro classificações mais usuais são:

- Produção para Estoque (*Make to Stock – MTS*): a produção é predominantemente empurrada, as ordens de produção são emitidas seguindo vendas previstas e são programadas seguindo cronograma de entrega;
- Produção por Encomenda (*Make to Order – MTO*): a produção é puxada, as ordens são emitidas somente após o pedido do cliente; caracteriza-se por pouco ou quase nenhum estoque de produto acabado, mas pode ter estoque de matéria-prima;
- Montagem por Encomenda (*Assembly to Order – ATO*): nesse arranjo, bastante discutido e utilizado em empresas modernas, parte da produção é feita empurrada para estoque de produto semiacabado e, a partir desse ponto, ela é puxada de acordo com os pedidos dos clientes. Ou seja, fabrica-se para estoque as partes que são padrão, servem em outros produtos ou são certas de venda, e o acabamento e montagem são feitos só após a definição do pedido do cliente. Nesse

arranjo ganha-se em escala sem aumentar estoques de produtos acabados com maior valor agregado, o que tem sido tendência mundial;

- Projeto por Encomenda (*Engineer to Order - ETO*): aqui, nem o produto final nem seus componentes são conhecidos. Logo, sua ordem de produção só é emitida após definição do produto pelo cliente, projeto, compras e disponibilidade do material na empresa. Há a possibilidade de manter algum estoque de matéria-prima, desde que seja utilizada em projetos que porventura serão executados, mas jamais de produto acabado.

No entanto, do ponto de vista dos arranjos gerenciais supracitados, observa-se que a produção para estoque (MTS) deveria ter o menor lead time, por já ter disponível certa quantidade de produto acabado em estoque para entrega, e o maior *lead time* ficaria com o projeto por encomenda (ETO), por se tratar de projeto, compra e produção como fatores que demandam tempo maior para serem executados. Mas isso não é regra, pois esse menor ou maior *lead time* depende também da gestão que é feita sobre os ativos e o planejamento em si.

Logo, é vital aqui esclarecer que não existe um sistema melhor que o outro, e sim, o mais adequado ao seu processo produtivo. Não significa que produzir empurrado gerará excesso de estoques, desperdícios e prejuízos, como alguns gritam pelos quatro cantos com a finalidade de "vender" uma teoria ou consultoria. Qualquer um dos dois tipos de sistemas produtivos, empurrado ou puxado, gerarão prejuízos se mal geridos. A chave está na gestão. Ela é a responsável pelo sucesso ou fracasso do seu sistema de produção.

1.2. O PLANEJAMENTO E CONTROLE DA PRODUÇÃO: CONCEITUAÇÃO, ATIVIDADES CENTRAIS E IMPACTOS NAS DEMAIS ÁREAS DA EMPRESA

Com a globalização, os mercados tornaram-se competitivos, em que impera o capitalismo selvagem que "engole" as empresas ineficientes e ineficazes. E para ser competitiva, uma empresa precisa não só de produtividade, mas também de qualidade e ótimo atendimento a clientes. O ótimo atendimento é alcançado por meio do aperfeiçoamento dos processos existentes, entre outras formas, em que se utiliza, da melhor maneira possível, os recursos existentes, reduzindo assim os temidos atrasos nas entregas dos pedidos e a eventual e consequente perda de clientes.

Logo, para otimizar o processo, uma das melhores metodologias existentes no mundo empresarial é a do Planejamento e Controle da Produção. Seu papel é garantir que a produção de um bem ou serviço ocorra eficaz e eficientemente, e assim produzir bens e/ou serviços como se deve. Porém, para isso, os recursos precisam estar disponíveis na quantidade adequada, no momento adequado e no nível de qualidade adequado. Tudo com o intuito de satisfazer a demanda, reduzir os níveis dos estoques e diminuir os custos de fabricação.

O planejamento é necessário porque proporciona: instalações amplamente utilizadas, minimizando a sobrecarga e a subcarga, o que pode reduzir os custos de produção; um plano para mudança da capacidade produtiva para atender aos picos e períodos de baixa de demanda esperada; capacidade produtiva adequada para atender à demanda esperada; e obtenção da máxima produção com os recursos disponíveis, o que muito importa em tempos de recursos escassos de produção.

Portanto, essas são as razões que explicam ser o planejamento a "chave" para se administrar mudanças, pois os padrões mutáveis e instáveis de necessidades dos clientes e os planos que geram recursos de produção para essas necessidades são vitais ao planejamento.

A seguir, a Figura 1.1 mostra a estrutura tradicional do PCP e suas partes mais importantes.

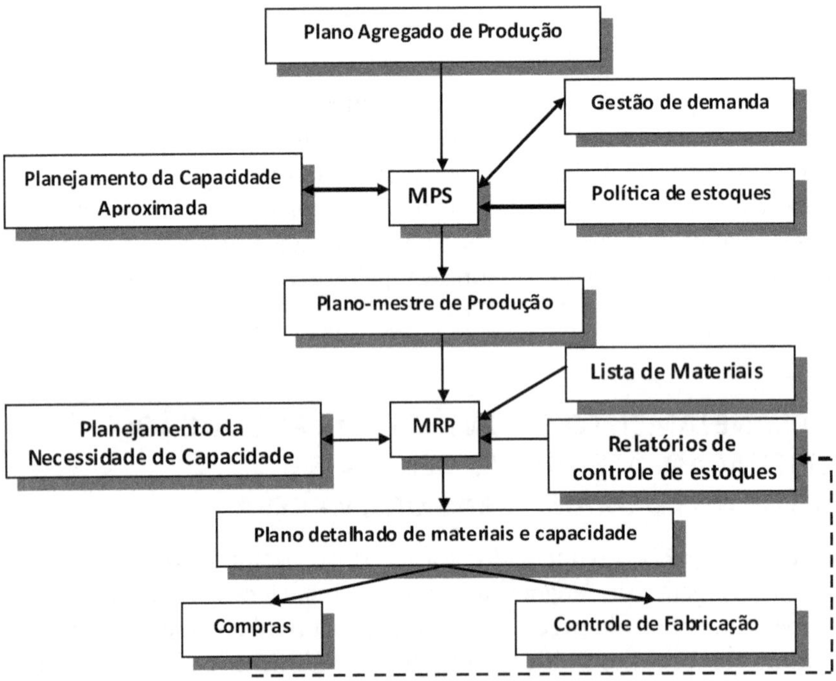

Figura 1.1 – Estrutura do PCP

Fonte: Adaptado de Corrêa, Gianesi e Caon (2007).

No século XXI, o PCP e a gestão da produção e operações estão alinhados com as necessidades e desejos do mercado, pois observou-se que algumas mudanças drásticas aconteceram no mundo das organizações empresariais e em suas relações com o cliente. Com isso, houve algumas consequências, como:

1. acirramento da competição e concorrentes cada vez mais preparados;
2. busca por melhorias no desempenho e no nível de serviço aos clientes;

3. espaços para melhorias na eficiência dos planejamentos para alcançar metas estabelecidas na estratégia corporativa;
4. decisões unilaterais, em que se analisam os fatos sem levar em consideração o todo (como exemplo, o departamento comercial analisando demandas e prometendo datas sem anuência do departamento de produção/PCP etc.);
5. atrasos nas entregas;
6. o fim da fidelização dos clientes caso não encontrem os produtos/serviços disponíveis para aquisição quando desejam;
7. aumento dos níveis de estoques (pode-se entender aqui como estoque tanto matérias-primas quanto produtos acabados, ou até recursos humanos) para suportar atrasos nas entregas, que geram custos indesejados além de incorrer na imobilização de capital e risco de obsolescência;
8. desbalanceamento da demanda prevista com a realizada efetivamente, gerando desbalanceamento nos níveis de estoques, atrasos e custos indesejados;
9. desbalanceamento também da demanda com a capacidade produtiva;
10. falta de precisão e integração das informações entre os departamentos internos e entre empresa e fornecedor.

Os benefícios da correta implantação do PCP podem ser divididos em duas categorias: quantitativos e não quantitativos. Os benefícios quantitativos compreendem: elevado nível de serviço aos clientes; diminuição do inventário de material e produtos acabados; menor tempo de espera entre a ordem e o recebimento (*lead time*); taxas de produção mais lineares; e claro aumento da produtividade e eficiência. Já os benefícios não quantitativos, de mensuração mais complexa, são: maior comprometimento e trabalho em equipe; tomada de decisões mais eficiente; melhor controle e confiança.

O PCP, se bem gerido, traz benefícios para toda a empresa. Por isso, a importância atualmente de se integrar as informações com foco em resultados para os clientes. O PCP precisa trabalhar alinhado estrategicamente com o RH, financeiro, comercial e direção da empresa, para que assim produza com qualidade e eficiência tudo que é demandado pelo mercado. O PCP é central de informações e coração de indústria, nada se produz e nada se compra sem o PCP liberar. Logo, entende-se a importância da integração entre os departamentos/setores internos e externos, como clientes e fornecedores.

CAPÍTULO 2
PREVISÃO DE VENDAS

Neste capítulo serão abordados temas pertinentes à previsão de vendas, suas técnicas mais usuais e a relação entre gestão da demanda e a previsão de vendas em si.

2.1. INTRODUÇÃO

Previsão de vendas é o ponto de partida para todo o tipo de planejamento, sendo parte integrante do planejamento dos negócios. Ela estima a demanda futura por produtos e serviços e os recursos necessários para produzi-los.

Essas previsões podem ser de longo prazo, para auxiliar na tomada de decisões no nível estratégico a respeito de produtos, processos e instalações, ou de curto prazo, na programação da força de trabalho, ou, ainda, de médio prazo, no planejamento da produção como MRP e MPS.

2.2. ABRANGÊNCIA E CONCEITOS EM PREVISÃO DE VENDAS

As previsões de venda podem ser feitas de mais de 90 tipos diferentes, desde os mais simples, como na venda de itens de produtos, até os mais complexos e caros, como prever as vendas desses produtos no mundo. Além disso, vale ressaltar que as previsões são usadas pelo departamento financeiro, que calcula o caixa necessário, o investimento e as operações; pelo departamento de produção, no estabelecimento de níveis de capacidade e de produção; pelo departamento de compras, na aquisição de suprimentos; e pelo departamento de recursos humanos, na contratação de funcionários. A responsabilidade pela elaboração de previsões de vendas é do departamento de marketing, mas o engenheiro de produção as pode fazer em níveis mais simples.

Porém, reforço: quem tem know-how nessa área normalmente é o departamento de marketing, logo recomenda-se que ele o faça, ou pelo menos valide a previsão elaborada por outro profissional, como o Engenheiro de Produção.

A Figura 2.1 a seguir esclarece a posição da previsão nos negócios da empresa, sendo essa empresa de qualquer setor, pois o fim a que se destina é o mesmo: gerar lucros.

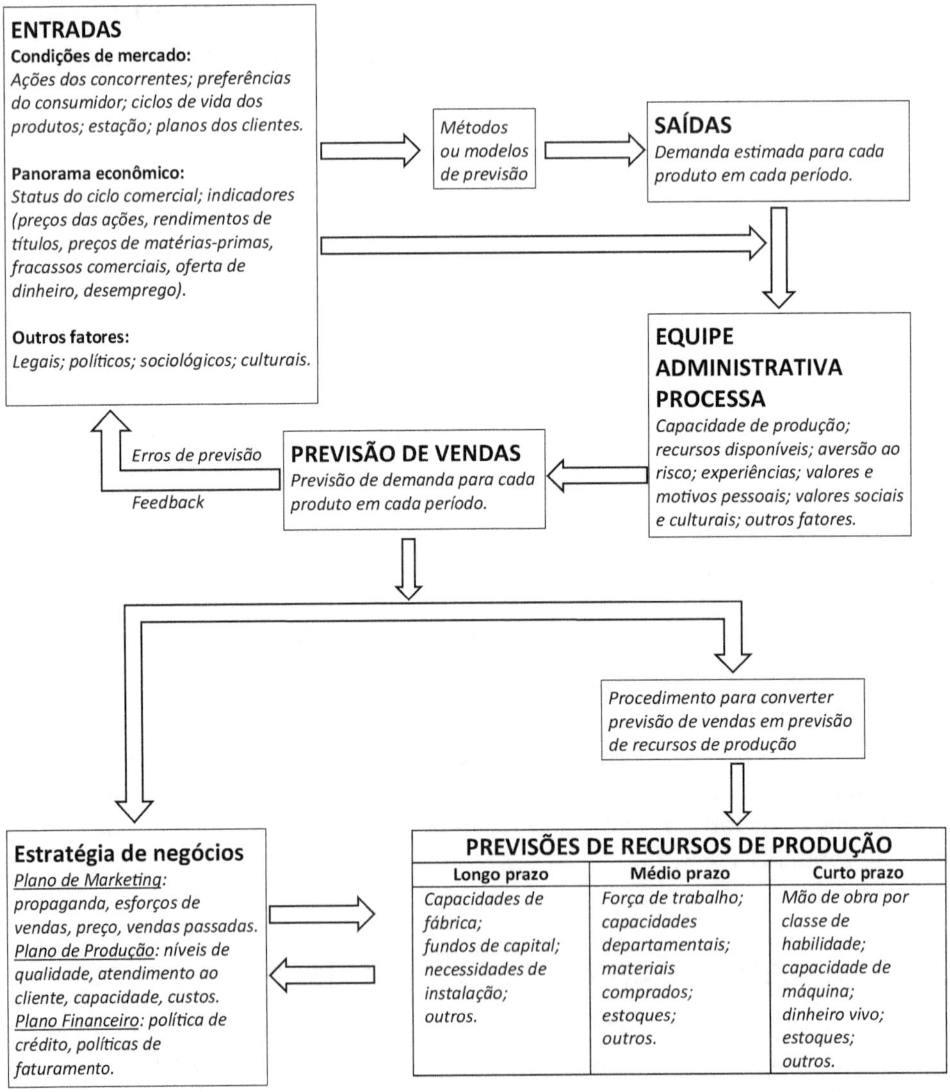

Figura 2.1 – Previsão como parte integrante do planejamento dos negócios

Fonte: Adaptado de Gaither e Frazier (2002, p. 56).

Para que se entenda como fazer previsões de vendas é necessário esclarecer alguns conceitos, que talvez não sejam objetos de trabalho do engenheiro de produção, mas com certeza serão abordados em reuniões com a diretoria da empresa. São eles, os mais importantes:

- mercado: conjunto de todos os compradores, efetivos e potenciais, de uma oferta ao mercado;
- mercado potencial: conjunto de consumidores que aparentam certo interesse, suficiente por uma oferta ao mercado;
- mercado disponível: conjunto de consumidores possuidores de renda, interesse e acesso a uma determinada oferta;
- mercado-alvo: é a parte do mercado disponível que a empresa decide buscar;
- demanda do mercado: é o volume total comprado por um grupo de clientes, em uma área geográfica, num período e num ambiente de marketing com programa de marketing, definidos, em que se faz uma previsão de mercado com relação aos gastos setoriais em marketing e se estima a demanda máxima de mercado, ou potencial de mercado que é o limite a que se aproxima a demanda de mercado, no qual os gastos setoriais em marketing aproximam-se de infinitos em determinado ambiente;
- demanda da empresa: é a participação estimada da empresa na demanda de mercado em alguns níveis alternativos de esforço de marketing da empresa por período, em que são feitas previsões de vendas da empresa. Estas nada mais são do que o nível esperado de vendas levando em conta um planejamento de marketing e um ambiente de marketing, e que se delineia o potencial de vendas da empresa que é o limite de vendas da demanda, ao passo que seu esforço de marketing aumenta em relação aos concorrentes;
- potencial total do mercado: volume máximo de vendas;
- potencial de mercado da área: possibilidade de vendas em determinadas cidades, estados e países;
- vendas setoriais e participações de mercado: é identificar os concorrentes e estimar suas vendas, isso no setor de atuação da empresa. Para calcular a participação de mercado basta dividir as suas vendas pelo total vendido no setor e multiplicar por 100;
- pesquisa das intenções dos compradores: estimar o que os compradores fariam sob determinadas condições;
- composição de opiniões dos vendedores: quando não for possível entrevistar compradores, os representantes de vendas podem estimar suas vendas futuras;
- opiniões de especialistas: como revendedores, distribuidores, consultores etc.;
- análise de vendas passadas: é fazer previsão de vendas com base no histórico, em ordem cronológica, das vendas.

2.3. MÉTODOS DE PREVISÃO DE VENDAS

A seguir, serão apresentadas as técnicas e métodos de previsão de vendas mais utilizados na gestão de produção e operações. Existem mais de 90 tipos de previsão de vendas, e este livro não tem a pretensão de esgotar todas as possibilidades.

2.3.1. MÉTODOS NÃO CIENTÍFICOS

São eles:

a) Listagem de fatores: método muito simplista que estima vendas com base em análise de fatores que afetam direta ou indiretamente uma previsão.

b) Extrapolação: faz previsão de vendas com base na análise de dados passados de vendas, da análise das sazonalidades e dos ciclos de vendas.

c) Construção de cenários: construção de uma sequência hipotética de eventos, objetivando dirigir a atenção para fatos prováveis e a partir deles construir caminhos que levem à tomada de decisão. Também chamado de pesquisa de mercado.

d) Consenso do comitê: forma-se um comitê de previsão de vendas, que nada mais é do que um grupo de executivos de diversos setores internos, como operações, comercial, financeiro etc., que se reúnem em determinado período para estimarem as vendas futuras baseadas em seu know-how e feeling.

e) Método Delphi: basicamente igual ao anterior, porém mais sistemático. Os especialistas respondem a questões relativas às suas previsões, justificando suas opiniões. As justificativas são analisadas e novas perguntas são feitas baseadas na rodada anterior. Isso é feito até que se chegue num consenso entre todos os envolvidos. Geralmente seis rodadas é o suficiente, podendo haver variação para mais ou menos.

f) Método da analogia histórica: muito útil para elaboração de previsões de vendas de produtos novos, pois nesse método existe a comparação análoga com produtos similares, em que se analisa o histórico de vendas de similares.

g) Método da opinião da força de vendas: os vendedores dão suas opiniões na estimativa de vendas para o próximo ano, pois são eles quem mais contato direto têm com o mercado, e por isso têm capacidade de emitir pareceres.

h) Método de intenção de compra dos clientes consumidores: nesse método se contabiliza as previsões de negócios estimados por órgãos de pesquisa ou pesquisas feitas pela própria empresa.

i) Método da análise dos rendimentos da ação comercial: utiliza indicadores da ação comercial para o estabelecimento de previsões de vendas, sendo utilizados os seguintes dados: dias trabalhados no ano anterior versus próximo ano; número médio de visitas diárias; índice de vendas por visita; número de clientes ativos; venda média por cliente; número de clientes potenciais; etc.

2.3.2. MÉTODOS MATEMÁTICOS

A seguir, serão abordados os métodos matemáticos ou causais mais utilizados em gestão da produção e operações para previsão de vendas.

2.3.2.1. MÉDIA MÓVEL E MÉDIA MÓVEL EXPONENCIAL

Os métodos de previsão pela média móvel e média móvel exponencial valorizam os dados mais recentes da série histórica, por estarem mais próximos da realidade atual a que se quer prever. São métodos mais simples de previsão, mas se a demanda histórica não sofrer grandes variações, esses métodos atendem bem. A seguir, serão apresentados o método da média móvel e a exponencial:

a) Método da Média Móvel: utiliza dados de um número de períodos predeterminados e gera a previsão. A cada novo período de previsão o dado mais antigo é substituído pelo mais recente. Sua fórmula segue na Equação (2.1):

$$Mm_n = \frac{\sum_{i=1}^{n} D_i}{n} \qquad [2.1]$$

Onde:

Mm_n = média móvel de *n* períodos;

D_i = demanda ocorrida no período *i*;

n = número de períodos;

i = índice do período (*i* = 1, 2, 3, ...).

Ainda é possível calcular o desvio médio absoluto, MAD (*Mean Absolute Deviation*). Ele serve para monitorar se o modelo de previsão de vendas adotado está dentro de 4 MAD, que seria 3 desvios-padrão para mais ou para menos, o que geralmente se adota em previsões de vendas pela média. Multiplica-se então o MAD por 4 para definir os limites superiores e inferiores de controle dos erros da previsão de vendas. Se o erro de algum período exceder esses limites predeterminados, uma ação corretiva deve ser tomada. A Equação (2.2) a seguir traz a fórmula do MAD:

$$MAD = \frac{\sum |D_{atual} - D_{prevista}|}{n} \qquad [2.2]$$

Onde:

D_{atual} = demanda ocorrida no período;

$D_{prevista}$ = demanda prevista no período;

n = número de períodos.

Veja, a seguir, um exemplo que mostra a aplicação prática do método da média móvel para 4 e 8 períodos, seguindo a Tabela 2.1.

Tabela 2.1 – Exemplo de cálculo de previsão por média móvel

Período	Dem. Real	Mm4	Erro	Erro Abs.	Mm8	Erro	Erro Abs.
1	145						
2	147						
3	134						
4	123						
5	177	137	40	40			
6	156	145	11	11			
7	182	148	35	35			
8	180	160	21	21			
9	166	174	-8	8	156	11	11
10	167	171	-4	4	158	9	9
11	188	174	14	14	161	27	27
12	190	175	15	15	167	23	23
13	184	178	6	6	176	8	8
14	181	182	-1	1	177	4	4
15	178	186	-8	8	180	-2	2
16	165	183	-18	18	179	-14	14
Erro acumulado do 9 ao 16			-4	74		66	98
MAD do 9 ao 16				9,28			12,25

Observe que a previsão para o período 5 empregando uma média móvel de 4 períodos é:

Mm4 = (145 + 147 + 134 + 123) / 4 = 137

Como no período 5 a demanda real foi 177, a nova previsão para o período 6 será:

Mm4 = (147 + 134 + 123 + 177) / 4 = 145

A escolha de quantos períodos devemos adotar como regra para calcular as previsões de vendas futuras é aquela em que o MAD foi menor, que no exemplo foi com 4 períodos. Nesse caso, o limite superior de controle será + 4 MAD, ou seja, 37,12, e o limite inferior será – 4 MAD, ou seja, -37,12.

A Figura 2.2 traz o gráfico da demanda real e prevista pelo método da média móvel para 4 (Mm4) e 8 (Mm8) períodos.

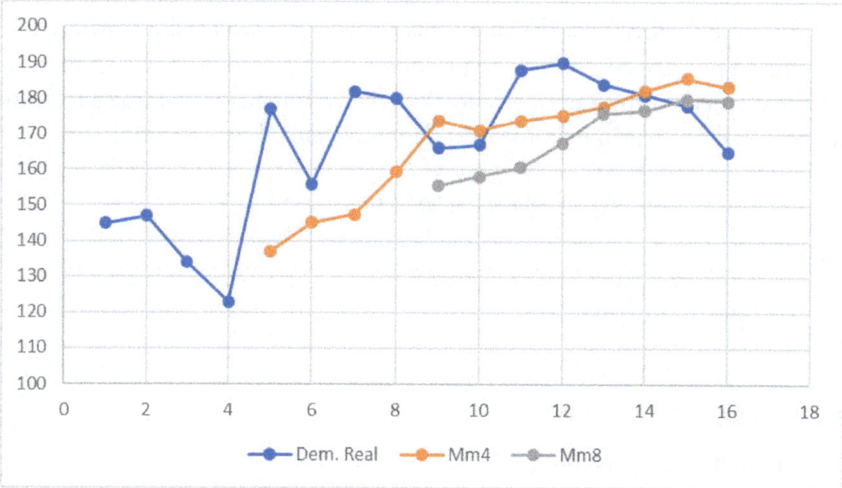

Figura 2.2 – Previsão de vendas pela média móvel

A Figura 2.3 traz o gráfico de controle para o erro de previsão MAD, baseado em 4 MAD como limites de controle superior e inferior.

A cada nova previsão o erro deve ser alocado a este gráfico e verificado se continua dentro dos limites superior e inferior. Caso algum erro extrapole os limites, ações corretivas emergenciais devem ser tomadas. Neste exemplo aplicado observa-se que o modelo de previsão está sob controle, pois todos os erros, com exceção do período 5 que teve um pequeno desvio, estão dentro dos limites de controle. Adota-se, então, o modelo de previsão de vendas por média móvel para 4 períodos como o mais adequado para o caso apresentado.

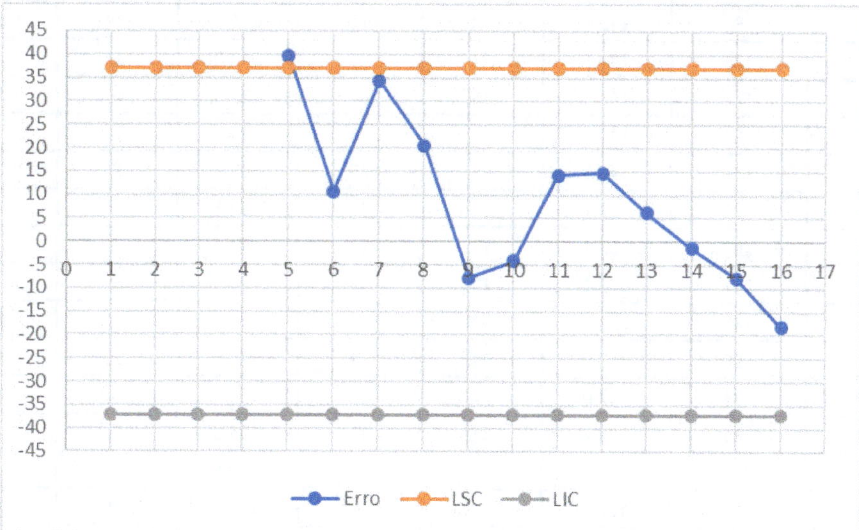

Figura 2.3 – Gráfico do controle do erro de previsão

b) Método da Média Móvel Exponencial: aqui, cada nova previsão é alcançada com base na previsão anterior somada ao erro ocorrido na previsão anterior, corrigido por um coeficiente de ponderação (daí esse método também ser chamado de média móvel ponderada). A seguir, a Equação (2.3) traz a fórmula para o cálculo da previsão pelo método da média móvel exponencial:

$$M_t = M_{t-1} + a(D_{t-1} - M_{t-1}) \quad [2.3]$$

Onde:

M_t = previsão para o período t;

M_{t-1} = previsão para o período $t - 1$;

α = coeficiente de ponderação;

D_{t-1} = demanda do período $t - 1$.

O coeficiente de ponderação (α) é determinado pelo analista numa faixa entre 0 e 1, sendo que a maioria das empresas utilizam entre 0,1 e 0,5. Quanto mais próximo de 1 mais suavizada fica a previsão, ou seja, mais próxima do que ocorreu no período anterior, e quanto mais longe de 1, mais defasadas as previsões podem ser.

Utilizando os mesmos dados de demandas históricas do exemplo anterior na Tabela 2.2, vamos agora calcular as previsões de vendas para os meses 9 a 16 pelo método da média móvel exponencial com coeficientes $\alpha = 0,1$ e $\alpha = 0,5$.

Tabela 2.2 – Exemplo de cálculo de previsão pela média móvel exponencial

Período	Dem. Real	Mα = 0,1	Erro	Erro Abs.	Mα = 0,5	Erro	Erro Abs.
1	145						
2	147	145,0	2	2	145,0	2	2
3	134	145,2	-11	11	146,0	-12	12
4	123	144,1	-21	21	140,0	-17	17
5	177	142,0	35	35	131,5	46	46
6	156	145,5	11	11	154,3	2	2
7	182	146,5	35	35	155,1	27	27
8	180	150,1	30	30	168,6	11	11
9	166	153,1	13	13	174,3	-8	8
10	167	154,4	13	13	170,1	-3	3
11	188	155,6	32	32	168,6	19	19
12	190	158,9	31	31	178,3	12	12
13	184	162,0	22	22	184,1	0	0
14	181	164,2	17	17	184,1	-3	3
15	178	165,9	12	12	182,5	-5	5
16	165	167,1	-2,1	2	180,3	-15	15
Erro acumulado			219	287		55	182
MAD				19,16			12,14

Observe que a previsão para o período 2 é idêntica à demanda real do período 1, e que a previsão do período 3 fica assim:

$M3 = 145 + 0{,}1 \times (147 - 145) = 145{,}2$ p/ $\alpha = 0{,}1$

$M3 = 145 + 0{,}5 \times (147 - 145) = 146{,}0$ p/ $\alpha = 0{,}5$

Novamente, a escolha de qual coeficiente α devemos adotar como regra para calcular as previsões de vendas futuras é aquela na qual o MAD foi menor, que no exemplo foi com α = 0,5. Nesse caso, o limite superior de controle será + 4 MAD, ou seja, 48,56 e o limite inferior será – 4 MAD, ou seja, -48,56.

A Figura 2.4 traz o gráfico da demanda real e prevista pelo método da média móvel exponencial para α = 0,1 (Mα = 0,1) e para α = 0,5 (Mα = 0,5).

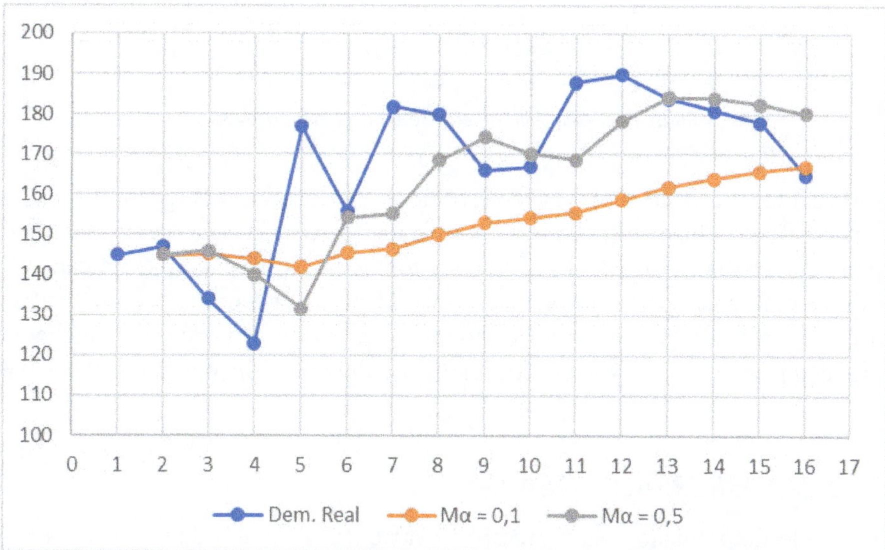

Figura 2.4 – Previsão de vendas pela média móvel exponencial

A Figura 2.5 a seguir traz o gráfico de controle para o erro de previsão MAD, baseado em 4 MAD como limites de controle superior e inferior, ou seja, o limite superior de controle será + 4 MAD (48,56) e o limite inferior será – 4 MAD (-48,56).

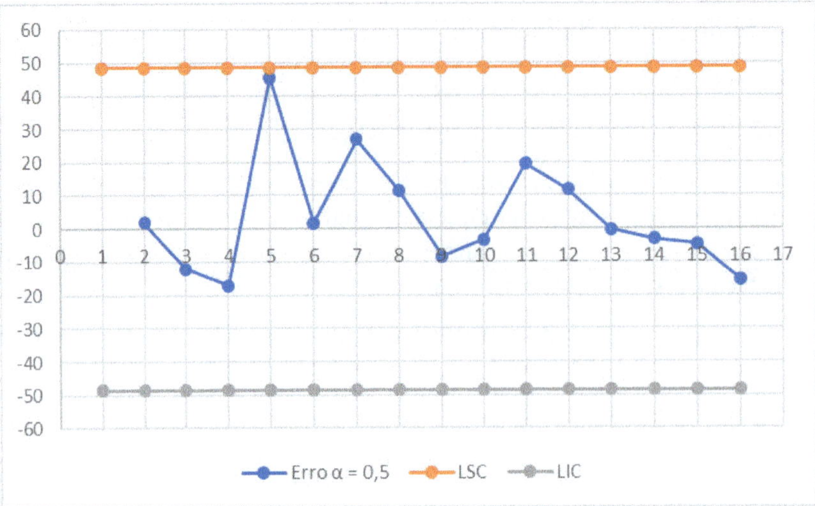

Figura 2.5 – Gráfico do controle do erro de previsão

Novamente, a cada nova previsão o erro deve ser alocado a esse gráfico e verificado se continua dentro dos limites superior e inferior. Caso algum erro extrapole os limites, ações corretivas emergenciais devem ser tomadas. Nesse exemplo aplicado observa-se que o modelo de previsão está sob controle, pois todos os erros estão dentro dos limites de controle. Adota-se, então, o modelo de previsão de vendas por média móvel exponencial para α = 0,5 como o mais adequado dentre as opções dadas (0,1 e 0,5).

2.3.2.2. REGRESSÃO LINEAR

O método de previsão pela regressão linear é utilizado em demandas que atuam com tendência positiva ou negativa, ou seja, com vendas em ascensão ou declínio. Na prática empresarial convencionou-se dizer que esse método de previsão consegue prever, com melhor acuracidade, períodos futuros com no máximo 50% do número de períodos passados. Ou seja, se você tem demanda histórica de 20 meses, recomenda-se que utilize-o para prever os próximos 10 meses.

A Equação (2.4) traz a equação linear:

$$Y = a + bX \quad [2.4]$$

Onde:

Y = previsão de vendas para o período X;

a = ordenada à origem ou intercessão no eixo dos Y;

b = coeficiente angular;

X = período, partindo de X = 0, para previsão.

Assim, alocando os dados históricos pode-se obter então os coeficientes *b* e *a* por meio das Equações (2.5) e (2.6), respectivamente:

$$b = \frac{n(\Sigma XY) - (\Sigma X)(\Sigma Y)}{n(\Sigma X^2) - (\Sigma X)^2} \quad [2.5]$$

Onde:

n = número de períodos observados.

$$a = \frac{\Sigma Y - b(\Sigma X)}{n} \quad [2.6]$$

Para exemplificar a aplicação da previsão pelo método da regressão linear, serão utilizados os dados de períodos e demandas reais da Tabela 2.2, que ficam conforme aplicado na Tabela 2.3 a seguir.

Tabela 2.3 – Exemplo de cálculo de previsão pela regressão linear

Período X	Dem. Real Y	X^2	X.Y
1	145	1	145
2	147	4	294
3	134	9	402
4	123	16	492
5	177	25	885
6	156	36	936
7	182	49	1274
8	180	64	1440
9	166	81	1494
10	167	100	1670
11	188	121	2068
12	190	144	2280
13	184	169	2392
14	181	196	2534
15	178	225	2670
16	165	256	2640
Somatórios			
136	2663	1496	23616

Aplicando as Equações (2.5) e (2.6), tem-se:

b = [(16 x 23616) – (136) x (2663)] / [(16 x 1496) – (136 x 136)] =>

b = (377856 – 362168) / (23936 – 18496) => *b = 2,88*

a = [2663 – (2,88 x 136)] / 16 => *a = 141,96*

Logo, a equação da regressão linear ficará:

Y = 141,96 + 2,88 X

Substituindo o valor de X pelos períodos obtêm-se tanto as previsões de vendas para os próximos 8 períodos quanto a "previsão" com base nos dados do histórico para construção do gráfico de correlação linear.

A Tabela 2.4 a seguir traz a demanda prevista pela regressão linear.

Tabela 2.4 – Exemplo de cálculo de previsão pela regressão linear para os próximos 8 períodos

Período	Dem. Real	Dem. Prev	Erro	Erro Abs.
1	145	145	0	0
2	147	148	-1	1
3	134	151	-17	17
4	123	153	-30	30
5	177	156	21	21
6	156	159	-3	3
7	182	162	20	20
8	180	165	15	15
9	166	168	-2	2
10	167	171	-4	4
11	188	174	14	14
12	190	177	13	13
13	184	179	5	5
14	181	182	-1	1
15	178	185	-7	7
16	165	188	-23	23
Erro Acumulado			0	176
MAD				11,02

A Figura 2.6 a seguir traz o gráfico da relação entre a demanda real e a previsão de vendas para o exemplo dado pelo método da regressão linear.

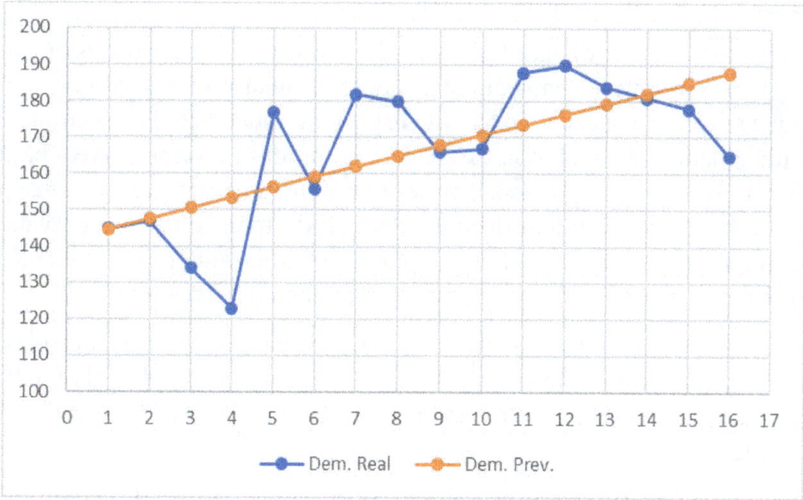

Figura 2.6 – Gráfico da demanda real x previsão de venda pela regressão linear

A seguir, a Figura 2.7 traz o gráfico de controle para o erro de previsão MAD, baseado em 4 MAD como limites de controle superior e inferior, ou seja, o limite superior de controle será + 4 MAD (44,08) e o limite inferior será – 4 MAD (-44,08).

Pode-se observar que, apesar de na Figura 2.6 a previsão de vendas pela regressão linear para os dados do exemplo estar, aparentemente, com uma fraca correlação (a correlação será abordada na sequência deste capítulo), na Figura 2.7 é possível verificar que todos os erros estão dentro dos níveis de controle inferior e superior, demonstrando que esse é um modelo adequado de cálculo de previsão de vendas para os dados trazidos no exemplo.

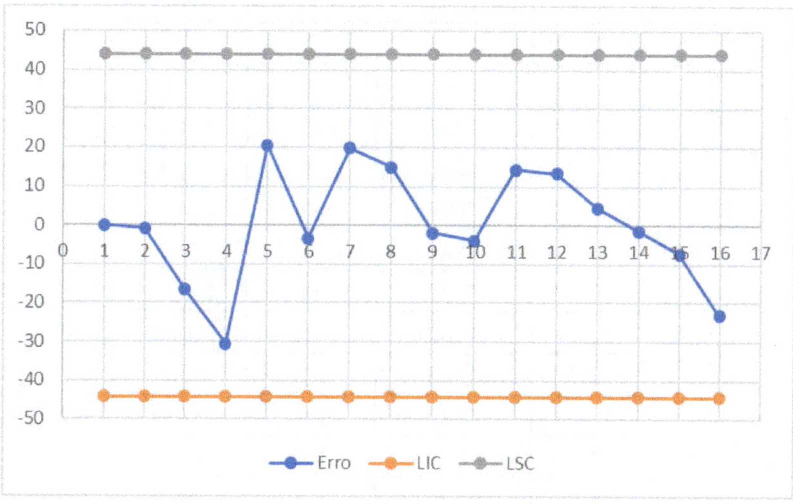

Figura 2.7 – Gráfico do controle do erro de previsão pela regressão linear

2.3.2.3. PREVISÃO DA SAZONALIDADE

Uma série histórica de demandas é considerada sazonal quando existem variações que se repetem por determinadas razões, como aumento ou redução de vendas por motivos que se repetem a cada ciclo naquele período específico. Por exemplo, a venda de ar-condicionado é sazonal, pois existe pico de vendas no verão e baixa no inverno. Reduzindo a escala de tempo para um período dentro de um mês, um exemplo é o atendimento bancário no início do mês. Reduzindo mais ainda a escala de tempo, para um dia, pode-se tomar como exemplo a demanda por transporte coletivo nas primeiras e nas últimas horas da jornada de trabalho comercial.

É preciso calcular o Índice de Sazonalidade (IS) para se ajustar as vendas previstas. O IS é calculado dividindo-se o valor da demanda no período pela média móvel centrada nesse período. O período usado para o cálculo da média móvel é o ciclo da sazonalidade.

Então, calcula-se a demanda prevista e, após, calcula-se o IS de cada período. Na sequência, calcula-se o IS médio referente a cada período sazonal e obtém-se, então, o IS para aquele período específico. Após, multiplica-se a demanda prevista por meio do método escolhido pelo IS específico do período.

A seguir, a Tabela 2.5 traz um exemplo de aplicação para cálculo da previsão de vendas sazonais pela regressão linear para vendas de ar-condicionado, de janeiro de 2017 a dezembro de 2018.

Tabela 2.5 – Exemplo de cálculo de previsão pela regressão linear para ar-condicionado, de janeiro de 2017 a dezembro de 2018

Período X	Dem. Real Y	X^2	X.Y
1	1504	1	1504
2	1630	4	3260
3	1590	9	4770
4	1400	16	5600
5	1320	25	6600
6	1050	36	6300
7	945	49	6615
8	980	64	7840
9	1120	81	10080
10	1180	100	11800
11	1305	121	14355
12	1480	144	17760
13	1515	169	19695
14	1640	196	22960
15	1610	225	24150

16	1420	256	22720
17	1330	289	22610
18	1100	324	19800
19	990	361	18810
20	1030	400	20600
21	1100	441	23100
22	1190	484	26180
23	1310	529	30130
24	1510	576	36240
Somatórios			
300	31249	4900	383479

Aplicando as Equações (2.5) e (2.6), tem-se:

b = [(24 x 383479) – (300 x 31249)] / [(24 x 4900) – (300 x 300)] =>

b = (9203496 – 9374700) / (117600 – 90000) => *b = – 6,20*

a = [31249 – (– 6,20 x 300)] / 24 => *a = 1379,54*

Logo, a equação da regressão linear ficará:

Y = 1379,54 – 6,20 X

A seguir, a Tabela 2.6 traz o exemplo de aplicação para cálculo da previsão de vendas sazonais pela regressão linear para vendas de ar-condicionado, de janeiro de 2017 a dezembro de 2018, ainda sem IS.

Tabela 2.6 – Exemplo de cálculo de previsão pela regressão linear para vendas sazonais de ar-condicionado, sem IS

Período	Dem. Real	Dem. Prev.	Erro	Erro Abs.
1	1504	1373,34	131	131
2	1630	1367,14	263	263
3	1590	1360,94	229	229
4	1400	1354,74	45	45
5	1320	1348,54	-29	29
6	1050	1342,34	-292	292
7	945	1336,14	-391	391
8	980	1329,94	-350	350
9	1120	1323,74	-204	204
10	1180	1317,54	-138	138
11	1305	1311,34	-6	6
12	1480	1305,14	175	175

13	1515	1298,94	216	216
14	1640	1292,74	347	347
15	1610	1286,54	323	323
16	1420	1280,34	140	140
17	1330	1274,14	56	56
18	1100	1267,94	-168	168
19	990	1261,74	-272	272
20	1030	1255,54	-226	226
21	1100	1249,34	-149	149
22	1190	1243,14	-53	53
23	1310	1236,94	73	73
24	1510	1230,74	279	279
Erro Acumulado			0	4.555
MAD				189,78

A Figura 2.8 a seguir traz o gráfico da relação entre a demanda real e a previsão de vendas para o exemplo dado pelo método da regressão linear, sem IS.

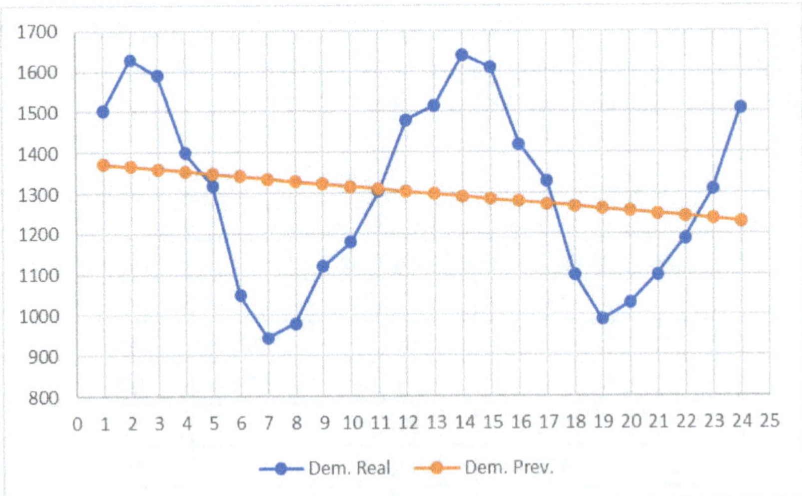

Figura 2.8 – Gráfico da demanda real x previsão de venda pela regressão linear, sem IS

Agora passemos a utilizar os mesmos dados de vendas sazonais de ar-condicionado para os meses de janeiro de 2017 a dezembro de 2018, porém adicionando IS.

A Tabela 2.7 traz o exemplo de aplicação para cálculo da previsão de vendas sazonais pela regressão linear para vendas de ar-condicionado de janeiro de 2017 a dezembro de 2018, agora calculando o IS.

Tabela 2.7 – Exemplo de cálculo de previsão pela regressão linear para vendas sazonais de ar-condicionado, com IS

Período	Período	Dem. Real	Dem. Prev.	IS
jan/17	1	1504	1373,34	1,10
fev/17	2	1630	1367,14	1,19
mar/17	3	1590	1360,94	1,17
abr/17	4	1400	1354,74	1,03
mai/17	5	1320	1348,54	0,98
jun/17	6	1050	1342,34	0,78
jul/17	7	945	1336,14	0,71
ago/17	8	980	1329,94	0,74
set/17	9	1120	1323,74	0,85
out/17	10	1180	1317,54	0,90
nov/17	11	1305	1311,34	1,00
dez/17	12	1480	1305,14	1,13
jan/18	13	1515	1298,94	1,17
fev/18	14	1640	1292,74	1,27
mar/18	15	1610	1286,54	1,25
abr/18	16	1420	1280,34	1,11
mai/18	17	1330	1274,14	1,04
jun/18	18	1100	1267,94	0,87
jul/18	19	990	1261,74	0,78
ago/18	20	1030	1255,54	0,82
set/18	21	1100	1249,34	0,88
out/18	22	1190	1243,14	0,96
nov/18	23	1310	1236,94	1,06
dez/18	24	1510	1230,74	1,23

Como o período 1 representa janeiro, o 2, fevereiro, e assim sucessivamente, para calcularmos o IS médio de cada período sazonal comparamos e fazemos a média de janeiro de 2017 com janeiro de 2018, ou seja do período 1 com o 13, que fica assim, sucessivamente:

$IS_1 = (1{,}10 + 1{,}17) / 2 = 1{,}13$

$IS_2 = (1{,}19 + 1{,}27) / 2 = 1{,}23$

$IS_3 = (1{,}17 + 1{,}25) / 2 = 1{,}21$

$IS_4 = (1{,}03 + 1{,}11) / 2 = 1{,}07$

$IS_5 = (0{,}98 + 1{,}04) / 2 = 1{,}01$

$IS_6 = (0{,}78 + 0{,}87) / 2 = 0{,}83$

$IS_7 = (0{,}71 + 0{,}78) / 2 = 0{,}75$

$IS_8 = (0{,}74 + 0{,}82) / 2 = 0{,}78$

$IS_9 = (0{,}85 + 0{,}88) / 2 = 0{,}87$

$IS_{10} = (0{,}90 + 0{,}96) / 2 = 0{,}93$

$IS_{11} = (1{,}00 + 1{,}06) / 2 = 1{,}03$

$IS_{12} = (1{,}13 + 1{,}23) / 2 = 1{,}18$

A Tabela 2.8 traz o resultado do cálculo da previsão de vendas sazonais pela regressão linear para vendas de ar-condicionado de janeiro de 2017 a dezembro de 2018, agora adicionando o IS médio encontrado.

A demanda prevista com IS médio foi calculada multiplicando a demanda prevista pela regressão linear pelo IS médio para aquele período. Por exemplo, para janeiro/2017 multiplica-se a previsão normal de 1.373 pelo IS médio de janeiro (IS_1), que foi de 1,13, resultando numa demanda prevista com IS médio de 1.552, e assim sucessivamente.

Tabela 2.8 – Resultado do cálculo de previsão pela regressão linear para vendas sazonais de ar-condicionado, com IS médio

Período	Período	D. Real	IS médio	D. Prev. IS	D. Prev.
jan/17	1	1504	1,13	1552	1373
fev/17	2	1630	1,23	1682	1367
mar/17	3	1590	1,21	1647	1361
abr/17	4	1400	1,07	1450	1355
mai/17	5	1320	1,01	1362	1349
jun/17	6	1050	0,83	1114	1342
jul/17	7	945	0,75	1002	1336
ago/17	8	980	0,78	1037	1330
set/17	9	1120	0,87	1152	1324
out/17	10	1180	0,93	1225	1318
nov/17	11	1305	1,03	1351	1311
dez/17	12	1480	1,18	1540	1305
jan/18	13	1515	1,13	1468	1299
fev/18	14	1640	1,23	1590	1293
mar/18	15	1610	1,21	1557	1287
abr/18	16	1420	1,07	1370	1280
mai/18	17	1330	1,01	1287	1274

jun/18	18	1100	0,83	1052	1268
jul/18	19	990	0,75	946	1262
ago/18	20	1030	0,78	979	1256
set/18	21	1100	0,87	1087	1249
out/18	22	1190	0,93	1156	1243
nov/18	23	1310	1,03	1274	1237
dez/18	24	1510	1,18	1452	1231

A Figura 2.9 a seguir traz o gráfico da relação entre a demanda real e a previsão de vendas para o exemplo dado pelo método da regressão linear com o IS médio.

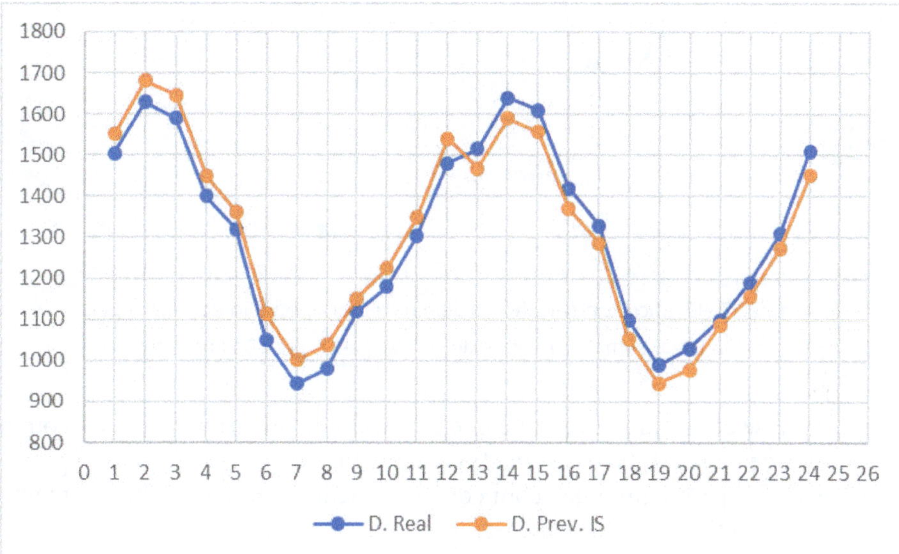

Figura 2.9 – Gráfico da demanda real x previsão de vendas pela regressão linear com IS

Agora de posse dos IS médios para os respectivos períodos, é possível calcular as previsões de vendas futuras somente multiplicando a previsão pela regressão linear pelo IS médio daquele período.

Por exemplo, com os dados utilizados anteriormente pode-se calcular a previsão de vendas para janeiro a dezembro de 2019 (50% da quantidade de períodos do histórico de demanda real). No caso, a previsão de vendas para janeiro/2019, período 25 da tabela, ficaria:

D. Prev. IS para jan/2019 = demanda prevista pela regressão linear para jan/2019 x IS_1 = 1225 x 1,13 = 1384.

E assim sucessivamente.

A seguir, a Figura 2.10 traz uma comparação do método da previsão de vendas para demanda sazonal sem e com aplicação do Índice de Sazonalidade (IS).

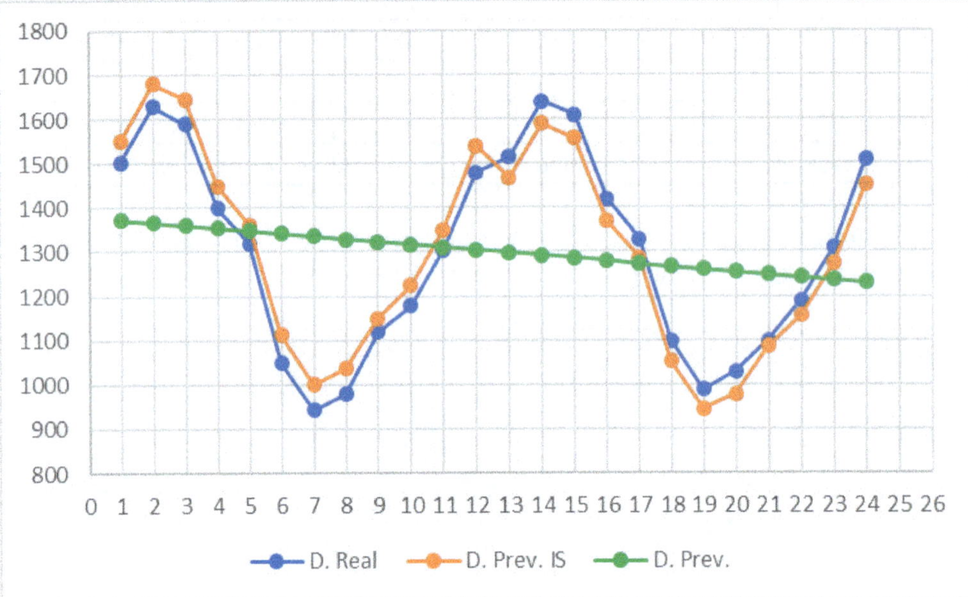

Figura 2.10 – Gráfico comparativo da demanda real x previsão de vendas pela regressão linear sem IS x previsão de vendas pela regressão linear com IS

Logo, pode-se observar claramente que o modelo de previsão de vendas com adição do Índice de Sazonalidade (IS) médio é o que fornece maior precisão e proximidade da realidade para demandas com comportamento sazonal. É nítida a melhoria da previsão com o IS.

2.3.2.4. PREVISÃO BASEADA EM CORRELAÇÕES

A previsão de vendas baseada em correlações busca prever vendas de um item baseado no consumo/demanda de outro item. Por exemplo, para prever a demanda por planos de saúde relacionada ao aumento do número de idosos, ou se a demanda por ar-condicionado está relacionada com o aquecimento global.

O principal objetivo das previsões baseadas em correlações é criar uma equação por regressão linear que identifique o efeito da variável de previsão sobre a demanda do produto em análise.

Logo, dois tipos de dados precisam ser levantados: o histórico da demanda do produto em questão (variável dependente, Y da equação linear) e o histórico da variável de previsão (variável independente, X da equação linear).

A equação da regressão linear já foi apresentada, porém agora tem outros significados:

$$Y = a + bX \tag{2.4}$$

Onde:

Y = previsão da demanda para o item dependente;

a = ordenada à origem ou intercessão no eixo dos Y;

b = coeficiente angular;

X = valor da variável independente.

Assim, alocando os dados históricos pode-se obter então os coeficientes b e a por meio das Equações (2.5) e (2.6), respectivamente:

$$b = \frac{n(\Sigma XY) - (\Sigma X)(\Sigma Y)}{n(\Sigma X^2) - (\Sigma X)^2} \tag{2.5}$$

$$a = \frac{\Sigma Y - b(\Sigma X)}{n} \tag{2.6}$$

Onde:

n = número de pares XY observados.

É possível, ainda, medir a correlação entre duas variáveis por meio do coeficiente de correlação de Pearson (r). A Equação (2.7) a seguir mostra como é obtido o valor de r:

$$r = \frac{n(\Sigma XY) - (\Sigma X)(\Sigma Y)}{\sqrt{n(\Sigma X^2) - (\Sigma X)^2} \cdot \sqrt{n(\Sigma Y^2) - (\Sigma Y)^2}} \tag{2.7}$$

O valor de r varia de +1 a –1, sendo que quanto mais próximo de +1, maior é a correlação direta (mudança em uma variável corresponde a uma mudança no mesmo sentido na outra variável); quanto mais próximo de –1, maior é a correlação inversa (mudança em uma variável corresponde a uma mudança no sentido oposto na outra variável); e se o valor de r for muito próximo de 0, significa que não existe correlação.

Para ilustrar a utilização prática da previsão de vendas baseada na correlação será utilizado o exemplo a seguir.

Exemplo: Uma rede de supermercados verificou que seu faturamento mensal, em moeda corrente, em seus 11 supermercados da rede, está relacionado ao número de habitantes existentes num raio de 5 km de cada supermercado. Os dados dos faturamentos mensais (em milhares de reais) e o número de habitantes existentes num raio de 5 km de cada supermercado estão na Tabela 2.9 a seguir. A empresa pretende instalar um novo supermercado numa região do município onde o raio de 5 km abrange 37.500 habitantes. Qual será a previsão de faturamento mensal para esse supermercado?

Tabela 2.9 – Dados do exemplo da rede de supermercados para previsão de vendas baseada na correlação

n	Faturamento por Superm. Y	Número de habitantes X	X²	Y²	X.Y
1	136	28000	784000000	18496	3808000
2	123	23500	552250000	15129	2890500
3	145,6	31200	973440000	21199,36	4542720
4	154	37000	1369000000	23716	5698000
5	144,9	30800	948640000	20996,01	4462920
6	131	26500	702250000	17161	3471500
7	122,1	22100	488410000	14908,41	2698410
8	119	19200	368640000	14161	2284800
9	165,1	41200	1697440000	27258,01	6802120
10	159,3	39600	1568160000	25376,49	6308280
11	147,8	32050	1027202500	21844,84	4736990
Somatório					
	1547,8	331150	10479432500	220246,12	47704240

Substituindo os valores nas Equações (2.5) e (2.6), tem-se:

b = [(11 x 47704240) – (331150 x 1547,8)] / [(11 x 10479432500) – $(331150)^2$] = 0,00217

a = [(1547,8) – (0,00217 x 331150)] / 11 = 75,38

Logo, a equação da reta da previsão fica:

Y = 75,38 + 0,00217 X

Substituindo o X pelo número de habitantes (37.500), o faturamento previsto para o novo supermercado é:

Y = 75,38 + 0,00217 x 37500 = 156,75 = R$156.750,00

Agora pode-se medir se existe correlação entre as duas variáveis e qual seu grau, pela Equação (2.7) que encontra o valor de r, como:

r = [(11 x 47704240) – (331150 x 1547,8)] / x

r = 0,9899

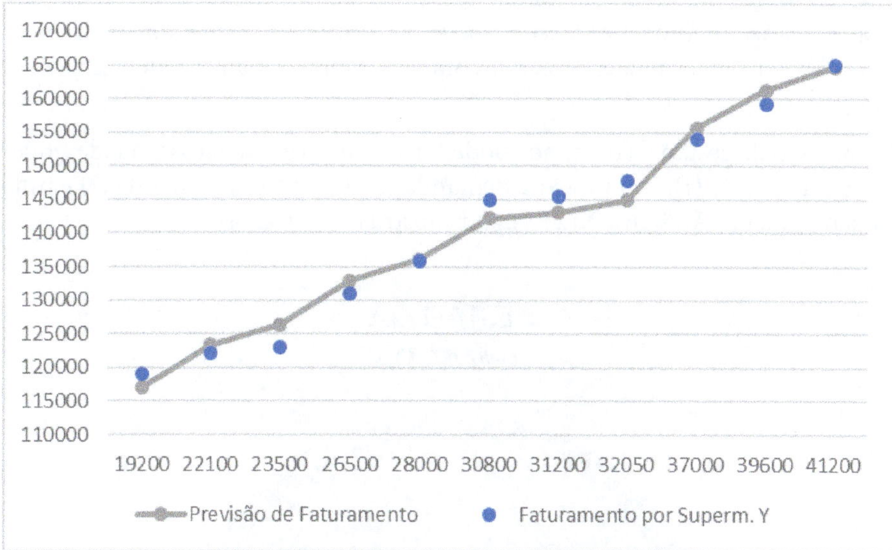

Figura 2.11 – Gráfico comparativo do faturamento por supermercado versus número de habitantes num raio de 5 km, mostrando a correlação

Pode-se observar na Figura 2.11 que existe uma forte correlação entre o faturamento previsto e o faturamento real, segundo o número de habitantes. O cálculo do r, que resultou em 0,9899, também indica essa forte correlação.

2.4. GESTÃO DA DEMANDA X PREVISÃO DE VENDAS

Antes de definir gestão da demanda é bom esclarecer que ela é ampla, age sobre toda a demanda e suas relações com o PCP e demais setores. Já a previsão de vendas se utiliza de técnicas e métodos para o cálculo das vendas futuras baseadas em históricos de demanda. Ou seja, a previsão de vendas não concorre, e sim, faz parte da gestão da demanda.

Demanda é toda necessidade por um produto, componente ou serviço, advinda do mercado, de outras filiais, clientes internos ou centros de distribuição. Uma diferença entre demanda e venda é que nem sempre a demanda se tornará venda. Por exemplo, quando se produz acima do pedido do cliente para se completar o estoque de segurança, em que uma parte do que foi produzido se tornará venda, mas outra parte ficará armazenada no estoque.

A demanda pode ser classificada em: demanda independente, relacionada a itens sem relação com a demanda por outros itens, como são os produtos finais; e demanda dependente, relacionada a itens com relação à demanda por outros itens, como são as matérias-primas que compõem o produto final. Exemplificando, uma calça é item de demanda independente, e o tecido, as linhas etc., são itens de demanda dependente, ou seja, só existirá demanda para linhas e tecidos se houver demanda por calças.

Já a gestão da demanda tem como papel principal identificar todas as demandas, facilitar o planejamento integrado do negócio e utilizar da melhor forma possível os recursos, com foco no atendimento com custo, prazo e qualidade desejados pelo cliente.

O processo de gestão da demanda pode ser separado em macroatividades, que são: planejar a demanda (1), comunicar a demanda (2), priorizar a demanda (3) e influenciar a demanda (4). A Figura 2.12 a seguir mostra esse processo.

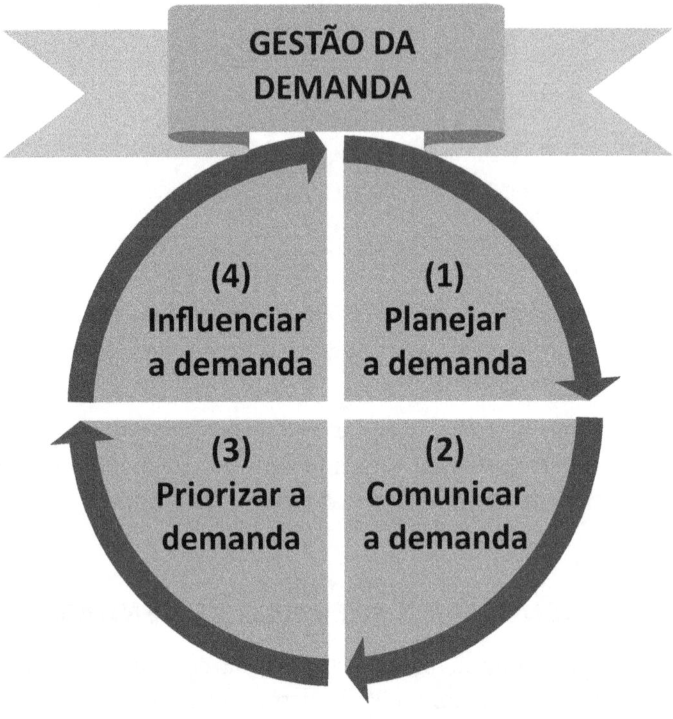

Figura 2.12 – Modelo de processo de gestão da demanda

2.4.1. RELAÇÃO DO PCP COM A GESTÃO DA DEMANDA

A Gestão da Demanda faz a sincronização do mercado com a produção, levando a empresa a traçar planos com a finalidade principal de atender aos desejos do mercado. O PCP é o setor da empresa que mais contato direto tem com o setor comercial e de vendas para que elaborem em conjunto as previsões de vendas e de demanda.

É extremamente importante que haja integração real e factível entre os setores de PCP e comercial da empresa, pois se estes dois não se alinharem estrategicamente as chances de atrasos, altos custos e falhas é grande. E isso leva a grandes prejuízos, tanto à empresa quanto aos seus clientes.

Existe uma ferramenta do PCP chamada Planejamento Integrado de Vendas e Operações (*Sales and Operations Planning – S&OP*), a ser estudada mais à frente neste livro, que trata especificamente dessa integração entre os dois setores, sendo de grande importância para o sucesso empresarial.

Porém, a Gestão da Demanda tem integração com cinco áreas da Gestão da Produção e PCP, a saber:

I. Planejamento de Vendas e Operações (S&OP): quando são executados os relatórios de previsão de vendas e é feito o planejamento da demanda em si, havendo então processos que influenciam a demanda, mudam o nível de serviço ao cliente e o plano de distribuição;

II. Programa Mestre da Produção (MPS): aqui a integração é por meio das demandas previstas e confirmadas e suas oscilações recorrentes, cabendo ao MPS balancear demanda e capacidade, seja por estoques de segurança, aumento da flexibilidade da produção ou ações comerciais como promoções, reordenação de prioridades etc.;

III. Gestão de Estoques: aqui a integração é justamente quando do cálculo dos estoques de segurança são analisadas a variabilidade da demanda, o *lead time* do ressuprimento e o nível de serviço desejado;

IV. Gestão da Capacidade: quando são utilizadas as técnicas citadas (promoções, priorizações etc.) para nivelar demanda e capacidade instalada de forma a atender os clientes sem gerar custos excessivos e inesperados à empresa, haja vista não ser possível conseguir incrementos na capacidade produtiva num estalar de dedos;

V. Planejamento Estratégico da Produção: na tomada de decisões estratégicas a longo prazo, a gestão da demanda entra em ação analisando as prioridades competitivas da manufatura (custo, tempo, qualidade e flexibilidade) e a estrutura da empresa (capacidade, instalações, tecnologia e integração vertical). Todas essas análises são feitas com foco no nivelamento da capacidade com a demanda, para que o mercado seja atendido de forma eficiente e eficaz.

2.4.2. GESTÃO DA DEMANDA E SUAS MACROATIVIDADES

A Gestão da Demanda é uma área composta por algumas macroatividades, que juntas trazem eficiência e eficácia ao processo de tomada de decisões. São elas:

I – Planejar a demanda: etapa inicial e de grande importância para validar produto, marketing, plano de vendas e estratégias comerciais que trarão os resultados financeiros esperados. A parte mais importante do plano de demanda é a previsão de vendas. Toda previsão de vendas está errada! Parece exagero, mas é fato, pois se trata de antecipar um futuro incerto, com variáveis nem sempre (quase nunca) controláveis. Logo, é interessante que se acrescente uma margem de erro (pode ser em porcentagem) à demanda prevista. E quanto mais longe no horizonte de tempo, mais provável é que os cálculos da previsão de vendas estejam errados. As previsões de vendas podem ser feitas de mais de 90 maneiras diferentes, sendo mais comumente distintas entre métodos qualitativos e quantitativos. Os métodos de previsão mais usuais já foram abordados neste capítulo.

II - Comunicar a demanda: o ato de comunicar eficientemente a demanda para dentro da empresa tem o intuito central de sincronizar demanda e fornecimento para atingir os resultados esperados ao menor custo possível. Essa comunicação precisa ser feita com certa antecedência para que o setor operacional e produção tenham tempo hábil de replanejar seus recursos e insumos. A demanda, mesmo após a previsão, flutua de acordo com o comportamento do mercado e diversos outros fatores, como economia, política, leis etc. Por isso mesmo é que essa comunicação deve ser feita com antecedência e deve estar antenada com o mercado.

III - Priorizar a demanda: priorizar é o ato de decidir quais clientes serão atendidos primeiro, em detrimento de outros. Priorizações são normais em qualquer sistema produtivo, seja de bens ou serviços. O que não é normal é todos os dias e a todo momento existirem priorizações, pois, se isso ocorre, desbalanceia e desprograma toda a produção, gerando irritação e confusão na equipe, perdas de qualidade e insumos e elevação dos custos produtivos. Reforçando, na grande maioria das empresas não se consegue atender todos os clientes por meio de priorizações num estalar de dedos. Todo esse processo leva tempo e necessita ser bem planejado. Quem define quais clientes serão priorizados é o departamento comercial, porém isso só deve ser feito em conjunto e comum acordo com a produção/operações. Lembre-se: é vital que o comercial e a produção trabalhem integrados, em equipe.

IV - Influenciar a demanda: influenciar a demanda é convencer os clientes a adquirir produtos e serviços para suportar os objetivos da empresa. Existem diversas técnicas para isso, porém duas têm sido mais utilizadas: *demand shaping* (modelagem da demanda), na qual as melhores práticas para o processo de *shaping* são lançamento de novo produto, gerenciamento do preço, marketing e propaganda, incentivos para venda, promoções, política de substituição/acordos e estratégias para falta de produto, sugerindo a compra de outro semelhante existente em estoque; e *demand sensing* (detecção de demanda), na qual a demanda dos elos da cadeia de abastecimento são trazidos com o máximo de acuracidade, com intuito de compreender melhor os impactos sobre a demanda quando os clientes alteram suas preferências e necessidades.

CAPÍTULO 3
GESTÃO DE ESTOQUES

Neste capítulo serão abordados temas importantes para qualquer gestão de sistemas produtivos e de PCP: a gestão dos estoques e suas peculiaridades. Serão trazidos conceitos importantes, detalhados os sistemas de controle e gestão eficientes e, por fim, será dada a devida importância à acuracidade para os controles em sistemas de gestão de estoques.

3.1. INTRODUÇÃO

Estoques só existem porque não há harmonia entre a demanda e o fornecimento, havendo, então, a necessidade de mantê-los. Caso tudo que fosse solicitado estivesse à disposição da empresa naquele mesmo instante, não haveria necessidade de se manter estoques.

Porém, existem prós e contras à manutenção de estoques: se, por um lado, eles (os estoques) trazem segurança num ambiente complexo e cheio de incertezas, como é o Brasil e muitos outros países – pois consumidores migram de marca para marca e são previsíveis até certo ponto, após esse ponto são incertos –, por outro lado, os estoques elevam consideravelmente os custos de produção e retêm certo capital – que poderia estar sendo investido em estratégias diversas, ou ainda estar no mercado financeiro rendendo juros –, além de ocupar espaço útil na fábrica. Por isso existe o planejamento de estoques, e este capítulo tratará do ponto de pedido, da classificação ABC, do lote econômico de compra e/ou produção, do gráfico dente-de-serra e do cálculo e definição do estoque de segurança.

Atualmente, é dada grande ênfase à redução dos níveis de estoques nas empresas. Isso porque estoque é dinheiro parado – o capital já foi investido e o retorno ainda não foi obtido, pois os produtos estão estocados e não foram faturados.

Porém, é natural observarmos, em visitas a algumas indústrias, que elas contam com grandes estoques de produtos acabados e matérias-primas. Motivo? Simples: quanto menos confiável é o PCP da empresa, atrelado à confiança na previsão de vendas e nos demais dados obtidos, maior será a necessidade de se manter grandes estoques para suprir o mercado. Isso porque todos que trabalham em manufatura sabem que atrasos são inadmissíveis para os clientes. Então utilizam a velha regra: "antes sobrar que faltar". E assim mantêm seus estoques altos e seu PCP ineficiente.

Logo, o PCP tem função estratégica nas organizações, porque vai ao encontro da grande carência das empresas em enxugar seus estoques, reduzir *lead times*, melhorar sua saúde financeira e melhorar também o nível de atendimento aos seus clientes.

O PCP, se bem gerido, leva a empresa a níveis altos de desempenho operacional, tático e estratégico, colaborando, então, com o atingimento das metas planejadas no *Business Plan* do negócio.

3.2. DEFINIÇÕES E TIPOS DE ESTOQUES

Estoque nada mais é do que certa quantidade de recursos materiais armazenada num sistema de transformação. Nesse sistema de transformação estão as indústrias, o comércio, o prestador de serviço, o agricultor; ou seja, todos os setores da atividade econômica de um país administram estoques. Porém, os estoques mantidos dependem da operação da empresa, e é ela que determina o valor do estoque ideal.

Logo, os estoques existem porque não há um equilíbrio entre a taxa de fornecimento e a taxa de demanda, havendo, então, períodos com excesso de estoques e períodos com falta de estoques, isto é, períodos com excesso de demanda e períodos com baixa demanda.

Por isso podem existir quatro tipos de estoques:

- estoque isolador: ou estoque de segurança, foi criado para compensar variações entre fornecimento e demanda;
- estoque de ciclo: estoque compensador criado para fornecer itens entre estágios que variam no seu tempo de ciclo (amortecedor);
- estoque de antecipação: estoque para compensar as variações na demanda futura, antecipando-se aos clientes;
- estoque de distribuição: estoques feitos no canal de distribuição entre o fornecedor e o consumidor, impossibilitados de serem entregues assim que produzidos.

No dia a dia, o responsável pela gestão dos estoques terá que tomar decisões de três tipos principais:

- Quanto pedir: que tamanho deve ter o pedido (volume de ressuprimento);
- Quando pedir: em que momento pedir (momento de reposição ou ponto de pedido);
- Como controlar o sistema: softwares, procedimentos e prioridades.

"Quanto pedir" é respondido pelo cálculo do lote econômico de compra ou produção. O "quando pedir" é respondido pelo ponto de pedido. E em "como controlar o sistema", o gestor definirá as políticas de estoque de segurança para cada item, os sistemas de controles desses itens e qual software atenderá sua organização na gestão dos estoques.

3.3. CLASSIFICAÇÃO ABC OU CURVA DE PARETO

Para analisar quais materiais têm maior demanda e custo (custo de aquisição do material, e não custo de mantê-lo em estoque), utiliza-se uma técnica bastante conhecida: a classificação ABC (que se equipara ao gráfico de Pareto 80/20). Por meio de cálculos matemáticos, é possível analisar quais itens são mais importantes para a empresa e merecem maior atenção, com base em um gráfico com coordenadas x e y, em que x é a quantidade de itens materiais dentro da relação em estoque e y é o custo ou valor acompanhado do tipo de classificação do material. Os itens são classificados assim:

I. Os materiais A representam somente 20% dos materiais em estoque e 80 % do valor em estoque;
II. Os materiais B representam 30% dos materiais em estoque e 15% do valor do estoque;
III. Os materiais C representam 50% dos materiais em estoque e somente 5% do valor do estoque.

A Figura 3.1 traz o modelo de curva ABC.

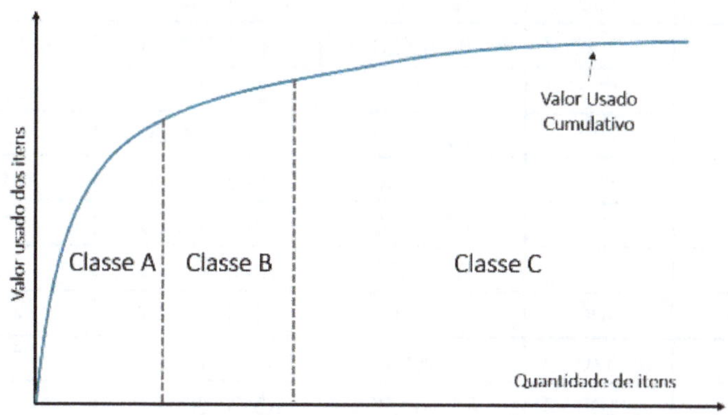

Figura 3.1 – Gráfico de Curva ABC

Essa classificação demonstra que quanto maior o valor financeiro do estoque de um material, mais análise deve ser aplicada a esse material, justamente pelo maior capital investido nele e imobilizado para tal.

Para construir esse gráfico basta seguir alguns passos:

1. Transfira os dados coletados para uma Planilha;
2. Organize os produtos em ordem decrescente do custo;
3. Some todos os custos e depois calcule o percentual que cada produto representa do custo total;
4. Classifique toda a planilha em ordem decrescente por custos (os itens com maior valor serão os primeiros, logo, os que demandam maior prioridade);
5. Some a primeira linha do percentual com a de baixo, e assim sucessivamente até encontrar 80% (que representa em torno de 20% dos produtos totais). Esses produtos serão os de classificação A. A classificação B irá até 95% e a C, até 100%, cumulativamente.

Exemplificando, a Tabela 3.1 a seguir traz valores de custo/aquisição de 15 itens para o estoque da empresa Alfa. Para cada item vem a quantidade média anual consumida, o valor unitário, o montante financeiro destinado na compra de cada item e o seu respectivo grau (lembrando que grau 1 refere-se ao maior valor financeiro, 2 o segundo menor e assim sucessivamente, pois é decrescente).

Tabela 3.1 – Dados do exemplo para cálculo da Classificação ABC

Produto	Quant.	Valor Unit.	V x Q	Grau
A	130	R$ 110,00	R$ 14.300,00	9
B	1200	R$ 120,00	R$ 144.000,00	1
C	239	R$ 99,00	R$ 23.661,00	5
D	130	R$ 176,00	R$ 22.880,00	6
E	1500	R$ 87,00	R$ 130.500,00	3
F	780	R$ 170,00	R$ 132.600,00	2
G	45	R$ 89,00	R$ 4.005,00	14
H	170	R$ 78,00	R$ 13.260,00	10
I	200	R$ 34,00	R$ 6.800,00	11
J	150	R$ 40,00	R$ 6.000,00	13
K	23	R$ 56,00	R$ 1.288,00	15
L	90	R$ 67,00	R$ 6.030,00	12
M	400	R$ 75,00	R$ 30.000,00	4
N	670	R$ 30,00	R$ 20.100,00	7
O	100	R$ 160,00	R$ 16.000,00	8

A seguir, a Tabela 3.2 traz os cálculos para definição da Classificação ABC.

Tabela 3.2 – Cálculo para definição da Classificação ABC

Grau	Produto	V x Q	Acumulado	Acum. em %
1	B	R$ 144.000,00	R$ 144.000,00	25,20%
2	F	R$ 132.600,00	R$ 276.600,00	48,41%
3	E	R$ 130.500,00	R$ 407.100,00	71,24%
4	M	R$ 30.000,00	R$ 437.100,00	76,49%
5	C	R$ 23.661,00	R$ 460.761,00	80,63%
6	D	R$ 22.880,00	R$ 483.641,00	84,64%
7	N	R$ 20.100,00	R$ 503.741,00	88,16%
8	O	R$ 16.000,00	R$ 519.741,00	90,96%
9	A	R$ 14.300,00	R$ 534.041,00	93,46%
10	H	R$ 13.260,00	R$ 547.301,00	95,78%
11	I	R$ 6.800,00	R$ 554.101,00	96,97%
12	L	R$ 6.030,00	R$ 560.131,00	98,02%
13	J	R$ 6.000,00	R$ 566.131,00	99,07%
14	G	R$ 4.005,00	R$ 570.136,00	99,77%
15	K	R$ 1.288,00	R$ 571.424,00	100,00%

Logo, as classes ABC da classificação advinda dos dados das Tabelas 3.1 e 3.2 ficam assim:

- Classe A: até 20% dos itens e até 80% do valor, ou seja, até 3 itens, que corresponde a 71,24% do valor acumulado. Logo, na classe A estarão os itens B, F e E.
- Classe B: até 30% dos itens e até 15% do valor, ou seja, até 4,5 itens (considera-se aceitável 4 ou 5 itens), que corresponde a 16,92% do valor acumulado. Logo, na classe B estarão os itens M, C, D e N.
- Classe C: até 50% dos itens e 5% do valor, ou seja, até 8 itens, que corresponde aqui a 11,84% do valor acumulado. Logo, na classe C estarão os itens O, A, H, I, L, J, G e K.

A Figura 3.2 traz a Curva ABC para os dados do exemplo anterior.

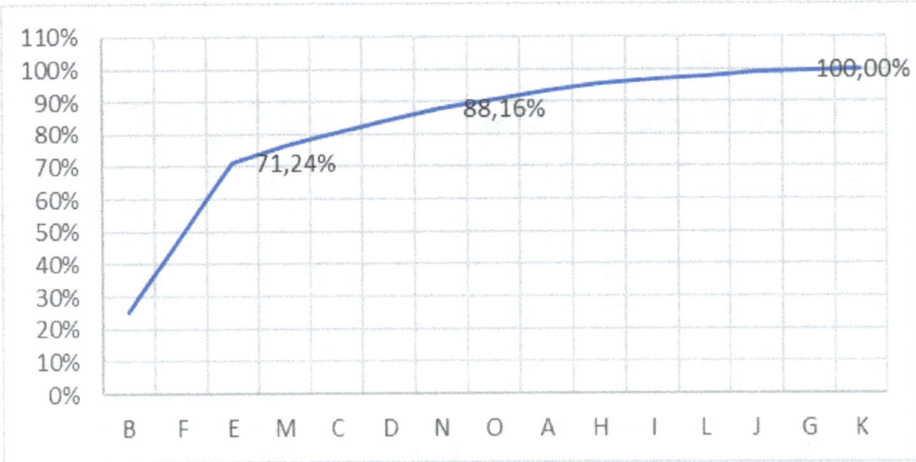

Figura 3.2 – Curva ABC do exemplo

Existe uma discussão grande entre os diretores, gestores e empresários para definir quais produtos realmente são os carros-chefes da empresa. Uns creem que o carro-chefe é aquele que mais vende, outros, aquele que traz mais lucro unitário. As duas vertentes estão certas e erradas ao mesmo tempo.

O carro-chefe de qualquer empresa é o produto que traz maior rentabilidade. Ou seja, aquele que traz maior lucro unitário multiplicado pela quantidade vendida, dentre os produtos da classe A.

Definir erroneamente qual é o carro-chefe da empresa leva a gastos e custos desnecessários, investimento em campanhas publicitárias para alavancagem de produtos que na verdade não representam a maior rentabilidade, além de criar estratégias diversas e difusas que não alcançarão as metas estabelecidas no Plano de Negócios da empresa.

A título de demonstração, a seguir utilizaremos os dados do exemplo anterior, no qual foram encontradas as classes A, B e C com dados hipotéticos, para demonstrar como encontrar o carro-chefe de uma empresa. Leve em consideração agora que os valores unitários referem-se a preço de venda, e não mais a valor de compra para estoque.

A Tabela 3.3 à frente traz a formação de preço dos 3 itens da classe A: produtos B, F e E. Adicionalmente, traz também o produto E com 15% de desconto no preço de venda, para que ao final seja definida a quantidade a ser vendida a mais para manter a rentabilidade após o desconto de 15% no PV.

Para esse exemplo considera-se um faturamento bruto de R$500.000,00 por ano, despesas administrativas de R$50.000,00/ano (o que corresponde a 10% do faturamento anual), despesas de vendas de R$25.000,00/ano (5% do faturamento) e despesas financeiras de R$10.000,00/ano (2% do faturamento).

Logo, observa-se na Tabela 3.3 os seguintes dados: a comissão é de 7% incidente sobre o preço de venda menos o imposto; o PLV é o PV menos impostos menos comissão; matéria-prima é dado; contribuição marginal é PLV menos matéria-prima; % é a porcentagem que a contribuição marginal representa sobre o PV; custo fixo de produção é a soma dos custos de montagem até usinagem II; despesas fixas é a soma das despesas administrativas, vendas e financeiras; as despesas administrativas são 10% do PV, assim como as de vendas são 5% do PV e as financeiras são 2% do PV; o total é a soma do custo fixo de produção com as despesas fixas; o lucro líquido é a contribuição marginal menos o total; e a última % é a divisão do lucro líquido pelo PV.

Tabela 3.3 – Formação de preço dos itens da Classe A

Produto	B	F	E	E c/ 15% desconto
Quantidade	1200	780	1500	1500
% (P x Q/Acum. Total)	25,20%	23,20%	22,89%	22,89%
Preço de venda	**R$ 120,00**	**R$ 170,00**	**R$ 87,00**	**R$ 74,00**
Impostos (14%)	R$ 16,80	R$ 23,80	R$ 12,18	R$ 10,36
Comissão (7%)	R$ 7,22	R$ 10,23	R$ 5,24	R$ 4,45
P.L.V.	R$ 95,98	R$ 135,97	R$ 69,58	R$ 59,19
Matéria-prima	R$ 30,00	R$ 35,00	R$ 8,50	R$ 8,50
Cont. Marginal	R$ 65,98	R$ 100,97	R$ 61,08	R$ 50,69
%	54,98%	59,39%	70,21%	68,49%
Custo fixo prod.	R$ 23,85	R$ 26,61	R$ 6,55	R$ 6,55
Montagem	R$ 12,24	R$ 15,00	R$ 4,00	R$ 4,00
Embalagem	R$ 0,32	R$ 0,32	R$ 0,30	R$ 0,30
Limpeza	R$ 0,41	R$ 0,41	R$ 0,25	R$ 0,25
Pintura	R$ 2,72	R$ 2,72	R$ 0	R$ 0
Periférica	R$ 1,71	R$ 1,71	R$ 2,00	R$ 2,00
Usinagem I	R$ 5,88	R$ 5,88	R$ 0	R$ 0
Usinagem II	R$ 0,57	R$ 0,57	R$ 0	R$ 0
Despesas fixas	R$ 20,40	R$ 28,90	R$ 14,79	R$ 12,58
Administrativas	R$ 12,00	R$ 17,00	R$ 8,70	R$ 7,40
Vendas	R$ 6,00	R$ 8,50	R$ 4,35	R$ 3,70
Financeiras	R$ 2,40	R$ 3,40	R$ 174,00	R$ 148,00
Total (CFP + DF)	R$ 44,25	R$ 55,51	R$ 21,34	R$ 19,13
Lucro Líquido	R$ 21,73	R$ 45,46	R$ 39,74	R$ 31,56
%	18,11%	26,74%	45,68%	42,64%

Após os cálculos apresentados, passa-se aos cálculos para descobrir qual desses 3 itens é o carro-chefe e traz maior rentabilidade. Se multiplicarmos o lucro unitário do produto B pela quantidade vendida, teremos uma rentabilidade de R$26.076,00.

Fazendo o mesmo procedimento para os demais, teremos uma rentabilidade de R$35.458,80 para o produto F e uma rentabilidade de R$59.610,00 para o produto E. Portanto, o carro-chefe da empresa desse exemplo é o produto E.

Agora é preciso descobrir qual a quantidade mínima a ser vendida que mantém a rentabilidade desse produto E após o desconto de 15% no preço de venda proposto. O cálculo é simples: dividimos a rentabilidade dele pelo novo lucro líquido unitário encontrado na Tabela 3.3, ou seja, divide-se R$59.610,00 por R$31,56, que resulta em 1.889 unidades. Logo, para manter a mesma rentabilidade anterior ao desconto de 15% no preço de venda, é necessário aumentar as vendas para 1.889 unidades, isto é, aumentar em 389 unidades a quantidade vendida. Agora cabe análise do departamento comercial para avaliar se esse desconto alavancaria essa quantidade de vendas. Caso contrário, o desconto deve ser repensado.

Para fixar melhor o conteúdo, façamos agora um exercício de aplicação.

Exercício 1: Encontre as Classes ABC dos dados da Tabela 3.4 a seguir. Na tabela estão as quantidades compradas anualmente de cada item e seu respectivo valor de compra.

Tabela 3.4 – Exercício para cálculo da Classificação ABC

Produto	Quant.	Valor Unit.	V x Q	Grau
A	977	R$ 2.200,00		
B	346	R$ 144,00		
C	49	R$ 110,00		
D	230	R$ 145,00		
E	910	R$ 1.550,00		
F	330	R$ 760,00		
G	198	R$ 89,00		
H	560	R$ 780,00		
I	878	R$ 1.990,00		
J	605	R$ 129,00		
K	199	R$ 298,00		
L	780	R$ 155,00		
M	78	R$ 290,00		
N	720	R$ 370,00		
O	370	R$ 220,00		
P	650	R$ 190,00		
Q	556	R$ 126,00		
R	366	R$ 207,00		
S	902	R$ 59,00		

T	325	R$ 274,00		
U	133	R$ 28,00		
V	1040	R$ 1.920,00		
W	455	R$ 201,00		
X	328	R$ 134,00		
Y	377	R$ 167,00		

Na Tabela 3.5 devem ser colocados os cálculos para definição da Classificação ABC do exercício da Tabela 3.4.

Tabela 3.5 – Cálculo para definição da Classificação ABC

Grau	Produto	V x Q	Acumulado	Acum. em %
1				
2				
3				
4				
5				
6				
7				
8				
9				
10				
11				
12				
13				
14				
15				
16				
17				
18				
19				
20				
21				
22				
23				
24				
25				

Logo, as classes ABC da classificação advinda dos dados das Tabelas 3.4 e 3.5 ficam assim:

- Classe A: até 20% dos itens e até 80% do valor, ou seja, ____________________
  ____.
  Logo, na classe A estarão os itens ____________________________
  ____.
  Classe B: até 30% dos itens e até 15% do valor, ou seja, ____________________
  ____.
  Logo, na classe B estarão os itens ____________________________
  ____.
- Classe C: até 50% dos itens e 5% do valor, ou seja, ______________________
  ____.
  Logo, na classe C estarão os itens ____________________________
  ____.

A Figura 3.3 a seguir traz a Curva ABC para os dados do exercício anterior, e deve ser preenchida por você.

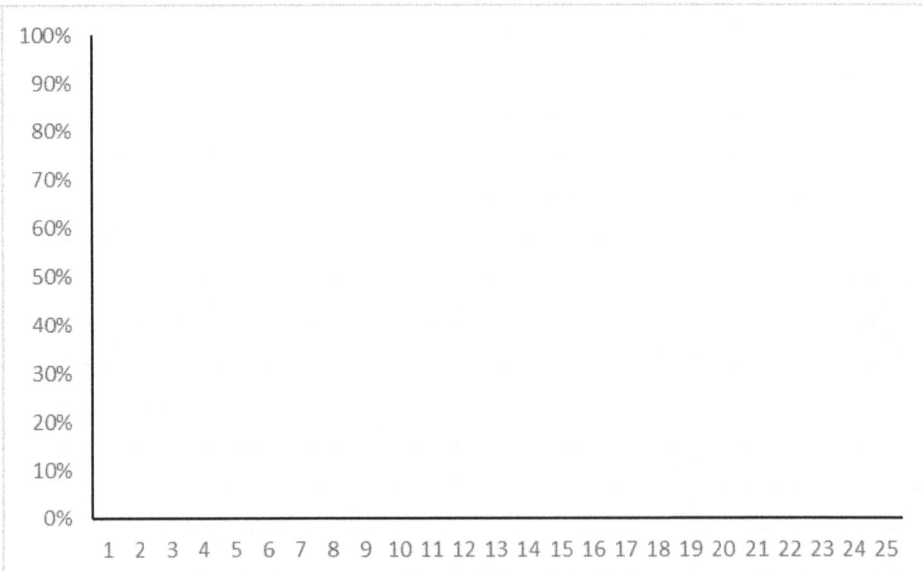

Figura 3.3 – Curva ABC do exercício

3.4. PONTO DE PEDIDO

O controle de estoques por ponto de pedido ou ponto de reposição é feito estabelecendo uma quantidade de itens em estoque, a qual, se atingida, dá início ao processo de reposição do item em uma quantidade preestabelecida.

O estoque é separado em duas partes: a primeira é usada na sua totalidade até a data da encomenda de um lote de reposição; a segunda é usada entre a data da encomenda e a data de recebimento do lote.

A fórmula a seguir explica o uso do ponto de pedido:

$$PP = d \times t + ES$$

Onde:

PP = ponto de pedido;

d = demanda por unidade de tempo;

t = tempo de ressuprimento;

ES = estoque de segurança.

O tempo de ressuprimento é o espaço de tempo entre a averiguação da necessidade de repor o item e a efetiva entrada do item em estoque. Algumas empresas adotam dias úteis, outras adotam dias corridos; fica a critério da empresa, sempre de acordo com a regularidade de consumo e de compra dos itens (se são consumidos e comprados com prazo de entrega em dias corridos ou úteis).

Na Figura 3.4 a seguir pode-se observar o limite superior de controle (Emáx), que é formado pela soma do estoque de segurança (ES) com o lote de reposição (Q), e o limite inferior de controle (Emín), que é o próprio estoque de segurança.

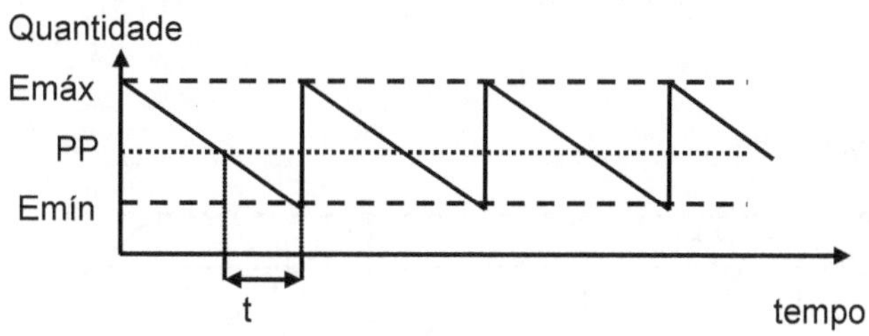

Figura 3.4 – Modelo de Controle de Estoques por Ponto de Pedido

Exemplo 1: A empresa "Alfa" deve produzir um item com demanda de 1.000 peças/mês. Considerando um estoque de segurança para 5 dias e um ponto de pedido de 10 dias, desenvolva o dente-de-serra.

Resolução:

Demanda (D): 1.000 peças/mês ÷ 20 dias úteis/mês = 50 peças/dia;

Ponto de pedido (P.P.): 10 dias;

Estoque de segurança (E.S.): 5 dias x 50 peças/dia = 250 peças.

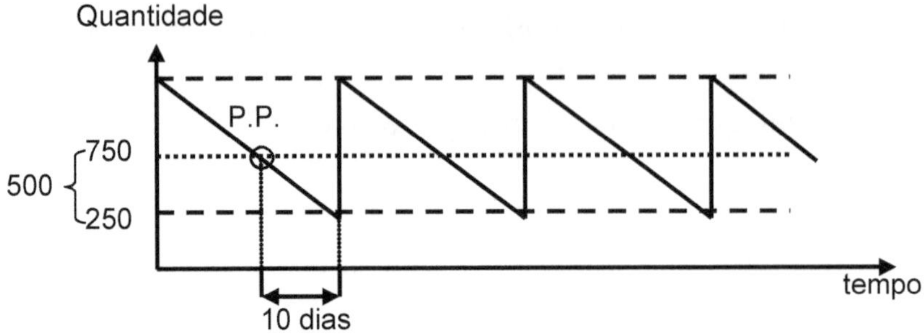

Figura 3.5 – Ponto de Pedido do exemplo 1

Exemplo 2: Desenvolva o controle de estoque por meio do gráfico dente-de-serra com dados dos componentes descritos abaixo:

Lead time: 15 dias (ponto de pedido);

Estoque de segurança: 10 dias;

Lote de suprimento: 1.200 peças;

Demanda: 2.200 peças/mês; mês de 30 dias corridos.

Resolução: 2.200 peças/mês ÷ 30 dias/mês = 74 peças/dia;

E.S.: 74 peças/dia x 10 dias = 740 peças;

P.P.: 15 dias x 74 peças/dia + E.S. = 1.110 peças + 740 peças => P.P. = 1.850 peças.

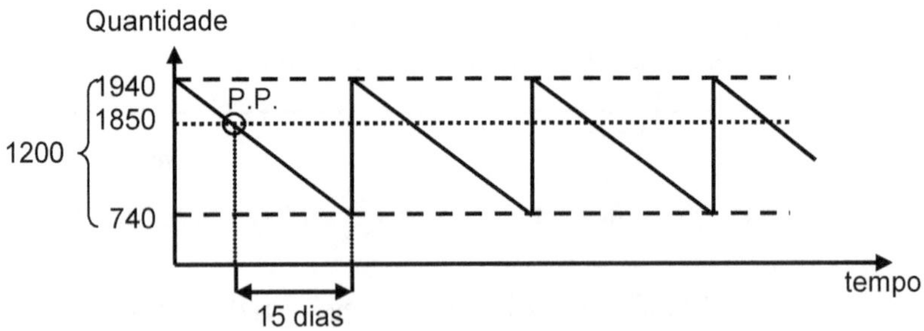

Figura 3.6 – Ponto de Pedido do exemplo 2

Exercício 2: A empresa Max Pneus, que revende pneus em sua região, quer encontrar o ponto de pedido do item Pneu 285/75R17. Desenvolva o controle de estoque por dente-de-serra e defina o ponto de pedido e ES, lembrando que o *lead time* é de 7 dias corridos, o estoque de segurança é de 9 dias, o lote de compra é de 40 pneus e a demanda mensal para este pneu é de 270 pneus.

Resolução:

3.5. DENTE-DE-SERRA, ESTOQUE MÁXIMO E MÍNIMO E LOTE ECONÔMICO DE PRODUÇÃO

Dentro da gestão de estoques, é interessante que se determine os estoques máximo e mínimo e o lote econômico de produção para, assim, criar o gráfico dente-de-serra de controle de estoques.

Estoque máximo, chamado de Emáx, é o resultado da soma do estoque de segurança com o lote econômico de produção ou compra. O lote econômico de produção ou compra, também chamado de lote de ressuprimento, é obtido a partir da equação a seguir:

$$LEP = Q = \sqrt{(Cp \times D \times 2)/Cm} \quad [3.1]$$

Onde:

Cp: custo de preparação de pedido (quando for lote econômico de compra), ou custo de preparação de máquina (quando for lote econômico de produção);

Cm: custo de manutenção do produto em estoque;

D: demanda mensal.

É interessante também definir o custo total mínimo (CTmín) do pedido, que é encontrado pela equação a seguir:

$$CTmin = (Cp \times D/Q) + (Cm \times Q/2) \quad [3.2]$$

Onde:

Q: quantidade pedida, ou LEP.

De posse desses dados é possível criar o gráfico dente-de-serra e o gráfico do LEP. O gráfico dente-de-serra é o da Figura 3.6, já demonstrado no exemplo nas páginas anteriores. Já o gráfico do LEP tem basicamente a estrutura da Figura 3.7 a seguir.

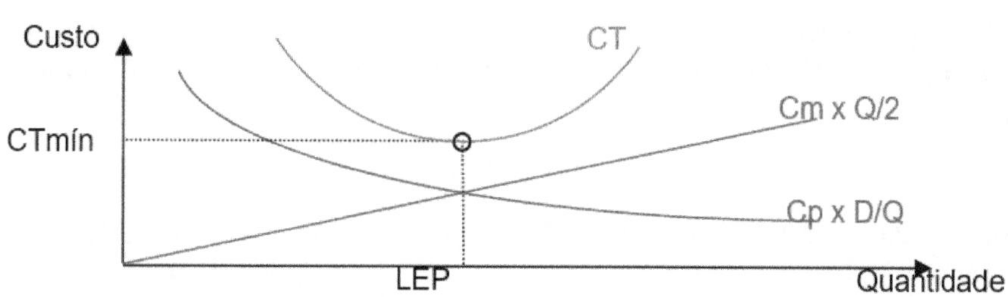

Figura 3.7 – Gráfico do LEP (modelo)

É possível observar na Figura 3.7 que a curva em declínio, que corresponde ao custo total de preparação, é inversamente proporcional à quantidade, ou seja, quanto maior o tamanho do lote (LEP), menor será o custo de preparação, pois menos preparações serão necessárias por mês. Já a reta em ascensão, que corresponde ao custo total de manutenção em estoque, é diretamente proporcional à quantidade, ou seja, quanto maior o lote, maior será o custo de manutenção. Já o custo total é a parábola, e seu menor ponto, que representa o custo total mínimo (CTmín) é justamente no LEP.

O exemplo a seguir esclarece os conceitos.

Exemplo: Determine o LEP, considerando uma demanda mensal de 12.000 unidades, Cp (custo de preparação) de R$30,00 e Cm (custo de manutenção) de R$12,00. Calcule também o custo total mínimo (CTmín) e a faixa econômica de produção, considerando um aumento do CTmín da ordem de 10%.

Resolução:

$LEP = \sqrt{(Cp \times D \times 2)/Cm} = \sqrt{(30 \times 12000 \times 2)/12} = 245unid.$

CTmín = (Cp x D/Q) + (Cm x Q/2) = (30 x 12000/245) + (12 x 245/2) => CTmín = R$2.939,39

LEP = 245 => 12.000 (unid./mês)/245 (unid./lote) = 49 lotes/mês

12000/30 = 400 unid./dia; 245/400 = 0,61 dias para consumir 1 lote

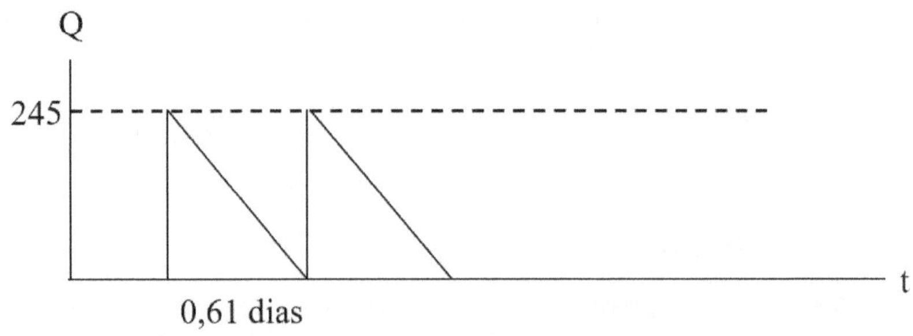

Figura 3.8 – Gráfico dente-de-serra do exemplo

CTmín(novo) com 10% de acréscimo = R$3.233,34 = (Cp x D/Q) + (Cm x Q/2) => 3.233,34 = (30 x 12.000/Q) + (12 x Q/2) => Multiplicando tudo por Q (equação de 2° grau):

3.233,34 x Q = (30 x 12.000 x Q/Q) + (12 x Q²/2) =>

6Q² - 3.233,34Q + 360.000 = 0 => Δ = b² - 4ac => Δ = (-3.233,34)² - 4(6)(360.000) =>

$\Delta = 1.814.487{,}55;\ Q = \frac{-b \pm \sqrt{b^2 - 4ac}}{2a} = \frac{-b \pm \sqrt{\Delta}}{2a}$

$Q' = \frac{3233,34 - \sqrt{1.814.487,55}}{2 \times 6} = 157{,}2 \Rightarrow Q' = 157\ unid.$

$Q'' = \frac{3233,34 + \sqrt{1.814.487,55}}{2 \times 6} = 381{,}7 \Rightarrow Q'' = 382\ unid.$

A Figura 3.9 a seguir traz o gráfico do LEP do exemplo.

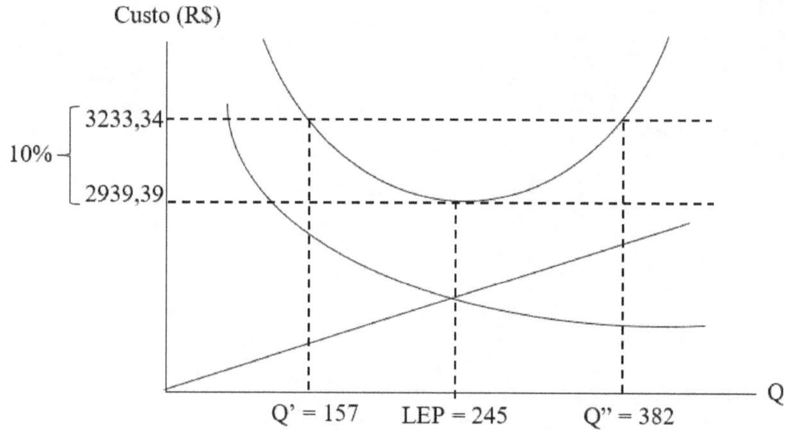

Figura 3.9 – Gráfico do LEP do exemplo

A seguir, há dois exercícios para praticar os conceitos.

Exercício 3: Determine o LEP e o CTmín para uma empresa que opera na fabricação de um item com demanda anual prevista de 38.000 peças, Cp = R$40,00 e Cm = R$18,00. Além disso:

a) Determine o CTmín com 12% de aumento para determinar a faixa econômica de produção.

b) Desenvolva os gráficos dente-de-serra e LEP, identificando em ambos os valores das variáveis.

c) Identifique na literatura existente sobre Administração da Produção e Operações as vantagens e desvantagens do método estudado e quais são as alternativas existentes para substituir essa ferramenta de controle de estoques no planejamento e controle da produção.

Resolução:

Exercício 4: A empresa Santista contratou um analista de projeções de demanda e suprimentos com formação em Engenharia de Produção. O primeiro trabalho desenvolvido foi a projeção do produto fotopolimerizador de acordo com os dados abaixo:

Cp = R$78,00; Cm = R$23,00; D = 16.000 peças/mês.

a) Faça a projeção de acordo com a tabela e calcule o LEP:

Quant.	Cm	Cp	CT (Cm + Cp)
50			
100			
150			
200			
250			
300			
350			
400			
450			
500			
550			
600			
650			
700			
750			

b) Calcule a faixa com 10% do CT.

c) Faça o gráfico.

d) Desenvolva o dente-de-serra e comente os resultados.

e) Qual a interferência do aumento da quantidade no estoque?

Resolução:

3.6. ESTOQUE DE SEGURANÇA (ES)

Como já mencionado anteriormente neste capítulo, não haveria necessidade de estoques se as requisições das empresas fossem atendidas em poucos instantes. Isso é impossível na grande maioria dos casos, obrigando as empresas a manter e gerir estoques.

Quanto maiores os estoques, menor é a confiança no planejamento da empresa. Isso porque, se o planejamento fosse feito com maior acuracidade, com dados de previsão de vendas mais assertivas, a necessidade de se manter estoques seria minimizada. Ou seja, seria mantido somente o estoque de segurança.

As empresas mantêm estoques maiores quando elas não confiam na assertividade de suas previsões e, consequentemente, no seu PCP. Mas é plausível a justificativa usada pelas empresas para manter os níveis de estoques elevados: é melhor sobrar do que faltar. Esse é o argumento quase unânime das empresas quando questionadas sobre o excesso de estoques tanto de produtos acabados quanto de matérias-primas: sabe-se que os custos de estoques elevados elas conseguem administrar, mas os custos com as perdas de clientes por atrasos nas entregas são imensuráveis. Se no século XX os clientes ainda aceitavam esperar mais pelos seus produtos e serviços, hoje, no século XXI, isso é impraticável, pois os clientes estão cada vez mais exigentes não somente com relação à qualidade e preço, mas também com o prazo de entrega. Raríssimos são os casos em que os clientes aceitam esperar uma semana pela entrega. A moeda mais preciosa neste século é o tempo, logo, recomenda-se que as empresas valorizem o tempo e o dinheiro dos seus clientes e, no mínimo, entreguem no prazo acordado.

A seguir temos um exemplo de cálculo de estoque de segurança e o novo ponto de pedido.

Exemplo: Calcular o ponto de pedido e o estoque de segurança para o item eixo, da empresa fictícia "Motormec", com um grande atendimento de 95%. A Tabela 3.6 a seguir trata da demanda (em unidades) e da sua probabilidade de ocorrência, e a Tabela 3.7 trata do *lead time* (em dias) e da sua probabilidade de ocorrência.

Tabela 3.6 – Demanda e Probabilidade para o item Eixo da empresa Motormec

Demanda (unidades)	Probabilidade
4200	8%
4150	3%
4350	29%
4100	2%
4400	41%
4500	16%
4000	1%

Tabela 3.7 – *Lead Time* e Probabilidade para o item Eixo da empresa Motormec

Lead Time (dias)	Probabilidade
4	27%
5	20%
2	5%
7	10%
3	18%
8	6%
6	14%

Resolução:

Sendo a demanda mensal, o *lead time*, em dias, o item, de demanda dependente e vindo do fornecedor para a empresa:

Demanda média mensal (com pesos): Dmensal = (4200 x 0,08) + (4150 x 0,03) + (4350 x 0,29) + (4100 x 0,02) + (4400 x 0,41) + (4500 x 0,16) + (4000 x 0,01) = 4368 peças/mês ÷ 30 dias/mês = 146 peças/dia.

Lead time médio (com pesos): LT = (4 x 0,27) + (5 x 0,2) + (2 x 0,05) + (7 x 0,1) + (3 x 0,18) + (8 x 0,06) + (6 x 0,14) = 5 dias.

Ponto de Pedido (PP) = LT x Ddiária = 146 x 5 = 730 peças.

Na Tabela 3.8 a seguir estão os resultados dos cálculos dos pontos de pedidos (PP) para as várias demandas e *lead times* específicos.

Tabela 3.8 – Ponto de Pedido (PP) para o item Eixo da empresa Motormec.

	Dmensal →	4000	4100	4150	4200	4350	4400	4500
LT ↓	Ddiária →	133	137	138	140	145	147	150
2	LT x Ddiária →	266	274	276	280	290	294	300
3	LT x Ddiária →	399	411	414	420	435	441	450
4	LT x Ddiária →	532	548	552	560	580	588	600
5	LT x Ddiária →	665	685	690	700	725	735	750
6	LT x Ddiária →	798	822	828	840	870	882	900
7	LT x Ddiária →	931	959	966	980	1015	1029	1050
8	LT x Ddiária →	1064	1096	1104	1120	1160	1176	1200

O ponto de pedido na Tabela 3.8 foi calculado multiplicando a demanda diária pelo *lead time*. Por exemplo, para a demanda mensal de 4.000, com demanda diária de 133 (arredondamento simples), o ponto de pedido é 133 x 2, que resultou em 266, e assim por diante.

Na Tabela 3.9 a seguir estão os resultados dos cálculos dos estoques de segurança (ES) para as várias demandas e *lead times* específicos. A equação para cálculo do estoque de segurança na Tabela 3.9 é:

$$ES = PPmédio - PPcalculado$$

O PPmédio é o ponto de pedido de 730 calculado pela demanda e *lead time* médios, e o PP calculado é o ponto de pedido calculado na Tabela 3.8.

Por exemplo, ES = 730 - 266 = 464. Anota-se 0 (zero) na Tabela 3.9 referente ao ES porque só se consideram os números negativos. Já para o ES = 730 - 735 = -5, anota-se 5, justamente por ser este valor o que falta para completar o ponto de pedido calculado na Tabela 3.8.

Tabela 3.9 – Estoque de Segurança (ES) para o item Eixo da empresa Motormec

	Dmensal →	4000	4100	4150	4200	4350	4400	4500
LT ↓	Ddiária →	133	137	138	140	145	147	150
2	ES →	0	0	0	0	0	0	0
3	ES →	0	0	0	0	0	0	0
4	ES →	0	0	0	0	0	0	0
5	ES →	0	0	0	0	0	5	20
6	ES →	68	92	98	110	140	152	170
7	ES →	201	229	236	250	285	299	320
8	ES →	334	366	374	390	430	446	470

Na Tabela 3.10 a seguir estão os resultados dos cálculos do atendimento de 95% das variações do mercado, levando em conta as probabilidades acumuladas baseadas nos residuais específicos. A equação para cálculo do residual do estoque de segurança na Tabela 3.10 é:

$$Probabilidade = \%\ da\ Demanda\ x\ \%\ do\ LT$$

A % da demanda é a % da Tabela 3.6 referente àquela demanda específica, e % do LT é a % do *lead time* da Tabela 3.7 referente àquele *lead time* específico.

Por exemplo, Residual 5 = 0,41 x 0,2 x 100 = 8,2%.

Tabela 3.10 – Residual (ES) para o item Eixo da empresa Motormec

Residual	Probabilidade	Prob. Acumulada
0	58,60%	58,60%
5	8,20%	66,80%
20	3,20%	70,00%
68	0,14%	70,14%
92	0,28%	70,42%
98	0,42%	70,84%
110	1,12%	71,96%
140	4,06%	76,02%
152	5,74%	81,76%
170	2,24%	84,00%
201	0,10%	84,10%
229	0,20%	84,30%
236	0,30%	84,60%
250	0,80%	85,40%
285	2,90%	88,30%
299	4,10%	92,40%
320	1,60%	94,00%
334	0,06%	94,06%
366	0,12%	94,18%
374	0,18%	94,36%
390	0,48%	94,84%
430	1,74%	96,58%
446	2,46%	99,04%
470	0,96%	100,00%
Soma	41,40%	

Como o exemplo pede um estoque de segurança (ES) de no mínimo 95% de abrangência, então o PP deve ser no residual 430 (96,58%), ou seja, 430 + 730 = 1.160 peças. Conclui-se que para atender 95% das variações do mercado com estoques de segurança, o ponto de pedido deverá ser de 1.160 peças, e não de 730 peças. Adota-se então o estoque de segurança de 430 peças. A seguir, a Figura 3.10 demonstra o controle de estoque por dente-de-serra.

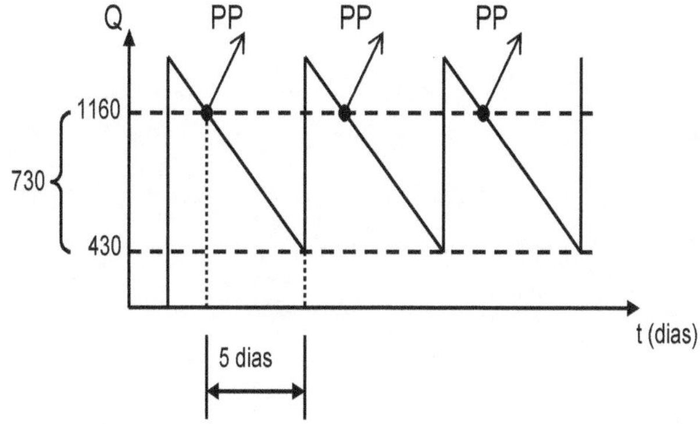

Figura 3.10 – Gráfico do controle de estoque no modelo dente-de-serra para o item eixo da empresa Motormec

Esse método de encontrar o ponto de pedido e o estoque de segurança pode ser usado tanto para materiais de demanda dependente, como é a matéria-prima para fazer o produto final, como para demanda independente, como é o caso do produto final.

Veja mais dois exercícios para aplicar os conceitos estudados até aqui.

Exercício 5: A empresa Metaltec, antes de desenvolver a programação da produção de um mix de 10 produtos, pretende determinar a necessidade de estoque de segurança - ou "buffers" - no sistema. Para tanto, pretende começar pelo produto Fixador de polias, de acordo com os dados abaixo. Vale ressaltar que ela pretende alcançar um atendimento de 98%.

Demanda (unidades)	Probabilidade		*Lead Time* (dias)	Probabilidade
1200	7%		5	25%
1400	13%		8	5%
1100	4%		7	6%
1300	5%		3	25%
1250	4%		6	5%
1500	35%		9	2%
1450	32%		4	32%

Resolução:

Ponto de Pedido (P.P.):

	Dmensal	1100	1200	1250	1300	1400	1450	1500
LT	Ddiária	37	40	42	43	47	48	50
3	LT x Ddiária							
4	LT x Ddiária							
5	LT x Ddiária							
6	LT x Ddiária							
7	LT x Ddiária							
8	LT x Ddiária							
9	LT x Ddiária							

Estoque de Segurança (E.S.):

	Dmensal	1100	1200	1250	1300	1400	1450	1500
LT	Ddiária	37	40	42	43	47	48	50
3	ES							
4	ES							
5	ES							
6	ES							
7	ES							
8	ES							
9	ES							

Residual e Probabilidade de E.S.:

Residual	Probabilidade	Prob. Acumulada
Soma		

Resposta:

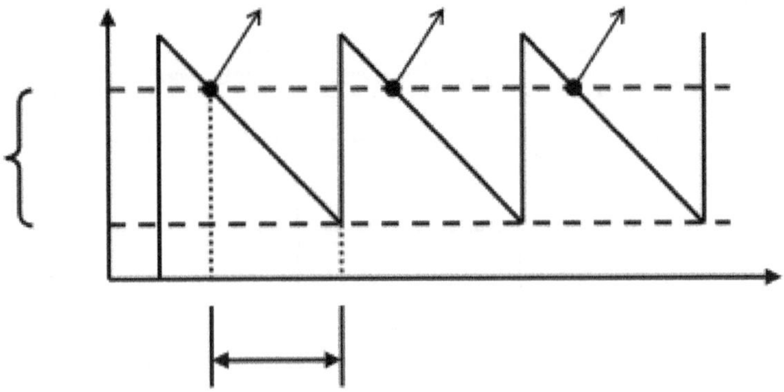

Exercício 6: A empresa Minas S.A. precisa calcular o estoque de segurança para o item terminal de bateria, com um atendimento de 95%. Elabore os cálculos e dê o resultado a ela, inclusive mostrando em gráfico.

Demanda (unidades)	Probabilidade		*Lead Time* (dias)	Probabilidade
2400	5%		7	8%
2750	8%		10	6%
2600	20%		8	16%
2300	35%		12	20%
2800	10%		9	15%
2650	12%		13	20%
2500	10%		11	15%

Resolução:

Ponto de Pedido (P.P.):

	Dmensal	2300	2400	2500	2600	2650	2750	2800
LT	Ddiária	77	80	83	87	88	92	93
7	LT x Ddiária							
8	LT x Ddiária							
9	LT x Ddiária							
10	LT x Ddiária							
11	LT x Ddiária							
12	LT x Ddiária							
13	LT x Ddiária							

Estoque de Segurança (E.S.):

	Dmensal	2300	2400	2500	2600	2650	2750	2800
LT	Ddiária	77	80	83	87	88	92	93
7	ES							
8	ES							
9	ES							
10	ES							
11	ES							
12	ES							
13	ES							

Residual e Probabilidade de E.S.:

Residual	Probabilidade	Prob. Acumulada
Soma		

Resposta:

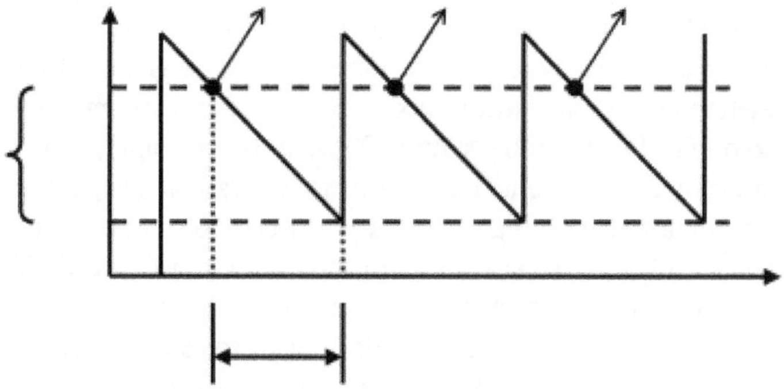

3.7. IMPORTÂNCIA DO CONTROLE EFICIENTE DE ESTOQUES

Já foi explicado neste capítulo o quão importante é implementar o estoque de segurança nas empresas. Agora será abordado o quão importante é gerir eficientemente os estoques.

Um fato sobre a implementação e gestão de estoques de segurança precisa ser tratado aqui: o departamento financeiro/contábil da empresa poderá criar empecilhos para tal. Por que eles fazem isso? Simples, porque enxergam o estoque como dinheiro parado, que gera custos desnecessários em vez de investimento.

Eles estão errados? Não na totalidade. Estoque é, sim, dinheiro parado. Mas estoque de segurança é investimento! Ou seja, estoque armazenado até o nível de segurança é investimento, e estoque acima desse nível é desperdício, dinheiro que deveria estar no capital de giro da empresa para negociações ou no próprio mercado financeiro, rendendo juros.

E por que estoque de segurança é investimento e não custo? Porque amortece variações entre fornecimento e demanda, não permitindo que ocorram paradas na produção por falta de matéria-prima, paradas de máquinas por falta de peças de reposição ou, o mais temido de todos, o atraso por falta de produtos acabados para entrega no prazo acordado. Os custos com atrasos são os maiores, mais temidos e devem ser os mais combatidos, mesmo porque beiram o infinito, são imensuráveis.

Logo, recomendamos que se calcule o estoque de segurança, defina-o para todos os produtos, alimente o sistema com esse novo parâmetro e controle os efeitos disso. Geralmente os estoques de segurança e os pontos de pedidos são recalculados uma vez ao mês dentro do próprio sistema, por comandos dados pelo encarregado do setor de planejamento.

E por que é tão importante controlar eficientemente os estoques? Aqui a resposta já não é tão simples, pois o motivo principal para que esse controle seja eficiente e eficaz são as pessoas e as consequências da ineficiência dos dados.

Imagine a situação na qual todos os parâmetros de estoque de segurança e ponto de pedido já existam e funcionem normalmente, mas o inventário é precário – lembrando que inventário é a contabilização ou conferência dos itens em estoque. Considere, então, que no sistema conste um número x de peças e no físico (na realidade) existam menos peças do que indicado pelo sistema. O que isso ocasiona? Atrasos na entrega e compras de materiais de emergência para minimizar esse atraso, compras essas que, por serem emergenciais, via de regra são mais caras. E se o contrário ocorre, quando no sistema existem peças a mais do que no físico? Gera desperdícios de compras desnecessárias, retiradas também desnecessárias de capital de giro do caixa, aumento dos custos de manutenção de estoques e perdas por obsolescência, entre tantos outros prejuízos. Por isso, o controle e gestão dos estoques deve ser eficiente e eficaz.

Nas empresas, costumamos dizer que no almoxarifado (área destinada ao armazenamento de estoques de matérias-primas e produtos acabados) ninguém entra sem prévia autorização do encarregado. Almoxarifado não é "terra de ninguém", pelo contrário, o setor precisa de um líder com pulso firme e organizado, sob pena de perder o controle dos itens e todo o sistema de PCP ruir, pois PCP é alimentado com dados, e os dados de estoques são importantes para gerar novas ordens de produção e compras.

Se possível for, dê as baixas no sistema em tempo real. A fábrica fez requisição do item x? Não espere até o final do dia para "dar baixa", dê agora! Claro, isso se for possível, se seu sistema de trabalho e quantidade de colaboradores permitir. Anotar em uma planilha para lançar no sistema no fim do dia também pode ser eficiente, mas é passível de erro. O PCP roda o sistema durante o dia todo e, em uma rodada, algum material pode ter sido retirado do almoxarifado sem que a baixa fosse dada no momento ideal. O PCP considerará que o material está no setor, mas, na verdade, ele já foi consumido. Assim, o PCP não gera a quantidade real necessária na ordem de compra, criando a situação a ser combatida na gestão de estoque.

Reforçando: o PCP só conseguirá ser eficiente se todos os envolvidos também o forem. O almoxarifado é um importante elo dessa cadeia, devendo, então, obrigatoriamente ser gerido e controlado com eficiência.

CAPÍTULO 4
PLANO AGREGADO DE PRODUÇÃO

Até este ponto, o livro focou em preparar o caminho para que a implantação do PCP seja eficiente e eficaz, trazendo teorias e técnicas que são essenciais a qualquer um que queira gerir seu PCP de forma correta. A partir deste momento, entraremos de fato no Planejamento e Controle da Produção (PCP), tratando de todas as técnicas e ferramentas modernas que são utilizadas pela maioria das empresas de classe mundial que operam seus PCP assertivamente.

Começaremos, na pirâmide hierárquica do PCP, no nível estratégico descendo para o tático. Logo, a primeira ferramenta a ser abordada é o Plano Agregado de Produção.

4.1. DEFINIÇÕES

O planejamento agregado da produção é o processo de planejar e controlar vários aspectos da produção de bens e/ou serviços, com finalidade única de melhor atender às demandas do mercado e dos clientes num médio prazo. Por isso é considerado um planejamento de nível estratégico descendo para tático.

Esse médio prazo, via de regra, é trabalhado num horizonte de 12 meses, com intuito de capturar os períodos de oscilações sazonais. Porém, é natural que algumas empresas utilizem horizontes diferentes, como semestres ou até dois anos.

O planejamento agregado é utilizado como fator-chave na comunicação da alta direção com as gerências dos setores produtivos, justamente pelo fato desse tipo de planejamento servir como ponte entre as necessidades do mercado e a realidade da manufatura.

O foco do planejamento agregado é em famílias de produtos, que tenham características de produção parecidas, vindo daí o nome "agregado". Por exemplo, numa confecção, o planejamento agregado não seria feito separadamente para todo o mix de produtos da empresa (camisetas gola V estilo rock, camiseta gola V azul, camiseta gola V estilo kids, camisetas gola redonda pretas, camisetas gola redonda estilo rock, camisetas gola redonda estilo country etc.), e sim, planos agregados em famílias de produtos (camisetas gola V, camisetas gola redonda etc.). Dessa forma agregada, os erros de produção e planejamento tendem a ser menores.

O planejamento agregado, de forma resumida, traz um plano de produção para cada família de produtos da empresa com o objetivo de atender à demanda prevista com o menor custo possível. Custos envolvidos no processo decisório: custo de produção em turno normal, em turno extra, custo de estocagem, custo de subcontratação (terceirização), custo por atraso.

Existem basicamente dois métodos para realizar o planejamento agregado: os métodos de planilha, que trabalham por tentativa e erro e fornecem soluções rápidas, porém não ótimas (solução heurística), e os métodos avançados, que geram soluções ótimas com o uso da pesquisa operacional. Na prática, os métodos de planilha são muito mais utilizados, pois são mais fáceis, mais baratos e mais flexíveis que os métodos baseados na pesquisa operacional.

4.2. PLANEJAMENTO AGREGADO: MÉTODOS DE PLANILHA

São duas as estratégias de planejamento agregado:

I. Estratégia de trabalhar a demanda (proativa): nessa estratégia a empresa tenta influenciar a demanda, privilegiando um mercado em detrimento do outro ou criando demanda para períodos de baixa nas vendas por meio de investimentos em propagandas e promoções.
II. Estratégia de trabalhar a produção (reativa): nessa estratégia a empresa acompanha literalmente a demanda, planejando-se para suprir o mercado, atuando com força de trabalho constante (permitindo ou não atrasos, utilizando horas extras ou subcontratação) ou, ainda, combinando estratégias diversas de forma mista, para atender o mercado gerando o menor custo possível.

4.2.1. ESTRATÉGIA DE ACOMPANHAMENTO DA DEMANDA

Nessa estratégia não existe produção para estoque, e sim, total acompanhamento da demanda. Para isso, as empresas utilizam técnicas que promovem uma certa flexibilidade à produção, como banco de horas, horas extras, subcontratações, demissões e contratações. Obviamente que tudo isso gera um custo que precisa ser analisado.

Essa estratégia tem vantagens, como baixo nível de estoques, como também desvantagens, como elevado custo com funcionários e pouca possibilidade de atender pedidos no curto prazo.

Para esclarecer essa estratégia, vamos utilizar um exemplo prático. A empresa Alpha Automotive fabrica eixos virabrequins para a indústria de motores automobilísticos e navais, e tem as seguintes demandas para a família A de eixos para os meses de janeiro a junho, sequencialmente: 3.210 peças, 3.350 peças, 3.430 peças, 3.440 peças, 3.590 peças, 3.560 peças. Obteve-se que a capacidade normal é de 6 eixos/trabalhador/dia; o custo de contratação é de R$ 400/trabalhador; o custo de estocagem é de R$ 7/peça/mês; o número de trabalhadores no início de janeiro é de 27; o custo de subcontratação é de R$ 100/peça; o custo de produção em turno normal é de R$ 30/peça (esse custo é a somatória de todos os custos produtivos, como matéria-prima, depreciação, energia etc., menos o custo da mão de obra, que está sendo tratada no item custo da mão de obra); os salários e benefícios são de R$ 160/trabalhador/dia; o custo da demissão é de R$ 550/trabalhador; o custo do atraso (falta) é de R$ 120/peça/mês; o turno de trabalho é de 8h/dia; o custo da hora extra é de R$ 80/peça ou R$ '35/hora; e o estoque no início de janeiro e final de junho nesse tipo de estratégia de acompanhamento da demanda precisa ser 0.

A Tabela 4.1 a seguir trará o Plano Agregado de Produção seguindo a estratégia de acompanhamento da demanda. A quantidade de dias úteis trabalhados por mês é, de janeiro a junho: 20, 19, 22, 22, 21 e 20.

Fórmulas usadas nesta Tabela 4.1:

- Trabalhadores necessários/mês = demanda mensal ÷ unidades/trabalhador/mês;
- Trabalhadores contratados = trabalhadores necessários – trabalhadores disponíveis;
- Trabalhadores demitidos = trabalhadores disponíveis – trabalhadores necessários;
- Capacidade produtiva = (unidades/trabalhador/mês) x número de trabalhadores utilizados;
- Unidades produzidas = mínimo entre demanda e capacidade produtiva.

Tabela 4.1 – Plano agregado da produção para estratégia de acompanhamento da demanda

	Jan.	Fev.	Mar.	Abr.	Mai.	Jun.	TOTAL
Dias	20	19	22	22	21	20	124
Unidades/trabalhador/mês	120	114	132	132	126	120	744
Demanda	3210	3350	3430	3440	3590	3560	20580
Trabalhadores necessários	27	30	26	27	29	30	169
Trabalhadores disponíveis	27	27	30	26	27	29	166
Trabalhadores contratados	0	3	0	1	2	1	7
Custo de contratação	0	1200	0	400	800	400	2800
Trabalhadores demitidos	0	0	4	0	0	0	4
Custo de demissão	0	0	2200	0	0	0	2200
Trabalhadores utilizados	27	30	26	27	29	30	169
Custo da mão de obra	86400	91200	91520	95040	97440	96000	557600
Capacidade produtiva	3240	3420	3432	3564	3654	3600	20910
Unidades produzidas	3210	3350	3430	3440	3590	3560	20580
Custo produção turno normal	96300	100500	102900	103200	107700	106800	617400
Estoque	0	0	0	0	0	0	0
Custo de estocagem	0	0	0	0	0	0	0
Custo do atraso	0	0	0	0	0	0	0
CUSTO TOTAL	**182700**	**192900**	**196620**	**198640**	**205940**	**203200**	**1180000**

Observe na Tabela 4.1 que os custos de estocagem e atraso foram zero, pois a estratégia aqui é de seguimento da demanda, logo, não foram produzidas peças para estoque, muito menos permitido atraso. Vê-se que o custo total desse plano utilizando a estratégia de acompanhamento da demanda é de R$ 1.180.000,00.

4.2.2. ESTRATÉGIA DA FORÇA DE TRABALHO CONSTANTE QUE PERMITE ATRASOS

Nessa estratégia o número de trabalhadores é mantido constante ao logo do tempo, estoques são armazenados e usados em períodos de demanda maior que a capacidade, as faltas ou atrasos (representadas na tabela por estoques negativos) são permitidos e há a existência de custo de estoques e atrasos, bem como custo inicial de contratação ou demissão, a fim de alinhar a quantidade atual com a necessária de funcionários para suprir a demanda.

A Tabela 4.2 a seguir trará o Plano Agregado de Produção, seguindo a estratégia da força de trabalho constante permitindo atrasos. A quantidade de dias úteis trabalhados por mês é, de janeiro a junho: 20, 19, 22, 22, 21 e 20, e os demais dados mantêm-se os mesmos do item anterior.

Fórmulas usadas nesta Tabela 4.2:

- Trabalhadores necessários/mês = somatória da demanda no período ÷ somatória de unidades/trabalhador/mês no período = 20580 ÷ 744 = 28 (arredondar sempre para cima);
- Estoque no final do período t = (estoque no final do período t - 1) + (produção no período t) - (demanda no período t);
- Unidades produzidas = (unidades/trabalhador/mês) x número de trabalhadores utilizados.

Tabela 4.2 – Plano agregado da produção para estratégia da força de trabalho constante permitindo atrasos

	Jan.	Fev.	Mar.	Abr.	Mai.	Jun.	TOTAL
Dias	20	19	22	22	21	20	124
Unidades/trabalhador/mês	120	114	132	132	126	120	744
Demanda	3210	3350	3430	3440	3590	3560	20580
Trabalhadores necessários	28	28	28	28	28	28	168
Trabalhadores disponíveis	27	28	28	28	28	28	167
Trabalhadores contratados	1	0	0	0	0	0	1
Custo de contratação	400	0	0	0	0	0	400
Trabalhadores demitidos	0	0	0	0	0	0	0
Custo de demissão	0	0	0	0	0	0	0
Trabalhadores utilizados	28	28	28	28	28	28	168
Custo da mão de obra	89600	85120	98560	98560	94080	89600	555520
Capacidade produtiva	3360	3192	3696	3696	3528	3360	20832
Unidades produzidas	3360	3192	3696	3696	3528	3360	20832
Custo produção turno normal	100800	95760	110880	110880	105840	100800	624960
Estoque	150	-8	258	514	452	252	1618
Custo de estocagem	1050	0	1806	3598	3164	1764	11382
Custo do atraso	0	960	0	0	0	0	960
CUSTO TOTAL	**191850**	**181840**	**211246**	**213038**	**203084**	**192164**	**1193222**

Observe na Tabela 4.2 que houve custos de estocagem e atraso, o que elevou o custo total para R$ 1.193.222,00, mesmo o custo total da mão de obra sendo menor.

4.2.3. ESTRATÉGIA DA FORÇA DE TRABALHO CONSTANTE QUE NÃO PERMITE ATRASOS

Na estratégia da força de trabalho constante não permitindo atrasos, o plano agregado de produção é elaborado com intuito de não permitir atrasos nas entregas. Logo, para calcular o número de trabalhadores constantes nos períodos deve-se, mês a mês, dividir a somatória da demanda pela somatória das unidades/trabalhador/mês. O maior valor encontrado é o número de trabalhadores constante com intuito de não deixar atrasos ocorrerem. Na Tabela 4.3 a seguir é demonstrado esse cálculo mês a mês, e pode-se observar que o maior número de trabalhadores necessários para não haver falta é 27,298, o que arredondando para cima resulta em 28.

Tabela 4.3 – Cálculo do número de trabalhadores constantes para não haver atraso

	Jan.	Fev.	Mar.	Abr.	Mai.	Jun.
Demanda	3210	3350	3430	3440	3590	3560
Somatório da demanda	2940	6290	9720	13160	16750	20310
Unidades/trabalhador/mês	120	114	132	132	126	120
Somatória unidades/trabalhador/mês	120	234	366	498	624	744
Trabalhadores necessários p/ não haver atraso	24,500	26,880	26,557	26,426	26,843	27,298

Continuando a utilizar os dados da Tabela 4.1, pode-se elaborar o plano agregado de produção na Tabela 4.4 a seguir para a estratégia da força de trabalho constante não permitindo atrasos. As fórmulas permanecem as mesmas.

Como é possível observar na Tabela 4.4, o correto era alocar 28 trabalhadores, porém, isso sendo feito, ainda haveria um atraso de 8 unidades. Logo, como a estratégia aqui é de NÃO aceitar atrasos, contratou-se mais 1, totalizando 29 trabalhadores necessários, o que elevou o custo final total para R$ 1.252.868,00.

Tabela 4.4 – Plano agregado da produção para estratégia da força de trabalho constante não permitindo atrasos

	Jan.	Fev.	Mar.	Abr.	Mai.	Jun.	TOTAL
Dias	20	19	22	22	21	20	124
Unidades/trabalhador/mês	120	114	132	132	126	120	744
Demanda	3210	3350	3430	3440	3590	3560	20580
Trabalhadores necessários	29	29	29	29	29	29	174
Trabalhadores disponíveis	27	29	29	29	29	29	172
Trabalhadores contratados	2	0	0	0	0	0	2
Custo de contratação	800	0	0	0	0	0	800
Trabalhadores demitidos	0	0	0	0	0	0	0
Custo de demissão	0	0	0	0	0	0	0
Trabalhadores utilizados	29	29	29	29	29	29	174
Custo da mão de obra	92800	88160	102080	102080	97440	92800	575360
Capacidade produtiva	3480	3306	3828	3828	3654	3480	21576
Unidades produzidas	3480	3306	3828	3828	3654	3480	21576
Custo produção turno normal	104400	99180	114840	114840	109620	104400	647280
Estoque	270	226	624	1012	1076	996	4204
Custo de estocagem	1890	1582	4368	7084	7582	6972	29428
Custo do atraso	0	0	0	0	0	0	0
CUSTO TOTAL	**199890**	**198922**	**221288**	**224004**	**214592**	**204172**	**1252868**

4.2.4. ESTRATÉGIA DA FORÇA DE TRABALHO CONSTANTE COM USO DE HORAS EXTRAS

Nesse tipo de estratégia utiliza-se força de trabalho constante, e quando ela não é suficiente para atender à demanda, são usadas horas extras (HE). Horas extras servem como uma saída rápida e emergencial para picos de demanda e não devem ser usadas frequentemente pois têm custo alto e baixíssimo rendimento. Gerenciar e planejar usando somente horas extras é sinal claro de gestão ineficiente que vive "apagando incêndios". Porém, reforçamos que o uso esporádico delas é normal, mesmo porque picos de demanda são muito comuns.

Nessa estratégia o cálculo do número de trabalhadores pode ser feito de várias formas, desde que o resultado fique entre o menor valor (aquele encontrado na estratégia de acompanhamento da demanda) e o maior valor (aquele encontrado na estratégia de força de trabalho constante sem permitir atrasos). O número exato pode ser escolhido por tentativa e erro (desde que fique entre o menor e o maior valor encontrado, como dito acima). A melhor escolha é a que gera menor custo, lembrando que o número de trabalhadores é constante, não pode variar ao longo do período planejado.

Da Tabela 4.2 continuamos a usar os dados, porém agora faremos simulações utilizando 26 (o menor valor encontrado até agora), 27, 28 e 29 (o maior valor encontrado até agora) trabalhadores, com o uso de horas extras para compensar e atingir a demanda. Os cálculos seguem nas Tabelas 4.5, 4.6, 4.7 e 4.8 a seguir.

Tabela 4.5 – Plano agregado da produção para estratégia da força de trabalho constante utilizando horas extras e 26 trabalhadores

	Jan.	Fev.	Mar.	Abr.	Mai.	Jun.	TOTAL
Dias	20	19	22	22	21	20	124
Unidades/trabalhador/mês	120	114	132	132	126	120	744
Demanda	3210	3350	3430	3440	3590	3560	20580
Trabalhadores necessários	26	26	26	26	26	26	156
Trabalhadores disponíveis	27	26	26	26	26	26	157
Trabalhadores contratados	0	0	0	0	0	0	0
Custo de contratação	0	0	0	0	0	0	0
Trabalhadores demitidos	1	0	0	0	0	0	1
Custo de demissão	550	0	0	0	0	0	550
Trabalhadores utilizados	26	26	26	26	26	26	156
Custo da mão de obra	83200	79040	91520	91520	87360	73200	515840
Unidades produzidas	3120	3964	3432	3432	3276	3120	19344
Custo produção turno normal	93600	88920	102960	102960	98280	93600	580320
Unidades produzidas c/ HE	90	386	0	8	314	440	1238
Custo horas extras (HE)	7200	30880	0	640	25120	35200	99040
Estoque	0	0	2	0	0	0	2
Custo de estocagem	0	0	14	0	0	0	14
Custo do atraso	0	0	0	0	0	0	0
CUSTO TOTAL	**184550**	**198840**	**194494**	**195120**	**210760**	**212000**	**1195764**

Tabela 4.6 – Plano agregado da produção para estratégia da força de trabalho constante utilizando horas extras e 27 trabalhadores

	Jan.	Fev.	Mar.	Abr.	Mai.	Jun.	TOTAL
Dias	20	19	22	22	21	20	124
Unidades/trabalhador/mês	120	114	132	132	126	120	744
Demanda	3210	3350	3430	3440	3590	3560	20580
Trabalhadores necessários	27	27	27	27	27	27	162
Trabalhadores disponíveis	27	27	27	27	27	27	162
Trabalhadores contratados	0	0	0	0	0	0	0
Custo de contratação	0	0	0	0	0	0	0
Trabalhadores demitidos	0	0	0	0	0	0	0
Custo de demissão	0	0	0	0	0	0	0
Trabalhadores utilizados	27	27	27	27	27	27	162
Custo da mão de obra	86400	82080	95040	95040	90720	86400	535680
Unidades produzidas	3240	3078	3564	3564	3402	3240	20088
Custo produção turno normal	97200	92340	106920	106920	102060	97200	602640
Unidades produzidas c/ HE	0	272	0	0	188	320	780
Custo horas extras (HE)	0	21760	0	0	15040	25600	62400
Estoque	30	0	134	124	0	0	288
Custo de estocagem	210	0	938	868	0	0	2016
Custo do atraso	0	0	0	0	0	0	0
CUSTO TOTAL	**183810**	**196180**	**202898**	**202828**	**207820**	**209200**	**1202736**

Tabela 4.7 – Plano agregado da produção para estratégia da força de trabalho constante utilizando horas extras e 28 trabalhadores

	Jan.	Fev.	Mar.	Abr.	Mai.	Jun.	TOTAL
Dias	20	19	22	22	21	20	124
Unidades/trabalhador/mês	120	114	132	132	126	120	744
Demanda	3210	3350	3430	3440	3590	3560	20580
Trabalhadores necessários	28	28	28	28	28	28	168
Trabalhadores disponíveis	27	28	28	28	28	28	167
Trabalhadores contratados	1	0	0	0	0	0	1
Custo de contratação	400	0	0	0	0	0	400
Trabalhadores demitidos	0	0	0	0	0	0	0
Custo de demissão	0	0	0	0	0	0	0
Trabalhadores utilizados	28	28	28	28	28	28	168
Custo da mão de obra	89600	85120	98560	98560	94080	89600	555520
Unidades produzidas	3360	3192	3696	3696	3528	3360	20832
Custo produção turno normal	100800	95760	110880	110880	105840	100800	624960
Unidades produzidas c/ HE	0	158	0	0	62	200	420

Custo horas extras (HE)	0	12640	0	0	4960	16000	33600
Estoque	150	0	266	256	0	0	672
Custo de estocagem	1050	0	1862	1792	0	0	4704
Custo do atraso	0	0	0	0	0	0	0
CUSTO TOTAL	**191850**	**193520**	**211302**	**211232**	**204880**	**206400**	**1219184**

Tabela 4.8 – Plano agregado da produção para estratégia da força de trabalho constante utilizando horas extras e 29 trabalhadores

	Jan.	Fev.	Mar.	Abr.	Mai.	Jun.	TOTAL
Dias	20	19	22	22	21	20	124
Unidades/trabalhador/mês	120	114	132	132	126	120	744
Demanda	3210	3350	3430	3440	3590	3560	20580
Trabalhadores necessários	29	29	29	29	29	29	174
Trabalhadores disponíveis	27	29	29	29	29	29	172
Trabalhadores contratados	2	0	0	0	0	0	2
Custo de contratação	800	0	0	0	0	0	800
Trabalhadores demitidos	0	0	0	0	0	0	0
Custo de demissão	0	0	0	0	0	0	0
Trabalhadores utilizados	29	29	29	29	29	29	174
Custo da mão de obra	92800	88160	102080	102080	97440	92800	575360
Unidades produzidas	3480	3306	3828	3828	3654	3480	21576
Custo produção turno normal	104400	99180	114840	114840	109620	104400	647280
Unidades produzidas c/ HE	0	44	0	0	0	80	124
Custo horas extras (HE)	0	3520	0	0	0	6400	9920
Estoque	270	0	398	388	64	0	1120
Custo de estocagem	1890	0	2786	2716	448	0	7840
Custo do atraso	0	0	0	0	0	0	0
CUSTO TOTAL	**199890**	**190860**	**219706**	**219636**	**207508**	**203600**	**1241200**

Observa-se que, usando a estratégia da força de trabalho constante utilizando horas extras, por tentativa e erro dentre as opções aceitáveis, a melhor opção simulada foi a primeira, com 26 trabalhadores constantes e um custo total final de R$ 1.195.764,00.

4.2.5. ESTRATÉGIA DA FORÇA DE TRABALHO CONSTANTE COM USO DA SUBCONTRATAÇÃO

Na estratégia da força de trabalho constante utilizando subcontratação (terceirização), as variações na demanda podem ser supridas de forma planejada e antecipada com unidades subcontratadas de terceiros. Essa estratégia leva a oscilações menores e mais controláveis tanto nos níveis de estoques quanto na força de trabalho. Porém, desvantagens também existem, como custos altos, menor controle sobre a qualidade e as datas de entrega e risco de os terceirizados desejarem entrar no seu mercado. Para minimizar os custos de subcontratação uma saída é aumentar o prazo dos contratos, melhorando a parceria e a previsibilidade dos serviços ora contratados.

Os cálculos nessa estratégia são semelhantes à estratégia anterior, por tentativa e erro (simulações), com a diferença de que, antes, eram administradas as horas extras e, agora, serão as unidades produzidas sob a forma de subcontratação. Ou seja, não trabalharemos com horas extras aqui, e sim, com subcontratação. Além disso, serão simulados os planos com o número constante de trabalhadores de 26, 27, 28 e 29 trabalhadores, nas Tabelas 4.9, 4.10, 4.11 e 4.12. Lembre-se de que na prática, as empresas adotam um número máximo limite para subcontratações. Aqui esse limite não será usado, pois estamos fazendo simulações para escolha do melhor cenário.

Tabela 4.9 – Plano agregado da produção para estratégia da força de trabalho constante utilizando subcontratação e 26 trabalhadores

	Jan.	Fev.	Mar.	Abr.	Mai.	Jun.	TOTAL
Dias	20	19	22	22	21	20	124
Unidades/trabalhador/mês	120	114	132	132	126	120	744
Demanda	3210	3350	3430	3440	3590	3560	20580
Trabalhadores necessários	26	26	26	26	26	26	156
Trabalhadores disponíveis	27	26	26	26	26	26	157
Trabalhadores contratados	0	0	0	0	0	0	0
Custo de contratação	0	0	0	0	0	0	0
Trabalhadores demitidos	1	0	0	0	0	0	1
Custo de demissão	550	0	0	0	0	0	550
Trabalhadores utilizados	26	26	26	26	26	26	156
Custo da mão de obra	83200	79040	91520	91520	87360	83200	515840
Unidades produzidas	3120	2964	3432	3432	3276	3120	19344
Custo produção turno normal	93600	88920	102960	102960	98280	93600	580320
Unidades subcontratadas	90	386	0	8	314	440	1238
Custo de subcontratação	9000	38600	0	800	31400	44000	123800
Estoque	0	0	2	0	0	0	2
Custo de estocagem	0	0	14	0	0	0	14
Custo do atraso	0	0	0	0	0	0	0
CUSTO TOTAL	**186350**	**206560**	**194494**	**195280**	**217040**	**220800**	**1220524**

Tabela 4.10 – Plano agregado da produção para estratégia da força de trabalho constante utilizando subcontratação e 27 trabalhadores

	Jan.	Fev.	Mar.	Abr.	Mai.	Jun.	TOTAL
Dias	20	19	22	22	21	20	124
Unidades/trabalhador/mês	120	114	132	132	126	120	744
Demanda	3210	3350	3430	3440	3590	3560	20580

Trabalhadores necessários	27	27	27	27	27	27	162
Trabalhadores disponíveis	27	27	27	27	27	27	162
Trabalhadores contratados	0	0	0	0	0	0	0
Custo de contratação	0	0	0	0	0	0	0
Trabalhadores demitidos	0	0	0	0	0	0	0
Custo de demissão	0	0	0	0	0	0	0
Trabalhadores utilizados	27	27	27	27	27	27	162
Custo da mão de obra	86400	82080	95040	95040	90720	86400	535680
Unidades produzidas	3240	3078	3564	3564	3402	3240	20088
Custo produção turno normal	97200	92340	106920	106920	102060	97200	602640
Unidades subcontratadas	0	272	0	0	188	320	780
Custo de subcontratação	0	27200	0	0	18800	32000	78000
Estoque	30	0	134	124	0	0	288
Custo de estocagem	210	0	938	868	0	0	2016
Custo do atraso	0	0	0	0	0	0	0
CUSTO TOTAL	**183810**	**201620**	**202898**	**202828**	**211580**	**215600**	**1218336**

Tabela 4.11 – Plano agregado da produção para estratégia da força de trabalho constante utilizando subcontratação e 28 trabalhadores

	Jan.	Fev.	Mar.	Abr.	Mai.	Jun.	TOTAL
Dias	20	19	22	22	21	20	124
Unidades/trabalhador/mês	120	114	132	132	126	120	744
Demanda	3210	3350	3430	3440	3590	3560	20580
Trabalhadores necessários	28	28	28	28	28	28	168
Trabalhadores disponíveis	27	28	28	28	28	28	167
Trabalhadores contratados	1	0	0	0	0	0	1
Custo de contratação	400	0	0	0	0	0	400
Trabalhadores demitidos	0	0	0	0	0	0	0
Custo de demissão	0	0	0	0	0	0	0
Trabalhadores utilizados	28	28	28	28	28	28	168
Custo da mão de obra	89600	85120	98560	98560	94080	89600	555520
Unidades produzidas	3360	3192	3696	3696	3528	3360	20832
Custo produção turno normal	100800	95760	110880	110880	105840	100800	624960
Unidades subcontratadas	0	158	0	0	62	200	420
Custo de subcontratação	0	15800	0	0	6200	20000	42000
Estoque	150	0	266	256	0	0	672
Custo de estocagem	1050	0	1862	1792	0	0	4704
Custo do atraso	0	0	0	0	0	0	0
CUSTO TOTAL	**191850**	**196680**	**211302**	**211323**	**206120**	**210400**	**1227584**

Tabela 4.12 – Plano agregado da produção para estratégia da força de trabalho constante utilizando subcontratação e 29 trabalhadores

	Jan.	Fev.	Mar.	Abr.	Mai.	Jun.	TOTAL
Dias	20	19	22	22	21	20	124
Unidades/trabalhador/mês	120	114	132	132	126	120	744
Demanda	3210	3350	3430	3440	3590	3560	20580
Trabalhadores necessários	29	29	29	29	29	29	174
Trabalhadores disponíveis	27	29	29	29	29	29	172
Trabalhadores contratados	2	0	0	0	0	0	2
Custo de contratação	800	0	0	0	0	0	800
Trabalhadores demitidos	0	0	0	0	0	0	0
Custo de demissão	0	0	0	0	0	0	0
Trabalhadores utilizados	29	29	29	29	29	29	174
Custo da mão de obra	92800	88160	102080	102080	97440	92800	575360
Unidades produzidas	3480	3306	3828	3828	3654	3480	21576
Custo produção turno normal	104400	99180	114840	114840	109620	104400	647280
Unidades subcontratadas	0	44	0	0	0	80	124
Custo de subcontratação	0	4400	0	0	0	8000	12400
Estoque	270	0	398	388	64	0	1120
Custo de estocagem	1890	0	2786	2716	448	0	7840
Custo do atraso	0	0	0	0	0	0	0
CUSTO TOTAL	**199890**	**191740**	**219706**	**219636**	**207508**	**205200**	**1243680**

Observa-se que, usando a estratégia da força de trabalho constante utilizando subcontratação, fazendo simulações dentre as opções aceitáveis, a melhor opção simulada foi a que utilizou 27 trabalhadores constantes e um custo total final de R$ 1.218.336,00.

4.2.6. ESTRATÉGIA MISTA

Nessa estratégia o que vale é a melhor combinação de todas as outras estratégias estudadas até aqui, com intuito único de reduzir o custo total do plano agregado, atendendo à demanda de forma satisfatória. A Tabela 4.13 a seguir traz uma simulação com os mesmos dados usados até este momento.

Tabela 4.13 – Plano agregado da produção para estratégia mista

	Jan.	Fev.	Mar.	Abr.	Mai.	Jun.	TOTAL
Dias	20	19	22	22	21	20	124
Unidades/trabalhador/mês	120	114	132	132	126	120	744
Demanda	3210	3350	3430	3440	3590	3560	20580
Trabalhadores necessários	27	29	26	26	28	29	165
Trabalhadores disponíveis	27	27	29	26	26	28	163

Trabalhadores contratados	0	2	0	0	2	1	5
Custo de contratação	0	800	0	0	800	400	2000
Trabalhadores demitidos	0	0	3	0	0	0	3
Custo de demissão	0	0	1650	0	0	0	1650
Trabalhadores utilizados	27	29	26	26	28	29	165
Custo da mão de obra	86400	88160	91520	91520	94080	92800	544480
Unidades produzidas	3240	3306	3432	3432	3528	3480	20418
Custo produção turno normal	97200	99180	102960	102960	105840	104400	612540
Unidades produzidas c/ HE	0	44	0	8	62	80	194
Custo c/ horas extras (HE)	0	3520	0	640	4960	6400	15520
Unidades subcontratadas	0	0	0	0	0	0	0
Custo de subcontratação	0	0	0	0	0	0	0
Estoque	30	0	2	0	0	0	32
Custo de estocagem	210	0	14	0	0	0	224
Custo do atraso	0	0	0	0	0	0	0
CUSTO TOTAL	**183810**	**191660**	**196144**	**195120**	**205680**	**204000**	**1176414**

Observe que os custos maiores, em ordem decrescente, são: atraso (120,00), subcontratação (100,00) e o custo da hora extra (80,00). Logo, uma dica é começar as simulações de modo a minimizar os maiores custos, que nesse caso são os custos com atraso, posteriormente os custos com subcontratação e, por fim, os custos com horas extras.

Na Tabela 4.13 podemos ver que foram zeradas as quantidades em atraso e subcontratadas, e as peças feitas em regime de hora extra foram as mínimas possíveis, usadas somente quando a produção em turno normal não supriu a demanda. Isso porque, de todos os custos, o custo de se produzir em turno normal é o menor, mesmo somando o custo da mão de obra com o custo de produção em turno normal. O custo da mão de obra é 160,00/dia/trabalhador dividido por 6 peças/trabalhador/dia, que resulta em R$ 26,67/peça. E o custo de produção em turno normal é de R$ 30,00/peça, resultando num custo de produção total interno em turno normal de R$ 56,67/peça, bem inferior aos custos de hora extra (R$ 80,00/peça), subcontratação (R$ 100,00/peça) e atraso (R$ 120,00/peça).

Logo, pode-se ver que a estratégia mista é a que traz o menor custo total, R$ 1.176.414,00, demonstrado na Tabela 4.14 à frente, que compara todos os custos totais nas diversas estratégias de planejamento agregado para a família A de eixos da empresa Alpha.

Tabela 4.14 – Comparativo dos custos totais de cada estratégia abordada para a família de eixos A

Estratégia	Custo total
Acompanhamento da demanda	R$ 1.180.000,00
Força de trabalho constante permitindo atrasos	R$ 1.193.222,00
Força de trabalho constante não permitindo atrasos	R$ 1.252.868,00
Força de trabalho constante e horas extras	R$ 1.195.764,00
Força de trabalho constante e subcontratação	R$ 1.218.336,00
Mista	R$ 1.176.414,00

É importante frisar que não é porque aqui a estratégia mista foi a que trouxe menor custo total, logo, foi a melhor estratégia, que sempre será assim. Por isso, recomendamos que sempre se faça simulações usando todas as estratégias para que se comprove com dados e fatos qual a melhor estratégia. A decisão acertada leva a empresa ao sucesso, mas a decisão equivocada, principalmente nesse nível estratégico de planejamento, leva a empresa a prejuízos imensos. Muito cuidado na escolha, e não acredite que simular todas as estratégias é perda de tempo, pois nem sempre a estratégia mista é a mais adequada.

CAPÍTULO 5
PLANO-MESTRE DA PRODUÇÃO (MPS)

Neste capítulo você aprenderá a desenvolver e implantar o Plano-Mestre da Produção (MPS - *Master Production Scheduling*) nas empresas, seguindo orientações claras e objetivas. Por fim, você aprenderá a gerir o MPS nos diferentes tipos de produção, levando em consideração suas peculiaridades.

5.1. INTRODUÇÃO

Planejar é ter algum tipo de visão a respeito do futuro para que hoje se possa tomar as decisões adequadas e que produzam os efeitos desejados no futuro. É impossível - ou economicamente inviável - decidir alterações no processo produtivo e tê-las instantaneamente, num estalar de dedos.

Logo, o MPS é conhecido como planejamento-mestre (ou programa-mestre) da produção, do qual vem o plano-mestre da produção, e é definido como um documento que indica quais itens serão produzidos e quanto de cada um, para um certo período, que pode ser de poucas semanas, seis meses ou um ano. A Figura 5.1 a seguir mostra a posição do MPS no corpo da estrutura MRP II.

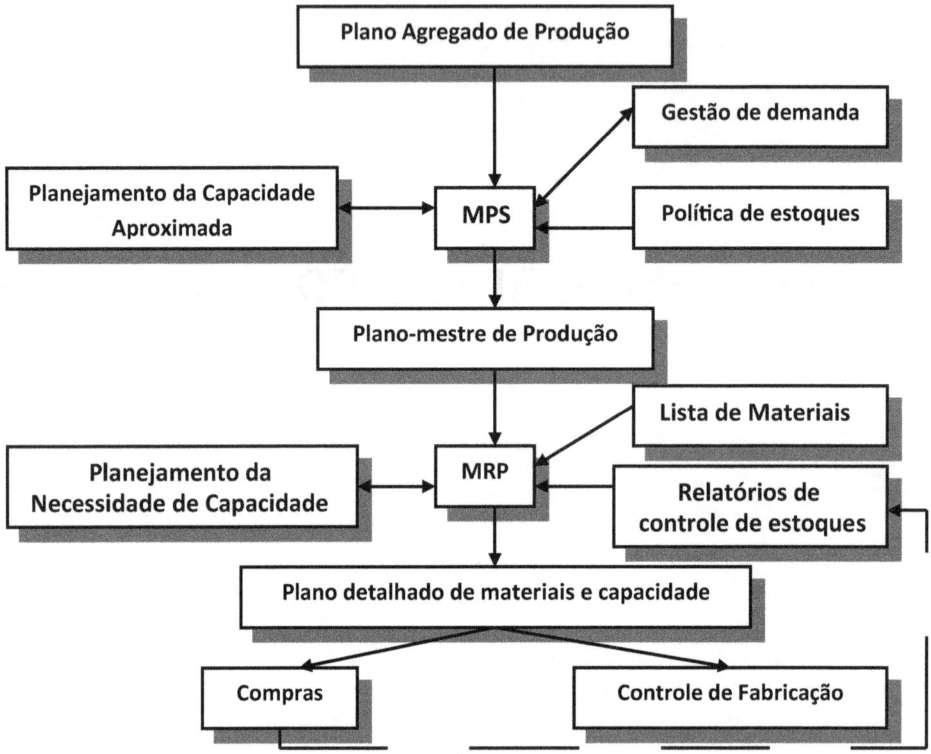

Figura 5.1 – Posição do MPS no corpo da estrutura MRP II

Fonte: Adaptado de Corrêa, Gianesi e Caon (2007).

No MPS existem quantidades planejadas que direcionam os sistemas de gestão detalhada de materiais e capacidade, e são baseadas em expectativas de demanda e dos próprios recursos atuais e futuros.

Porém, o MPS, se mal gerido, pode trazer ineficiência de recursos, mau atendimento ao mercado e até perda de competitividade da empresa. A perda de competitividade se deve ao fato de que, se mal gerido, o plano gerará ordens equivocadas e, consequentemente, atrasos nas entregas. Atrasos são extremamente prejudiciais para a imagem da empresa e sua competitividade, pois quando a empresa atrasa a entrega de um item, ela dá a chance ao seu cliente de experimentar o produto do concorrente, ele pode gostar e trocar de marca. Ou seja, a empresa não perde apenas uma venda, e sim, o fluxo de renda futuro todo que ela poderia ter com esse cliente. Por isso, costuma-se dizer no cotidiano das empresas que atrasar é proibido, pois o custo advindo do atraso é imensurável.

Mas, se bem gerido, o MPS melhora o processo de atendimento a clientes, o nível dos estoques, a utilização da capacidade produtiva e, principalmente, a integração nas decisões multifuncionais que envolvem interesses conflitantes entre funções, fazendo com que elas sejam mais objetivas, baseadas em dados e não em opiniões (feeling).

Logo, pode-se perguntar: mas por que fazer plano-mestre de produção? A resposta é simples: porque o MPS é o responsável por garantir que os planos de manufatura estejam totalmente integrados com o nível de planejamento estratégico e com os planos funcionais de vendas, marketing, engenharia e finanças.

5.2. OPERAR O MPS

A função primária do MPS é balancear suprimento e demanda dos produtos acabados, período a período. Para isso, existe um registro básico, parecido com a Figura 5.2 a seguir.

Item de MPS Lapiseira P207	1	2	3	4	5
Demanda prevista					
Demanda confirmada					
Demanda a atender					
Recebimento programado					
Estoque projetado ☐					
Plano-mestre de produção MPS					

Figura 5.2 – Registro básico do MPS

Os períodos da 1ª linha são definidos de acordo com o que a empresa decidir. Pode ser dia, semana, quinzena ou mês, mas a prática é adotar datas específicas, como 2 de setembro, 9 de setembro, 16 de setembro etc. Outra característica é que o período 1 é o período corrente; conforme o tempo passa, o período 2 se torna o 1 e os seus dados migram para a esquerda. Outras características são:

- Demanda prevista: é a previsão da demanda independente (demanda que o mercado consumirá com os itens sendo vendidos diretamente ao cliente) somada à previsão da demanda dependente (item que será vendido no futuro como parte de outro produto).
- Demanda confirmada: também chamada de pedidos em carteira, são ordens de clientes de produtos que já foram vendidos, mas ainda não foram despachados.
- Demanda a atender: a real demanda a ser atendida, identificando quais e quantos produtos serão produzidos. Nesse caso, representa não a soma da demanda prevista com a confirmada, mas a demanda de maior valor (a prevista ou a confirmada), que não fará com que atrasos ocorram e faltem produtos aos clientes.
- Recebimento programado: produção programada em meses passados.
- Estoque projetado: é a quantidade que vai estar disponível em estoque do item de MPS em questão, em determinado momento futuro, no final de cada período. O espaço reservado antes de iniciar o período 1 é para se colocar o estoque projetado do final do período anterior ao 1.

- Plano-mestre de produção MPS: espaço destinado à colocação de ordens para que a demanda de cada período seja atendida.

Depois de feito o MPS, o próximo passo é passar para o MRP esse plano do MPS, para verificar se materiais e capacidades de produção estarão disponíveis quando necessários. Vale lembrar que no MPS, assim como no MRP, é possível colocar estoques de segurança que amortecerão as variações na demanda, atente-se, no entanto, para não duplicar o estoque de segurança, colocando-o no MPS e no nível zero do MRP. Para evitar esse erro de duplicidade, recomenda-se que aloque estoque de segurança somente no MRP, no qual existe um espaço específico reservado para tal.

A seguir, veja um exemplo prático de aplicação de MPS numa empresa do setor têxtil.

O objetivo é desenvolver o plano-mestre de produção (MPS) do produto Casaco de Couro da empresa Oriente Expression of the Fashion (OEF) para os meses de setembro a fevereiro do ano seguinte, considerando a demanda prevista igual a: setembro: 200 unid.; outubro: 300 unid.; novembro: 250 unid.; dezembro: 320 unid.; janeiro: 400 unid.; fevereiro: 430 unid. Considere como demanda confirmada: setembro: 180 unid.; outubro: 430 unid.; novembro: 300 unid.; dezembro: 160 unid.; janeiro: 280 unid.; fevereiro: 400 unid. Considere o estoque projetado inicial de 90 peças e o lote de produção igual a 250 unidades, parametrizado segundo a capacidade produtiva semanal. Considere também o recebimento programado de 200 peças na semana 3 do mês de outubro e de 400 peças na semana 2 do mês de dezembro. Dividir a demanda mensal por 4 para achar a semanal.

A Tabela 5.1 a seguir demonstra os resultados dos cálculos do registro do MPS, levando em consideração as informações dadas no enunciado do exemplo.

Tabela 5.1 – MPS do Casaco de Couro da empresa OEF

Mês		Setembro				Outubro				Novembro			
Semana		1	2	3	4	1	2	3	4	1	2	3	4
Demanda prevista		50	50	50	50	75	75	75	75	63	62	63	62
Demanda confirmada		45	45	45	45	108	107	108	107	75	75	75	75
Demanda a atender		50	50	50	50	108	107	108	107	75	75	75	75
Recebimento programado		0	0	0	0	0	0	200	0	0	0	0	0
Estoque projetado	90	40	240	190	140	32	175	267	160	85	10	185	110
Plano-mestre produção MPS		0	250	0	0	0	250	0	0	0	0	250	0
Mês		**Dezembro**				**Janeiro**				**Fevereiro**			
Semana		**1**	**2**	**3**	**4**	**1**	**2**	**3**	**4**	**1**	**2**	**3**	**4**
Demanda prevista		80	80	80	80	100	100	100	100	108	107	108	107
Demanda confirmada		40	40	40	40	70	70	70	70	100	100	100	100
Demanda a atender		80	80	80	80	100	100	100	100	108	107	108	107
Recebimento programado		0	400	0	0	0	0	0	0	0	0	0	0
Estoque projetado		30	350	270	190	90	240	140	40	182	75	217	110
Plano-mestre produção MPS		0	0	0	0	0	250	0	0	250	0	250	0

Agora pode-se fazer um controle de estoques com as seguintes características:

- Estoque inicial: estoque no qual aquele período iniciou a sua semana;
- Recebimento programado: produtos advindos de programações anteriores;
- Demanda: demanda a atender do MPS;
- Estoque antes do MPS: estoque antes da produção, que é estoque inicial, mais recebimento programado, menos demanda;
- MPS: é o plano com as necessidades de produção do registro do MPS;
- Estoque final: estoque no final daquele período, que é a soma do MPS com o estoque antes do MPS.

Logo, na Tabela 5.2 de controle de estoques a seguir, é possível notar a aplicação das características mencionadas anteriormente no texto para se encontrar o estoque final do seu respectivo período.

Tabela 5.2 – Controle de Estoque para o produto Casaco de Couro da empresa OEF

Semana	Estoque inicial	Recebimento programado	Demanda	Estoque antes MPS	MPS	Estoque final
1	90	0	50	40	0	40
2	40	0	50	-10	250	240
3	240	0	50	190	0	190
4	190	0	50	190	0	190
1	140	0	108	32	0	32
2	32	0	107	-75	250	175
3	175	200	108	267	0	267
4	267	0	107	160	0	160
1	160	0	75	85	0	85
2	85	0	75	10	0	10
3	10	0	75	-65	250	185
4	185	0	75	110	0	110
1	110	0	80	30	0	30
2	30	400	80	350	0	350
3	350	0	80	270	0	270
4	270	0	80	190	0	190
1	190	0	100	90	0	90
2	90	0	100	-10	250	240
3	240	0	100	140	0	140
4	140	0	100	40	0	40
1	40	0	108	-68	250	182
2	182	0	107	75	0	75
3	75	0	108	-33	250	217
4	217	0	107	110	0	110

Resolva o exercício a seguir para fixação do conteúdo.

Elabore o Plano-mestre de produção da empresa Norte Empreendimentos relacionado ao produto lupa. O lote de produção deve ser de 100 peças. Considere um recebimento programado de 100 peças na semana 2 de setembro.

Mês		Setembro				Outubro				Novembro			
Semana		1	2	3	4	1	2	3	4	1	2	3	4
Demanda prevista		30	30	35	35	40	40	50	50	45	45	40	40
Demanda confirmada		35	35	20	10	0	0	0	0	0	0	0	0
Demanda a atender													
Recebimento programado			100										
Estoque projetado	10												
Plano-mestre produção MPS													

Semana	Estoque inicial	Recebimento programado	Demanda	Estoque antes MPS	MPS	Estoque final
1						
2						
3						
4						
1						
2						
3						
4						
1						
2						
3						
4						

5.3. O MPS NOS DIVERSOS TIPOS DE PRODUÇÃO

Existem diferenças na forma de gerenciar o MPS nos diversos tipos de processos produtivos, principalmente com relação a estoques isoladores. Vamos tratar agora o MPS nos quatro principais tipos de processos de produção.

5.3.1. MPS NA PRODUÇÃO PARA ESTOQUE (MTS – MAKE TO STOCK)

Com a possibilidade de se manter estoques isoladores, as três principais ações são:

1. Nivelamento do MPS, no qual o planejador usa estoques para isolar as variações do plano e das atividades da fábrica. O responsável pelo MPS traça um plano constante anual com base na demanda prevista média e sua respectiva capacidade. O intuito é facilitar tanto o planejamento quanto o controle das ordens de produção, pois nivelando anualmente de forma constante espera-se que os custos sejam mais previsíveis e fixos do que se utilizadas outras técnicas. Há, também, desvantagens, como a árdua tarefa de gerir estoques, pois em certos períodos as ordens que serão executadas estarão acima da demanda e, em outros, abaixo, o que ocasiona períodos de excesso e períodos de baixa nos estoques. Isso exigirá maior investimento em estoques e controle eficiente sobre eles.
2. Nivelamento do MPS por blocos, escolhendo os períodos e separando-os por blocos que serão nivelados, com intuito de reduzir o nível médio dos estoques. Essa escolha dos períodos que serão nivelados é feita com base nos picos e baixas das demandas dentro de um ano, chamados de períodos de sazonalidade. Por exemplo, ovos de páscoa têm pico de demanda nos meses de março e abril, e nos demais períodos do ano praticamente inexiste demanda para esse item. Logo, o planejador deve dividir o ano em dois: um referente à sazonalidade de março e abril, e outro referente aos demais meses, para os quais ele pode traçar um plano pela média. Dessa forma, os níveis de estoques ficam mais próximos da demanda e seus custos de manutenção e seu valor imobilizado é menor. Com relação à capacidade fabril, raramente há fábricas que vivem somente de ovos de páscoa, logo, elas realocam seus colaboradores e insumos para fabricarem outros itens de chocolate.
3. Seguimento da demanda, pelo qual a empresa segue o nível e o mix de produtos demandados pelo mercado. Nesse tipo de planejamento ocorre o menor nível de estoque parado, porém ele exige que a fábrica seja flexível, ou seja, tenha capacidade flutuante e mutável de acordo com a demanda. É mais comum encontrar essa estratégia de seguimento da demanda em empresas que fabricam sob encomenda, no sistema de produção puxado, o que por si só já exige que se siga a demanda. O sistema japonês *Just In Time* (JIT) tenta seguir ao máximo a demanda, e em muitos casos dá certo, mas, como dito anteriormente, exige uma fábrica flexível, com funcionários polivalentes, máquinas de fácil readaptação e linhas não dedicadas. O custo desse tipo de processo é maior, porém os custos com estoques são menores, o que exige do gestor a capacidade de decidir segundo dados financeiros, isto é, adota-se essa estratégia de seguimento da demanda e o JIT, se seu custo for menor que em outros tipos de processos produtivos. Jamais decida pelo JIT por modismo ("outras empresas estão implantando então tenho que implantar"), escolha com base em dados financeiros.

5.3.2. MPS NA MONTAGEM SOB ENCOMENDA (ATO – ASSEMBLY TO ORDER)

Nesse tipo de produção é preciso seguir a demanda, pois não há conhecimento do real pedido do cliente, apesar de haver a possibilidade de existirem estoques de produtos semiacabados, que possam isolar as variações do mercado. Existe uma tendência mundial a se transformar os processos produtivos em ATO, pois viu-se na prática que esse é o tipo de processo que mais traz retorno financeiro positivo à empresa. Explicando: no ATO as empresas fabricam de forma empurrada, ganhando em escala e diminuindo *setups*, as estruturas dos produtos ou o produto até uma etapa em que seus componentes possam ser utilizados em diversos produtos finais, criando uma estrutura padrão. Após a definição do pedido pelo cliente, essas estruturas voltam ao processo para serem finalizadas segundo os pedidos, ou seja, no sistema puxado, para dar acabamento ao produto final. Dessa forma reduz-se o estoque de produtos acabados a quase zero – e este é o estoque mais caro para as empresas, pelo tamanho do valor financeiro já imobilizado nele. O problema é que exigirá maior controle e espaço para gerir estoques de estruturas de produtos (produtos semiprontos), mas que, se comparadas ao produto acabado, seu capital imobilizado é muito inferior por se tratar somente de estruturas de produtos, sem acabamento algum. A Dell Computadores utiliza essa estratégia.

5.3.3. MPS NA MANUFATURA SOB ENCOMENDA (MTO – MAKE TO ORDER)

Nesse tipo de produção não se conhece o produto nem os componentes desse produto até que o cliente peça. Isso significa que não poderão existir estoques isoladores em etapa alguma da produção, somente estoques de algumas matérias-primas mais prováveis de serem usadas. É nesse tipo de produção que se encaixa a programação *jobshop*, que fabrica produtos que devem passar por várias operações, com sequências alternativas sem o comprometimento do *lead time* ou da qualidade. Fábrica de móveis planejados é um exemplo desse tipo de estratégia.

5.3.4. MPS NO PROJETO E PRODUÇÃO SOB ENCOMENDA (ETO – ENGINEER TO ORDER)

Aqui não há nenhum conhecimento do que o cliente pedirá; logo, não há a possibilidade de existirem estoques, nem mesmo de matérias-primas. É total seguimento da demanda, na qual o tempo de entrega (*lead time*) é a somatória dos tempos de compras, manufatura e montagem. São exemplos desse tipo de estratégia fabricantes de caldeiras para usinas de açúcar e álcool e construtoras.

CAPÍTULO 6
PLANEJAMENTO DAS NECESSIDADES DE MATERIAIS (MRP)

Neste capítulo será abordado o MRP na sua essência, desde suas definições, importância e desafios, até seus cálculos e técnicas de desenvolvimento e implantação.

6.1. INTRODUÇÃO

Analisando a história do MRP, observa-se que ele foi concebido nos anos 1960 com o nome de *Material Requirements Planning* (MRP). Até meados dos anos 1960, as empresas tinham que executar os cálculos de necessidades de materiais manualmente para terem disponíveis os materiais certos nos momentos necessários. Porém, com a criação dos computadores e a ampliação de seu uso nas empresas a partir dos anos 1960, surgiu a oportunidade de se executarem esses cálculos detalhados e demorados com o auxílio de um computador, de forma rápida e relativamente fácil.

A técnica do MRP foi amplamente discutida e difundida nos EUA no início da década de 1970, a partir de um movimento denominado "Cruzada do MRP", e patrocinada pela APICS (*American Production and Inventary Control Society*). Seu objetivo inicial era acabar com a inércia de reação e com as fronteiras demarcadas pela departamentalização, características dos sistemas anteriores de planejamento, no qual havia – e em algumas empresas ainda há – o foco errado no ótimo local em detrimento do ótimo global. À frente desse movimento estavam alguns pesquisadores, como Oliver Wight e Joseph Orlicky, considerados os pais do MRP moderno, os quais descreveram o planejamento dos recursos da manufatura como um "plano global" para a empresa.

Agora, o MRP é dividido em MRP I (Planejamento das Necessidades de Materiais) e MRP II (Planejamento dos Recursos de Manufatura). De forma bem resumida, o MRP seria o auxílio vital para as empresas poderem planejar e controlar suas necessidades de recursos contando com o apoio de sistemas de informação, chamados somente de SI.

O MRP pode ser implantado e gerido utilizando planilhas eletrônicas, mas somente em empresas pequenas ou com produtos com pequenas estruturas (recomenda-se a utilização de planilhas eletrônicas em empresas cujos produtos não tenham mais que 50 componentes). Quando tiverem mais que 50 componentes recomenda-se a utilização de softwares específicos de planejamento, de forma integrada e colaborativa, como são os ERP (*Enterprise Resources Planning* - Planejamento dos Recursos da Empresa).

6.2. CONCEITO DE MRP

O MRP é uma técnica que converte a previsão de demanda de um item de demanda independente numa programação das necessidades das partes componentes desse item em questão. O MRP funciona basicamente assim: pela data e quantidade de necessidade de um produto final, obtêm-se a data em que as partes componentes serão necessárias e suas quantidades, chamando esse processo de "explosão" do produto.

Logo, o MRP tanto é uma técnica de programação da produção de itens de demanda dependente quanto é um sistema de controle de estoques desses itens de demanda dependente.

6.3. VANTAGENS E LIMITAÇÕES DO MRP

O MRP disponibiliza para a empresa um leque enorme de vantagens, e as mais expressivas são as seguintes:

- Instrumento de planejamento: possibilita, além do planejamento de compras, identificado diretamente no MRP I, os planejamentos de necessidades de capital de giro, de contratações e demissões e de necessidades de equipamentos e demais insumos que aumentem, quando necessário, a capacidade produtiva, identificados diretamente no MRP II.
- Simulação: possibilita uma melhor tomada de decisões gerenciais porque simula vários cenários de demanda e analisa os efeitos.
- Custos: por basear-se na "explosão" dos produtos, que detalha todos os seus componentes, o MRP facilita o cálculo preciso e minucioso do custo de cada produto, e todos os itens, por menores que sejam, serão levados em consideração.
- Reduz a influência dos sistemas informais: o MRP possibilita, também, a tomada de decisões baseadas em informações tecno-científicas e não mais baseadas em feeling (sentimento, coração) e armazenadas na "cabeça do Fulano". Dessa forma, elimina-se a figura da pessoa insubstituível, aquela que não pode ser

remanejada nem demitida porque não existe outra na empresa que pode executar as funções dela.

Porém, não existem só vantagens no MRP. É deficiente e falho porque trata as sequências de fabricação como não determinantes da capacidade produtiva, uma vez que trabalha com o conceito de "janelas de tempo" (*time buckets*). É falho também porque considera os *lead times* (tempos de produção) como parâmetros constantes advindos do tratamento estatístico da cronoanálise. Lembrando que o erro não é a utilização da cronoanálise, e sim, o fato de considerar o estudo de tempos vindo dela como constante, pois a cada mudança de mão de obra, material, máquina etc. o estudo de tempos muda, exigindo da empresa que refaça-o pelo menos uma vez ao ano. Outro ponto a destacar seria a precisão e veracidade dos dados coletados por funcionários, passíveis de erros que são, e repassados ao sistema de forma imprecisa, pois não há neste caso automação total. Como exemplo de dados passíveis de erros podemos mencionar os níveis de estoques, filas nas operações e tempos.

6.4. ESTRUTURAS DE PRODUTO

Como a lógica do MRP, na essência, é programar as atividades para o momento mais tarde possível de modo a minimizar os estoques carregados, é vital que se construa precisamente a estrutura, ou árvore, do produto.

6.4.1. DEFINIÇÃO DE ESTRUTURA DE PRODUTO

Na definição da arquitetura da estrutura do produto deve-se ser crítico no sentido da simplificação de níveis e de componentes por nível, embora analisando-se as estruturas lógicas e o sistema produtivo. Isso porque se o desenho é bem feito, pode-se reduzir o número de níveis na estrutura do produto no MRP, ganhando com isso manutenção facilitada, maior eficiência e rapidez nas "rodadas" do sistemas, entre outras coisas.

No entanto, existem várias formas de estruturas: horizontais, com muitos componentes e poucos níveis, sendo a melhor opção em termos logísticos; verticais, com poucos componentes por nível e vários níveis, sendo indesejáveis; e complexas, com vários níveis e vários componentes por nível.

Além disso, não se pode esquecer de que toda estrutura de produto possui itens "pais" e itens "filhos", que são componentes diretos dos itens "pais". Ao longo deste capítulo será abordado o exemplo da empresa Reyfar, no qual se baseia a teoria para melhor visualização e compreensão do tema. Na Figura 6.1 a seguir está a estrutura do produto Pá da empresa Reyfar, na qual pode-se notar, dentro de cada quadrado representando o item, a descrição do item, o código do item e a quantidade desse item para fazer o seu item pai.

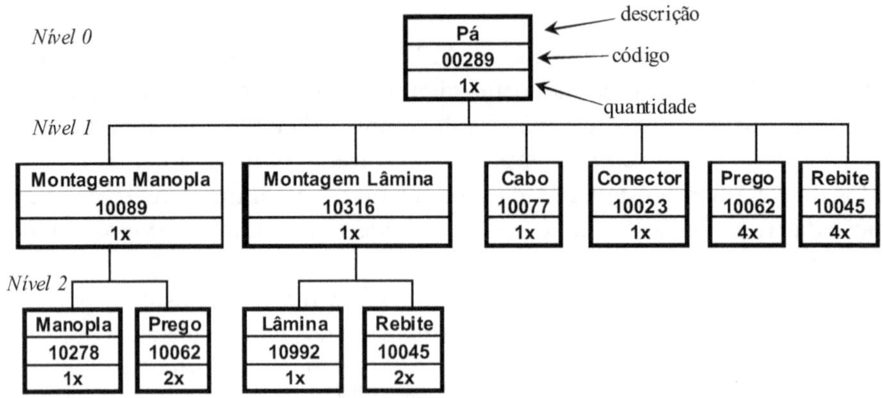

Figura 6.1 – Estrutura do produto Pá da empresa Reyfar

6.4.2. ACURÁCIA DA ESTRUTURA DE PRODUTO

As estruturas de produtos precisam de muita apuração no tocante aos registros lógicos. Fala-se até em extrema acurácia, na qual percentual diferente de 100% é inadmissível. A falta de acurácia, no caso, por exemplo, de um novo produto que substituiu o antigo, pode levar (e vai levar) a uma programação no MRP equivocada, ocasionando falta na linha e atrasos nas entregas e, consequentemente, perda de competitividade da empresa.

6.5. OPERAR O MRP

O MRP tem uma lógica que parte da visão de futuro da necessidade de produtos acabados, portanto demanda independente, e depois vem "explodindo" (esse é o termo usado) as necessidades de componentes nível a nível, portanto demanda dependente, para trás no tempo, dando aí o nome no MRP de lógica de "programação para trás". Dessa forma, o MRP objetiva só produzir ou comprar no último momento possível com foco no atendimento do prazo e na redução de custo com manutenção de peças em estoques e, consequentemente, diminuir o capital imobilizado em estoques.

6.5.1. O REGISTRO DO MRP

A execução do MRP é feita por um registro básico em forma de matriz (linhas e colunas). Nele, cada item tem um único registro básico no MRP e todas as informações referentes a ele, como movimentações logísticas e planejamento, constam de seu registro básico. Para melhor entendimento, segue a Figura 6.2 com o registro do MRP do produto "pá", código 00289, do exemplo da empresa Reyfar (que permeará este capítulo), mas sem as necessidades.

Código	00289	HOJE ↓	1	2	3	4	5	6	7	8	9
QR	500	NP									
TA	1	RP									
	D	0									
ES	0	NL									
TP	-	LP									

Figura 6.2 – Registro básico do MRP

Nas colunas do MRP são representados os períodos finitos do horizonte de planejamento, que pode ser em meses, semanas (mais usuais) ou dias. Na figura anteriormente citada, observamos a palavra "Hoje", mostrando que o momento presente é o início do período 1. O MRP tem um processo de "rolagem", em que hoje é o período 1 e, passado esse período, o que era o 2 vira 1 e se acrescenta um período no final do registro.

Já as linhas do MRP representam:

- Parâmetro "Quantidade mínima a ser Requisitada" (QR): é um parâmetro que define qual quantidade de itens deverá ter o lote, pois existem restrições nos processos logísticos e de distribuição que merecem respeito e atenção no cálculo do MRP. Aqui existem as políticas de lotes múltiplos, em que um item só pode ser adquirido em quantidades múltiplas de "x"; as políticas de lotes mínimos, nas quais a quantidade a ser adquirida é a mínima indicada; as políticas de lotes máximos, nas quais a quantidade a ser adquirida/produzida é a máxima, restrita por estrutura física do processo; e as políticas de períodos fixos, em que são concentrados no início todos os recebimentos planejados, estimados nas necessidades futuras ao longo desses períodos.
- Parâmetro "Tempo de Atendimento" (TA): é também chamado de *lead time* (LT) e é definido como tempo transcorrido entre a liberação de uma ordem de compra ou de produção e o material correspondente estar pronto para o uso.
- Parâmetro "Estoque de Segurança" (ES): é usado o estoque de segurança quando há incertezas no processo ou no fornecedor. O MRP calcula as necessidades líquidas não de forma a zerar os estoques no final dos períodos, mas sim, de manter pelo menos o estoque de segurança.
- Necessidade Prevista (NP): ou necessidade programada, é a necessidade demandada pelo MPS no período informado, porém com a defasagem do tempo de atendimento (TA) de montagem do item final, pois a linha de MPS não se refere à abertura de ordens, mas à disponibilidade dos produtos. No exemplo da pá que está se adotando aqui, há o tempo de atendimento (TA) de 1 período e demanda no período 24 de 300 unidades, logo, sem considerar o estoque

disponível só para demonstração, coloca-se na linha da necessidade prevista (NP) as 300 unidades, só que no período 23, para que elas fiquem prontas e disponíveis no início do período 24.

- Recebimento Programado (RP): é o recebimento de planejamentos passados de itens que estão agora disponíveis.
- Estoque Disponível (D): é a quantidade de itens que estão disponíveis em estoque no final dos períodos, no qual já existe uma célula preenchida antes do período 1 que representa o estoque disponível no final do período passado. O cálculo é feito assim: estoque disponível = estoque disponível no final do período anterior + recebimentos programados para o período – necessidades previstas do período + liberação do pedido do período anterior ou, ainda, $D_n = D_{n-1} + RP_n - NP_n + LP_{n-1}$. Daí, se não houver itens disponíveis para atender à necessidade prevista, libera-se ordens de produção ou compra para que se evite faltas de materiais que comprometam a produção.
- Necessidade Líquida (NL): é a quantidade de material que deve estar disponível no início do período correspondente, com o fim de atender às necessidades previstas que não puderam ser sanadas pelo estoque do final do período anterior.
- Parâmetro "Tempo de Processo" (TP): é o tempo de se processar determinado pedido, que pode estipular o tempo de atendimento (TA). Nem todos os itens utilizam esse parâmetro, indo então diretamente para o TA, cujo cálculo é da seguinte forma: TA = LP x TP.
- Liberação do Pedido (LP): é a quantidade a ser recebida/produzida como consta na linha da necessidade líquida, com a diferença que na liberação do pedido há a inclusão do tempo de atendimento.

6.5.2. AS NECESSIDADES AO LONGO DA ESTRUTURA

Como já mencionado, as demandas dos itens filhos são dependentes das demandas dos itens pais. Para se iniciar a montagem são geradas as necessidades previstas (NP) de todos os itens filhos a partir da necessidade de liberação do pedido (LP) do item pai. Ou seja, as liberações dos pedidos dos itens pais são transmitidas para "baixo" na forma de necessidades previstas dos itens filhos.

Porém, quando há a necessidade de mais unidades de algum item filho por unidade do item pai produzido, a linha de necessidades previstas do item filho é calculada multiplicando-se a linha de liberação do pedido do item pai pela quantidade do item filho necessária para a produção de uma unidade, ou peça, do item pai.

Entretanto, quando um item filho tem mais de um item pai, é preciso que se considere todas as liberações de pedidos dos itens pais no cálculo das necessidades previstas do item filho, para que com isso se chegue na lógica do MRP, que é manter apenas um registro básico.

6.5.3. OS DADOS DE ESTOQUE NO MRP

No MRP, é vital que se tenha acurácia de aproximadamente 100% dos dados de estoque. Essa preocupação é justificada quando se imagina o que ocorreria se no sistema constar uma certa quantidade no estoque menor que a real, levando a um aumento desnecessário no nível dos estoques finais e piorando o desempenho em custos da organização ou se, pelo contrário, no sistema constar uma quantidade no estoque maior que a real, levando a faltas e atrasos nas entregas, podendo levar às temidas rupturas no fluxo de renda futuro entre empresa e cliente.

Agora, exemplificaremos o MRP a partir do produto novo "pá" da empresa Reyfar e esse novo produto terá a seguinte demanda: período 24 = 300; 25 = 200; 26 = 0; 27 = 400; 28 = 0; 29 = 500; 30 = 0. O horizonte de planejamento vai do período 21 ao 30. A Tabela 6.1 traz a lista de materiais escalonada e os níveis do estoque antes de iniciar a produção da pá.

Tabela 6.1 – Lista de Materiais Escalonada e Posição de Estoque do Produto Pá da empresa Reyfar

Nível	Código do item	Descrição	Quantidade	Tamanho do lote	*Lead Time*	Posição do estoque
0	00289	Pá	1	M500	1	300
. 1	10089	Montagem Manopla	1	M1500	1	350
..2	10278	Manopla	1	M500	2	800
..2	10062	Prego	2	M2000	1	0
. 1	10077	Cabo	1	M400	1	50
. 1	10023	Conector	1	M700	1	350
. 1	10062	Prego	4	-	-	-
. 1	10045	Rebite	4	M2000	1	400
. 1	10316	Montagem Lâmina	1	M200	1	0
..2	10992	Lâmina	1	M200	4	30
..2	10045	Rebite	2	-	-	-

Nesse exemplo não há a necessidade de estoque de segurança, mas se houvesse, o mesmo deveria ser considerado no MRP nos níveis necessários, e não no MPS, para que não haja duplicidade. E o tamanho do lote é múltiplo de valor referido, por exemplo, o M500 que pede lotes múltiplos de 500. Na Tabela 6.2 a seguir estão os resultados dos cálculos do registro do MPS da pá.

Tabela 6.2 – Registro do MPS da Pá 00289 da empresa Reyfar

Semana		21	22	23	24	25	26	27	28	29	30
Demanda prevista		0	0	0	300	200	0	400	0	500	0
Demanda confirmada		0	0	0	0	0	0	0	0	0	0
Demanda a atender		0	0	0	300	200	0	400	0	500	0
Recebimento programado		0	0	0	0	0	0	0	0	0	0
Estoque projetado	300	300	300	300	0	300	300	400	400	400	400
Plano-mestre produção MPS		0	0	0	0	500	0	500	0	500	0

Nas Tabelas 6.3, 6.4, 6.5, 6.6, 6.7, 6.8, 6.9, 6.10 e 6.11 que seguem estão os cálculos dos respectivos registros dos itens que compõem a árvore, ou estrutura, do produto pá.

Tabela 6.3 – Registro do MRP da Pá 00289 da empresa Reyfar.

Código	00289		21	22	23	24	25	26	27	28	29	30
QR	M500	NP					500		500		500	
TA	1	RP	0	0	0	0	0	0	0	0		
	D	0	0	0	0	0	0	0	0	0	0	
ES	0	NL					500		500		500	
TP	-	LP				500		500		500		

Note que o estoque disponível na Tabela 6.3 é zero, pois esse já foi utilizado no MPS, logo, não pode haver duplicidade. Note também que não há ao longo desse exemplo o tempo de processo (TP), pois aqui se usou diretamente o tempo de atendimento (TA).

Tabela 6.4 – Registro do MRP da Montagem Manopla 10089 da empresa Reyfar

Código	10089		21	22	23	24	25	26	27	28	29	30
QR	M1500	NP				500		500		500		
TA	1	RP	0	0	0	0	0	0	0	0		
	D	350	350	350	350	1350	1350	850	850	350		
ES	0	NL				150		0		0		
TP	-	LP			1500		0		0			

Tabela 6.5 – Registro do MRP da Montagem Lâmina 10316 da empresa Reyfar

Código	10316		21	22	23	24	25	26	27	28	29	30
QR	M200	NP				500		500		500		
TA	1	RP	0	0	0	0	0	0	0	0		
	D	0	0	0	0	100	100	0	0	100		
ES	0	NL				500		400		500		
TP	-	LP			600		400		600			

Tabela 6.6 – Registro do MRP do Cabo 10077 da empresa Reyfar

Código	10077		21	22	23	24	25	26	27	28	29	30
QR	M400	NP				500		500		500		
TA	1	RP	0	0	0	0	0	0	0	0		
	D	50	50	50	50	350	350	250	250	150		
ES	0	NL				450		150		250		
TP	-	LP			800		400		400			

Tabela 6.7 – Registro do MRP do Conector 10023 da empresa Reyfar

Código	10023		21	22	23	24	25	26	27	28	29	30
QR	M700	NP				500		500		500		
TA	1	RP	0	0	0	0	0	0	0	0		
	D	350	350	350	350	550	550	50	50	250		
ES	0	NL				150		0		450		
TP	-	LP			700		0		700			

Tabela 6.8 – Registro do MRP do Prego 10062 da empresa Reyfar

Código	10062		#	22	23	24	25	26	27	28	29	30
QR	M2000	NP			3000	2000		2000		2000		
TA	1	RP	0	0	0	0	0	0	0	0		
	D	0	0	0	1000	1000	1000	1000	1000	1000		
ES	0	NL			3000	1000		1000		1000		
TP	-	LP		4000	2000		2000		2000			

Nota-se, nessa última tabela, que o item prego aparece nos níveis 1 e 2 da estrutura do produto, usado na pá nos períodos 24, 26 e 28 e usado na montagem da manopla no período 23.

Tabela 6.9 – Registro do MRP do Rebite 10045 da empresa Reyfar

Código	10045		21	22	23	24	25	26	27	28	29	30
QR	M2000	NP			1200	2000	800	2000	1200	2000		
TA	1	RP	0	0	0	0	0	0	0	0		
	D	400	400	400	1200	1200	400	400	1200	1200		
ES	0	NL			800	800	0	1600	800	800		
TP	-	LP		2000	2000	0	2000	2000	2000			

Note que nessa tabela repetiu-se o procedimento da tabela anterior, só que a necessidade de rebites era nos períodos 24, 26 e 28 de nível 1, e 23, 25 e 27 de nível 2.

Tabela 6.10 – Registro do MRP da Manopla 10278 da empresa Reyfar

Código	10278		21	22	23	24	25	26	27	28	29	30
QR	M500	NP			1500							
TA	2	RP	0	0	0							
	D	800	800	800	300							
ES	0	NL			700							
TP	-	LP	1000									

Tabela 6.11 – Registro do MRP da Lâmina 10992 da empresa Reyfar

Código	10992		19	20	21	22	23	24	25	26	27	28	29	30
QR	M200	NP					600		400		600			
TA	4	RP			0	0	0	0	0	0	0			
	D	30	30	30	30	30	30	30	30	30	30			
ES	0	NL					570		370		570			
TP	-	LP	600		400		600							

Todos esses cálculos, ou resultados dos cálculos, estão baseados na estrutura do produto (árvore do produto) já apresentada neste capítulo.

6.6. A EVOLUÇÃO DO MRP

Como já visto, o MRP tem como objetivo principal auxiliar a produzir e comprar apenas o necessário, no momento necessário (no último momento possível), com o intuito de eliminar estoques. Porém, pecava quando não tinha respostas a perguntas como: Será que temos capacidade para isso? Nossos recursos são suficientes?

Logo, para sanar essas dúvidas, foi criado o MRP II - *Manufacturing Resources Planning* ou "Planejamento dos Recursos de Manufatura". O MRP II é considerado um sistema de informações que ajuda na determinação de todos os recursos necessários à boa execução do planejamento, o qual, por meio de relatórios emitidos, auxilia nas decisões gerenciais estratégicas e/ou táticas.

Entretanto, a diferença entre MRP e MRP II está no tipo de decisão de planejamento que orienta, pois enquanto o MRP norteia as decisões de o que, quando e quanto produzir e comprar, o MRP II alia a tudo isso decisões de como produzir, com que recursos. E, ainda, a evolução do MRP para MRP II só foi possível porque se agregou a ele um subsistema chamado CRP - *Capacity Requirements Planning* ou "Planejamento de Necessidades de Capacidades", que responde à pergunta: Como produzir?

A partir daí, com a visível possibilidade de se colocar na mesma tela do MRP II outros módulos (ou funções) que auxiliem outros departamentos, integrando assim toda a empresa, criou-se a evolução mais recente do MRP II, que é o ERP - *Enterprise Resources Planning* ou "Planejamento de Recursos do Empreendimento".

O sistema ERP soluciona os problemas referentes à fragmentação da informação, pois acaba com a dificuldade de obtenção de informações consolidadas e a inconsistência de dados redundantes armazenados em mais de um sistema ao agregar, em um só sistema integrado, funcionalidades que suportam as atividades dos diversos processos de negócio das empresas. Nele, foram agregadas as funções de programação-mestre da produção, cálculo grosseiro de necessidades de capacidade, cálculo detalhado de necessidade de capacidade, controle do chão de fábrica, controle de compras e, mais recentemente, Planejamento de Vendas e Operações (S&OP - *Sales & Operations Planning)*. Com a crescente demanda pelos sistemas ERP, os fornecedores de sistemas desenvolveram mais módulos integrados aos módulos de manufatura, mas com escopo que ultrapassa os limites da manufatura. Aí se encaixam os módulos de Gerenciamento de Recursos Humanos, Vendas e Distribuição, Finanças e Controladoria, entre outros. Esses novos sistemas, capazes de suportar as necessidades de informação para todo o empreendimento, chamam-se sistemas ERP.

O sistema ERP traz à empresa enormes benefícios, pois otimiza o fluxo de informações e facilita o acesso aos dados operacionais, favorecendo a adoção de estruturas organizacionais mais achatadas e flexíveis. Assim, as informações tornam-se mais consistentes, o que possibilita a tomada de decisão com base em dados que refletem a realidade da empresa. Outro benefício da implantação seria a adoção de melhores práticas de negócio, suportadas pelas funcionalidades do sistema, que resultam em ganhos de produtividade e em maior velocidade de resposta da organização aos anseios do mercado, o que se chama de responsividade.

Porém, o sistema ERP não traz somente benefícios. Podem ocorrer problemas, principalmente na implantação do ERP, quando as empresas-clientes notam que os prazos e orçamentos foram extrapolados por causa da baixa qualidade do sistema adquirido, resultado de distorções de qualidade e produtividade dos produtos e processos oriundos das indústrias de softwares. Esses problemas também se devem ao fato de os clientes encararem o ERP como um simples software que solucionará todos os seus problemas, como os pródigos vendedores assim expõem. Adicionando, é necessário mencionar aqui algumas limitações do ERP, sendo a principal a não consideração dos limites de capacidade dos recursos de produção. Para exemplificar, o ERP sugere uma semana ociosa no chão de fábrica e na semana seguinte com sobrecarga, resultando em custos desnecessários com horas extras, terceirizações, multas por atrasos ou falta em atender à demanda. Talvez a decisão fosse adiantar parte da produção para a semana ociosa. Por isso os softwares ERP ainda são deficientes nas resoluções de problemas de programação da produção, havendo a necessidade de se criar módulos ou mecanismos que façam a antecipação ou retardação no tempo do atendimento à demanda prevista, tendo como base fatores econômicos e de capacidade.

Mas isso não significa que o ERP deva ser implantado somente por modismo. Pelo contrário. Os benefícios mencionados neste capítulo são muito maiores que os malefícios. É necessária a implantação do sistema ERP nas empresas, desde que sejam obedecidas algumas recomendações, como analisar as reais necessidades funcionais da empresa, para que não se implante um sistema que restrinja e piore o desempenho operacional; e comprometimento e envolvimento de todos, pois o sistema é gerido por pessoas que devem estar motivadas a melhorar o desempenho organizacional, "vestindo a camisa da empresa".

Exercício: Elabore o MRP para o produto mesa conforme estrutura do produto abaixo. A demanda é de 800 mesas para o período 7, de acordo com a tabela.

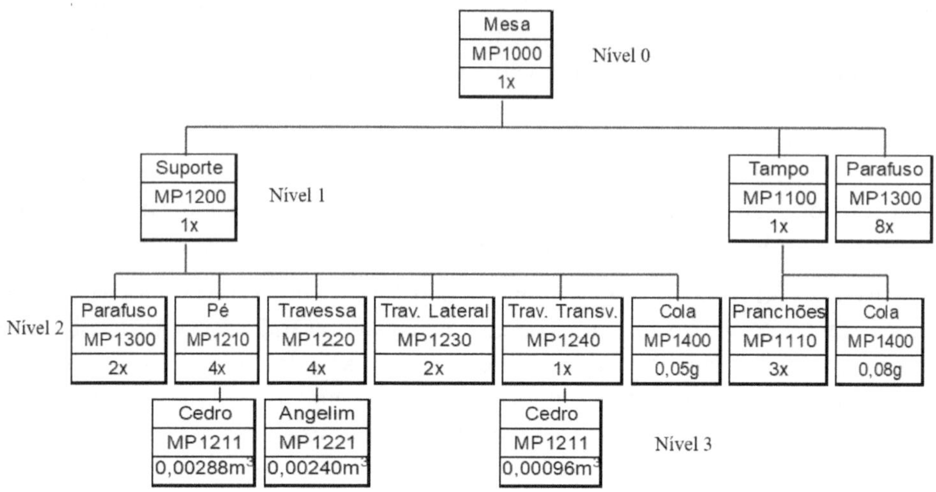

Código	MP1000		1	2	3	4	5	6	7
QR	100	NP							800
TA	2	RP							
	D	200							
ES	300	NL							
TP	-	LP							

Código	MP1200		1	2	3	4	5	6	7
QR	200	NP							
TA	1	RP							
	D	50							
ES	0	NL							
TP	-	LP							

Código	MP1100		1	2	3	4	5	6	7
QR	300	NP							
TA	2	RP							
	D	100							
ES	50	NL							
TP	-	LP							

Código	MP1300		1	2	3	4	5	6	7
QR	M500	NP							
TA	3	RP							
	D	0							
ES	600	NL							
TP	-	LP							

Código	MP1210		1	2	3	4	5	6	7
QR	200	NP							
TA	1	RP							
	D	50							
ES	100	NL							
TP	-	LP							

Código	MP1220		1	2	3	4	5	6	7
QR	300	NP							
TA	1	RP		200					
	D	100							
ES	400	NL							
TP	-	LP							

Código	MP1230		1	2	3	4	5	6	7
QR	100	NP							
TA	1	RP							
	D	100							
ES	20	NL							
TP	-	LP							

Código	MP1240		1	2	3	4	5	6	7
QR	100	NP							
TA	1	RP							
	D	100							
ES	0	NL							
TP	-	LP							

Código	MP1400		1	2	3	4	5	6	7
QR	100	NP							
TA	1	RP							
	D	20							
ES	60	NL							
TP	-	LP							

Código	MP1100		1	2	3	4	5	6	7
QR	100	NP							
TA	1	RP							
	D	20							
ES	60	NL							
TP	-	LP							

Código	MP1211		1	2	3	4	5	6	7
QR	200	NP							
TA	1	RP							
	D	60							
ES	20	NL							
TP	-	LP							

Código	MP1221		1	2	3	4	5	6	7
QR	150	NP							
TA	1	RP							
	D	200							
ES	50	NL							
TP	-	LP							

CAPÍTULO 7
PROGRAMAÇÃO DA PRODUÇÃO E SEU SEQUENCIAMENTO (GANTT)

Neste capítulo veremos o que é a Programação da Produção, seu sequenciamento e sua aplicação prática por meio do gráfico de Gantt. Essa técnica é de grande eficiência e eficácia para o PCP e para alcançar os objetivos e metas da empresa. É importante salientar que existe uma grande escassez de referencial bibliográfico e técnico que relacione a programação da produção com o sequenciamento por Gantt. Este é um dos objetivos deste capítulo: colaborar com o aumento do referencial teórico e prático relacionado a esse tema no Brasil.

7.1. INTRODUÇÃO

Os gerentes de operações e/ou produção diariamente se deparam com um dilema: como programar as diversas ordens de produção nesses poucos centros produtivos? Geralmente existem mais ordens de produção que estações de trabalho, gerando fila e disputa pelos recursos produtivos transformadores. Além dessa problemática, existem fatores externos e internos que complicam um pouco mais a vida desses gerentes, como quebra de máquina, falta de funcionário, falta de material, material de qualidade ruim, falta de energia, atravessamento ou pedido de prioridade por parte do departamento comercial, entre tantas outras variáveis que afetam negativamente o desempenho da produção e seus recursos. Essas situações demandarão do PCP um replanejamento eficiente e ágil, para que os custos extras sejam minimizados em prol dos resultados da empresa.

É sabido que todo replanejamento gera incertezas, desconfortos e estresse. Mas para minimizar falhas diversas, o PCP tem a ferramenta adequada: o sequenciamento por intermédio do Gantt.

7.2. SEQUENCIAMENTO E PROGRAMAÇÃO DA PRODUÇÃO – CONCEITOS

As decisões referentes a planejamento do sistema produtivo podem ser divididas em decisões de longo prazo, médio prazo e curto prazo. O Plano Agregado de Produção e o Planejamento de Vendas e Operações, por exemplo, são de longo prazo. O MPS e o MRP, de médio prazo. E o sequenciamento da produção é de curto prazo, junto com a programação da produção.

Sequenciar as operações é definir a ordem e a prioridade de cada ordem de produção e/ou serviço dentro do PCP, levando em consideração a alocação dos recursos e insumos produtivos, com intuito central de atender da melhor forma possível (aquela de melhor qualidade e custo) aos pedidos dos clientes. Programar as operações é alocar as ordens já sequenciadas num certo intervalo de tempo disponível, de modo a otimizá-las.

Sequenciar as ordens e programá-las, à primeira vista, parece tarefa simples, mas não o é. Pelo contrário, é complexo e demorado, pois dá ao planejador possibilidades imensas de programação, dificultando a tomada de decisão pela melhor sequência e, consequentemente, programação. Para auxiliar nesse processo, sugere-se a utilização do gráfico de Gantt de forma dinâmica, facilitando a alocação de ordens, pois as torna mais visíveis e coerentes com as capacidades produtivas.

7.3. SISTEMAS DE SEQUENCIAMENTO

O sequenciamento das ordens de produção considera informações como tempo de processamento da ordem em cada centro de trabalho, data prometida da ordem, momento de entrada da ordem na fábrica e no centro de trabalho, importância do cliente daquela ordem e tempo restante para conclusão da ordem.

Também foram criadas regras de sequenciamento para auxiliar nessa complexa tarefa de controle das operações. As mais usuais são:

- FIFO (*First In First Out*): a primeira tarefa que chegar ao centro de trabalho é a primeira a ser processada.
- FSFO (*First in the System, First Out*): a primeira tarefa que chegar na unidade é a primeira a ser processada.
- SOT (*Shortest Operation Time*): a tarefa que tiver o menor tempo de processamento será a primeira a ser processada.
- SOT1: igual à SOT, porém com limite no tempo máximo de espera para que as ordens longas não esperem em demasia.
- EDD (*Earliest Due Date*): a tarefa com primeiro vencimento, ou seja, com a data prometida mais próxima, é processada antes.
- SS (*Static Slack*): refere-se à folga estática, cujo cálculo é: tempo até a data prometida - tempo de operação restante.

- DS (*Dynamic Slack*): folga dinâmica, cujo cálculo é: folga estática ÷ número de operações por executar.
- CR (*Critical Ratio*): ou razão crítica, cujo cálculo é: tempo até a data prometida ÷ tempo total de operação restante.

Como você pôde observar, não existe uma fórmula ou uma regra mágica que se selecionada solucione todos os problemas de sequenciamento. Muitas pesquisas foram e ainda são feitas com intuito de descobrir quais as melhores regras e para quais situações, porém as conclusões a que se chegam são parecidas:

1º) as regras dinâmicas são preferíveis às estáticas, pois refletem melhor a realidade dinâmica e mutável dos sistemas produtivos;

2º) as regras globais são preferíveis às locais, pois elas analisam o sistema produtivo no todo, não somente às partes;

3º) e, por fim e mais importante, é vital unir bons sistemas computacionais ao trabalho de experientes e eficientes planejadores para se chegar às melhores regras de sequenciamento.

Com o advento e o aprimoramento contínuo da Indústria 4.0 e da Quarta Revolução Industrial, provavelmente em alguns anos teremos sistemas computacionais que resolvam esses problemas complexos de sequenciamento. Para que isso aconteça de fato, é preciso que eles tenham capacidade de trabalhar em cenários de grandes incertezas, com tarefas e operações diversificadas e mutáveis, que a todo momento sofrem priorizações e alterações em suas ordens de produção e datas de entrega.

7.4. SISTEMAS DE PROGRAMAÇÃO COM USO DE GANTT

Quando falamos em sistemas de programação nos referimos ao gráfico de Gantt, pois ele é a melhor ferramenta auxiliar na programação de ordens de produção/serviços usada atualmente, trazendo melhor visualização do todo, de todas as ordens alocadas e do tempo ocupado e o disponível para alocações.

Os sistemas de programação da produção podem ser caracterizados em sistemas de carregamento finito *versus* infinito, e sistemas de programação para trás *versus* para frente no tempo. Vamos explicá-los a seguir:

- Carregamento infinito: leva esse nome porque ao programar tarefas, desconsidera a capacidade dos recursos transformadores, como se fossem infinitos. A alocação de tarefas é feita baseada no prazo de entrega, e não se considera as capacidades dos centros de trabalho. Um exemplo é o MRP, que pode ser gerido de forma a considerar os recursos como infinitos, sem restrições. Em sistemas de carregamento infinito, situações como a mostrada na Figura 7.1 a seguir são corriqueiras. Neste caso, o limite diário foi ultrapassado, obrigando o gestor a contratar horas extras ou terceirizar parte da produção para atender ao pedido no prazo acordado.

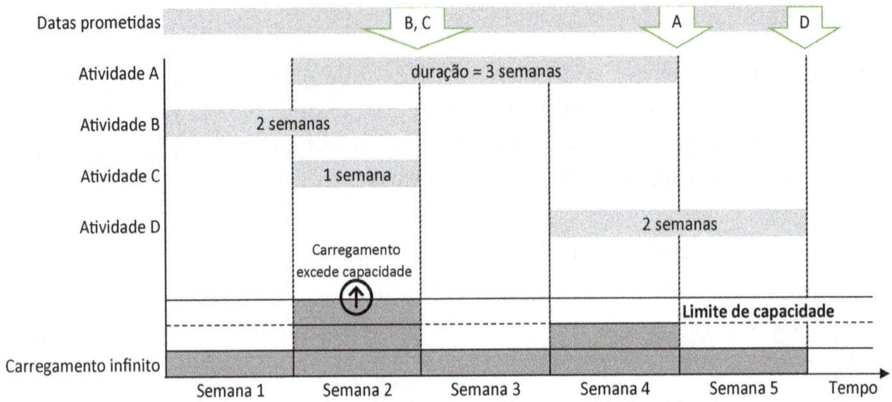

Figura 7.1 – Exemplo de sistema de carregamento infinito

- Carregamento finito: leva esse nome porque, ao programar tarefas, considera a capacidade dos recursos transformadores como finitos que são. Logo, além de cumprir a data prometida, primeiramente verifica-se se é capaz de cumprir o prometido ou se teremos que reagendar a entrega, ou ainda reprogramar as ordens já alocadas no PCP. A Figura 7.2 a seguir ilustra o mesmo exemplo da Figura 7.1, porém, com capacidade finita. Observe que, ao exceder a capacidade, o planejamento adia 1 semana a execução da atividade C para que não exceda a capacidade existente.

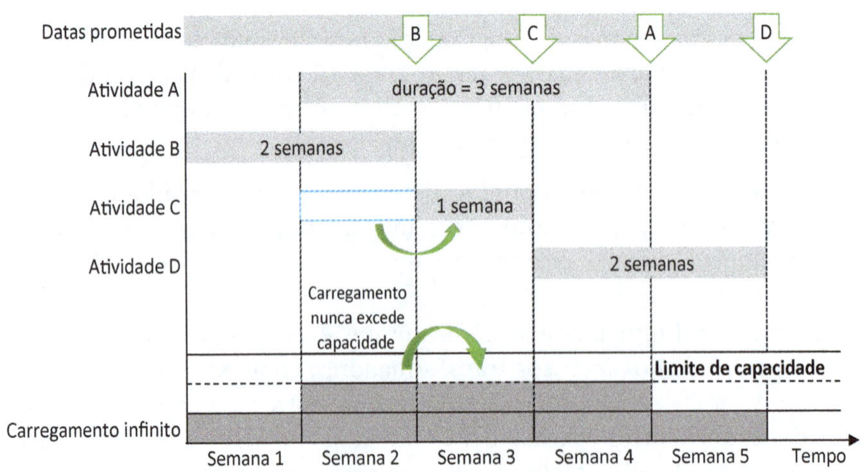

Figura 7.2 – Exemplo de sistema de carregamento finito

- Programação para trás (*backward*): nesse tipo de programação as tarefas são alocadas para o último momento disponível, geralmente a data prometida de entrega, e aloca-se as tarefas de trás para frente, do fim para o começo, a partir da data de entrega, diminuindo as durações de cada tarefa. Assim, são obtidos os períodos de início e fim de cada tarefa. Observe na Figura 7.3 a seguir que a atividade A tem data prometida de entrega para o fim da semana 4, logo, foi alocada do fim da semana 4 menos a sua duração de 3 semanas, tendo início, então, no início da semana 2.

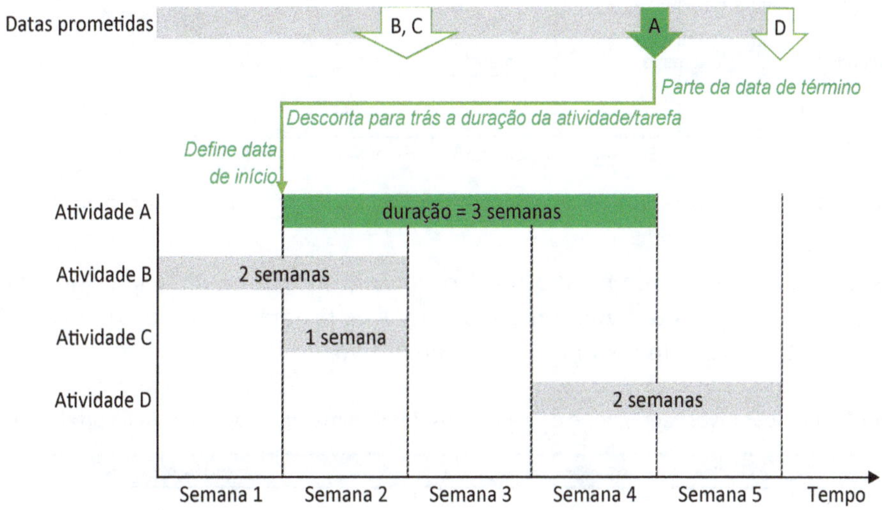

Figura 7.3 – Exemplo de sistema de programação para trás da atividade A

- Programação para frente (*forward*): nesse tipo de programação das tarefas, programa-se literalmente para frente, partindo do momento atual, somando as durações das tarefas e determinando a data de término após somar as durações das tarefas a data de início. Na Figura 7.4 a seguir observa-se que as tarefas são alocadas de forma a ficarem com suas datas de início e término o mais cedo possível. É importante lembrar que neste exemplo não há sequenciamento ou pré-requisitos que exijam das atividades uma sequência de planejamento.

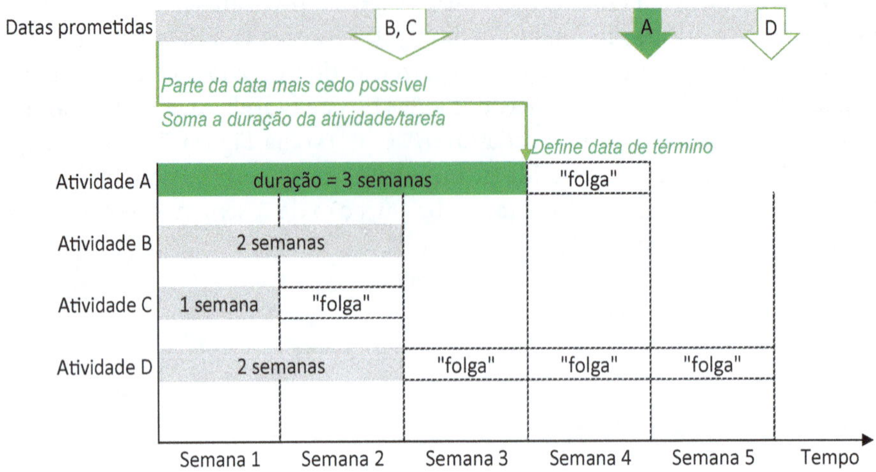

Figura 7.4 – Exemplo de sistema de programação para frente da atividade A e demais

Após as definições e exemplos, é preciso que façamos uma análise crítica das vantagens e desvantagens de cada um dos sistemas de programação da produção. O Quadro 7.1 a seguir traz um resumo desse comparativo.

Quadro 7.1 – Comparativo: vantagens e desvantagens dos sistemas de programação da produção

	Vantagens	Desvantagens
Carregamento infinito	As datas prometidas são cumpridas.	Ocorrerá excesso de ordens alocadas em determinados recursos transformadores, o que gerará custos com horas extras e/ou terceirizações.
Carregamento finito	Não haverá sobrecarga nos recursos transformadores, sendo a capacidade sempre respeitada, o que mantém os custos dentro do planejado.	Datas prometidas precisarão ser reagendadas com o cliente, ou, de preferência, acordadas antecipadamente com o PCP. Priorizações também existirão.
Programação para trás	Menor custo com manutenção de estoques, menor capital financeiro parado.	Risco de paradas não programadas, que elevariam os custos com horas extras e/ou terceirizações para cumprir as datas prometidas.
Programação para frente	Menor risco de atraso por paradas não programadas.	Maior custo com manutenção de estoques e maior capital financeiro imobilizado.

Mas qual sistema de programação utilizar? Simples: aquele que trouxer menor custo e maior lucro para a empresa. Todas as decisões em PCP são embasadas direta ou indiretamente em custos e lucros, logo, se programar para frente trouxer melhor resultado que para trás, faça-o, e assim para os demais. Zelamos pela lucratividade das ordens de produção e, consequentemente, pela melhoria dos resultados operacionais e financeiros da empresa, além de sua sustentabilidade e longevidade.

7.5. EXERCÍCIOS

1) A empresa Santista recebeu um pedido de orçamento de um dos seus maiores clientes. O fator "ganhador de pedido" é o prazo de entrega do produto, de modo que a empresa Santista deve absorver os custos de horas extras caso necessário. Considere que a empresa no momento apresenta uma carteira de pedidos nula e que o prazo de entrega é de 80 dias úteis, sendo a jornada de trabalho de 44 horas semanais, o que corresponde a 8,8 h/dia, para facilitar os cálculos.

   Pedido: 4 conjuntos ABS com 2.500 kg de caldeiraria cada um, sendo de 75 peças usinadas cada conjunto. Data de início: 25 de maio.

Recursos:

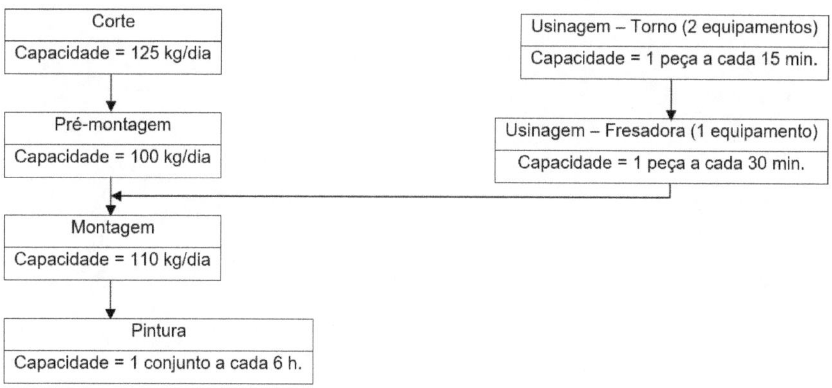

Resolução:

2) A empresa Santana pretende fabricar o produto extrusora L100 nos meses de junho e julho. Para atender o prazo, deve terceirizar o suporte 100300 para a Metalúrgica Agreste. A lista de material, o desenho e o layout são descritos a seguir. Qual a data de término, considerando o início em 01/06?

Desenho do suporte:

Lista de materiais:

Item	Nº	Peso unit.	Medidas (mm)	Chapa (espessura em polegadas)	Peso total	Q
Suporte	–	–	–			1
Chapa 1	1		300 x 300	1/4 "		1
Chapa 2	2		200 x 300	1/4 "		1
Chapa 3	3		350 x 300	1/2 "		1

Dados:

Quantidade de suportes solicitados = 1.000 peças

1 polegada = 2,54 cm

Densidade do aço 1040 = 7,85 g/cm³

Perdas = 10%

Layout:

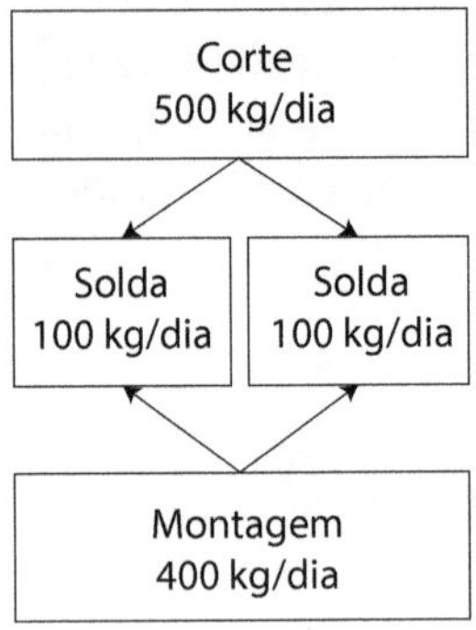
Corte
500 kg/dia
Solda
100 kg/dia
Solda
100 kg/dia
Montagem
400 kg/dia

Resolução:

3) A empresa Lumix Componentes Eletrônicos deve produzir o produto circuito L500 em sua linha sequencial de usinagem por meio de cinco processos distintos com cinco equipamentos distintos de acordo com a tabela a seguir, na qual t está em minutos. Determine o número de recursos para cada processo e o sequenciamento considerando apenas 1 equipamento por operação.

Operação	Máquina	Duração (t)	Eficiência
O_1	M_1	0,48	0,85
O_2	M_2	0,10	0,80
O_3	M_3	0,24	0,90
O_4	M_4	0,36	0,95
O_5	M_5	0,60	0,98

Onde:

m = nº de recursos necessários;

t = duração da operação;

N = quantidade a ser fabricada, que neste exercício é de 1.500 peças/dia;

h = turno de trabalho, aqui é de 8,8 h/dia;

$$m = \frac{t \times N}{60 \times h \times e}$$

Resolução:

4) A empresa Lanza pretende planejar a montagem de 20 máquinas L300 para o mês de junho. Desse modo, ao verificar o componente mais crítico, observamos a necessidade de rever a programação do eixo 100800 de acordo com o fluxo descrito. Determine o planejamento para o mês de junho de acordo com os a seguir e responda às questões:

a) Será possível atender o plano dos eixos no mês de junho?

b) Qual o número de recursos de acordo com o calendário exposto, considerando eficiência de 100 %?

c) Qual ociosidade de cada processo?

d) No caso do processo de maior restrição, ao dobrar a sua capacidade no período utilizado para atender à demanda específica, qual a nova demanda a ser atendida e o novo índice de ociosidade?

Dados: turno = 8,8 h; demanda = 20 máquinas, sendo 2 eixos por máquina.

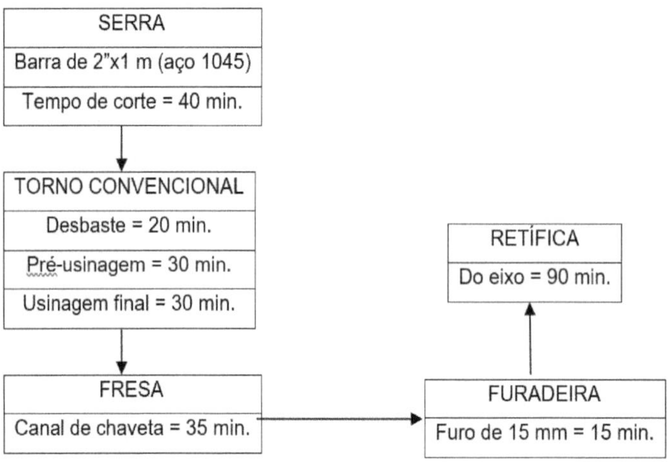

Considerações:

1ª) o torno convencional está ocupado nos quatro primeiros dias do mês;

2ª) a fresa está ocupada nos oito primeiros dias do mês;

3ª) a furadeira está ocupada nos onze primeiros dias do mês;

4ª) a retífica está ocupada nos treze primeiros dias do mês.

	JUNHO																			
	1ª Semana					2ª Semana					3ª Semana					4ª Semana				
EQUIPAMENTOS	1	2	3	4	5	1	2	3	4	5	1	2	3	4	5	1	2	3	4	5
Serra																				
Torno convencional																				
Fresa																				
Furadeira			OCUPADO																	
Retífica																				

Resolução:

5) A empresa Lotex pretende programar a sua fábrica para a produção de dois produtos: compressor L300 e compressor L500, nas respectivas quantidades:

L300 = 500 unidades; L500 = 750 unidades.

Ambos os produtos utilizam dois componentes, um "X" e um "Y". O componente "X" é utilizado no L300 na estrutura do produto com quantidade igual a 2, e na estrutura do produto L500, a quantidade é igual a 3. Já o componente "Y" é utilizado na estrutura do produto L300 com 1 unidade e na estrutura do produto L500 com 2 unidades. Os processos e os tempos envolvidos estão descritos na tabela que segue:

Componentes $Q_{L300} = 500; X = 2; Y = 1$

$Q_{L500} = 750; X = 3; Y = 2$

Produto X:

Processo	t processo (min.)	t setup (h)	t mov. (h)
Furação	9	0,5	0,4
Usinagem I	7	0,4	0,6
Usinagem II	10	0,4	0,5
Retífica	32	0,7	0,4
Ajuste	17	0	0,4

Produto Y:

Processo	t processo (min.)	t setup (h)	t mov. (h)
Furação	15	0,5	0,5
Usinagem I	12	0,4	0,4
Usinagem II	9	0,6	0,7
Retífica	25	1	0,3
Ajuste	10	0	0,2

Layout:

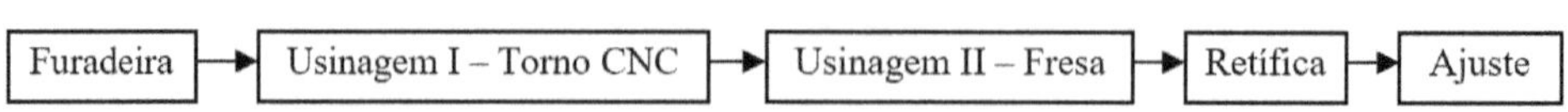

Resolução:

6) A empresa Manta Usinagem Ltda. está prestes a assinar um contrato de fornecimento do conjunto M200 com uma grande empresa da região produtora de máquinas de lavar. O cliente pretende alocar à Manta 2.635 unidades do conjunto M200 por 12 meses, de acordo com a estrutura do produto descrita abaixo, sendo 2.635 a demanda mensal.

Os componentes utilizam as mesmas máquinas disponíveis na Manta que operam em um turno normal de trabalho.

	T. proc. (min.)	Setup (min.)	Máquina	T. fabric. (min.)	T. fabric. (h)
A	2	30	M1		
B	4	20	M2		
C	3	40	M3		
D	3,9963	30	M4		

Responda:

a) A empresa consegue atender o cliente no mês corrente de trabalho?
b) Qual a ociosidade dos equipamentos para atender o cliente?
c) Se a Manta tiver somente as quatro máquinas em seu parque industrial, qual o risco que a empresa corre em aceitar o pedido?

7) A empresa Motortek Ltda. recebeu uma encomenda de 10 conjuntos de turbinas, cada conjunto composto de carcaça de turbina, eixo do rotor e aro das aletas. A tabela a seguir mostra os processos de fabricação, sequência, tempo de *setup* (em horas), ocupação atual do processo e tempo de fabricação (em horas) de cada componente. O aro das aletas apresenta como sequência de número 2 a montagem das aletas, com tempo de processo igual a 5 horas/unidade. A montagem da turbina corresponde a 44 horas e deve ser feita após a finalização do processo. Após a montagem, deve-se ter o processo de ajuste realizado por terceiros, e a empresa responsável deve ser comunicada com 15 dias de antecedência. A solicitação de inspeção por parte do cliente deve ser feita com 20 dias de antecedência. Considerando a data de início como hoje, e hoje sendo 10 de outubro, quando seria o término da encomenda, quando deveria ser feita a solicitação dos ajustes e quando deveria ser feita a solicitação de inspeção? Elabore o Gráfico de Gantt.

	PRODUTOS			
PROCESSOS	Sequência	Setup	Ocupação	Carcaça de turbina
Mandrilhamento	1	1,0	70,0%	16
Furadeira Radial	2	0,5	60,0%	12
Plaina Fresadora	3	1,0	50,0%	6
Retífica	4	1,0	70,0%	13
Torno Horizontal		0,5	65,0%	
Corte		0,5	40,0%	
Torno Vertical		0,5	85,0%	

	PRODUTOS			
PROCESSOS	Sequência	Setup	Ocupação	Eixo do rotor
Mandrilhamento		1,0	70,0%	
Furadeira Radial		0,5	60,0%	
Plaina Fresadora	3	1,0	50,0%	6
Retífica	4	1,0	70,0%	13
Torno Horizontal	2	0,5	65,0%	19
Corte	1	0,5	40,0%	3
Torno Vertical		0,5	85,0%	

	PRODUTOS			
PROCESSOS	Sequência	Setup	Ocupação	Aro das aletas
Mandrilhamento		1,0	70,0%	
Furadeira Radial		0,5	60,0%	
Plaina Fresadora		1,0	50,0%	
Retífica	3	1,0	70,0%	10
Torno Horizontal		0,5	65,0%	
Corte		0,5	40,0%	
Torno Vertical	1	0,5	85,0%	7

Resolução:

CAPÍTULO 8
CONTROLE DA PRODUÇÃO

Neste capítulo estudaremos definição, importância e aplicabilidade do Controle da Produção. Esse tema merece atenção especial, por isso ganhou um capítulo só para ele. Ele tem relação direta e estreita com a programação da produção, com algumas diferenças sutis, como: na programação da produção, estudamos e implantamos a melhor sequência de produção pelo sequenciamento das ordens de produção, além de programarmos a melhor data de início e fim de cada ordem de produção/serviço; já no controle da produção, executamos de fato o controle dessas ordens alocadas aos centros de trabalho, acompanhando o planejado *versus* o realizado, os níveis de estoques intermediários, os níveis de ociosidade e ocupação das máquinas e centro de trabalho, a execução das ordens de forma eficiente e na sequência preestabelecida pelo PCP.

PCP é Planejamento e Controle da Produção, logo, é tarefa obrigatória do PCP controlar toda a produção. Não deve ser delegada a outros setores ou departamentos, muito menos ao gestor de produção, pois não se garante a confiabilidade de controles feitos por quem deve ser o controlado.

8.1. EMISSÃO DAS ORDENS DE PRODUÇÃO

Após o MRP executar toda sua mecânica de cálculos, ele libera ordens de produção e ordens de compra. Após essa liberação é que entra a programação dessas ordens, em um sequenciamento que seja eficiente e eficaz, com data de início e término tais que otimizem custos e resultados.

As ordens de produção são documentos que norteiam o sistema produtivo sobre quais itens devem ser produzidos, em quais quantidades, quando é o início e o fim da produção e sua sequência na ordem de prioridade. A Figura 8.1 traz um exemplo de ordem de produção, a Figura 8.2 mostra um exemplo de ordem de serviço e a Figura 8.3 traz um exemplo de ordem de compra. É importante ressaltar que cada empresa desenvolvedora de software cria um modelo diferente de ordens de produção, serviço e compra, mas as informações básicas constantes nelas são as descritas neste parágrafo.

Observe na Figura 8.1 o código de barras, essencial para rastreabilidade da ordem de produção. Com esse código e o consequente rastreamento, a empresa consegue obter tempo de produção, custo de produção e andamento do processo em tempo real, *full time*.

mhtec	Ordem de Produção			Nº ORDEM DE PRODUÇÃO 77.846 EMISSÃO 27/05/2016 HORA 12:00 PÁGINA 1/3
DESCRIÇÃO DO PRODUTO BICICLETA 16 MARCHAS				CÓDIGO DE BARRAS 00016213
NÚMERO DO PEDIDO 51530	DATA PEDIDO 27/05/2016	CÓDIGO PRODUTO 64183	Ref.Sistema 576.031.400	Ref.Empresa
CLIENTE GERDAU S.A.		PEDIDO CLIENTE	QUANTIDADE À PRODUZIR 10,00	PRAZO DE ENTREGA 27/05/2016
OBSERVAÇÕES DO PRODUTO				
Número Serial De:				

SETOR: MONTAGEM FINAL	Prev. Início: 19/05/2016 - Prev. Final: 20/05/2016	SETUP	TEMPO
APLICAR JATO DE AR COMPRIMIDO		NÃO	15,00
SECAR AS PEÇAS		NÃO	20,00

	CÓDIGO	DESCRIÇÃO	UN	QTD. TOTAL
☐	64263	QUADRO DE ALUMINIO	pc	10,00
☐	64181	GARFO ALUMINIO	pc	0,00

Figura 8.1 – Exemplo de ordem de produção

NOME DA SUA EMPRESA

SERVIÇO DE MANUTENÇÃO EM AUTOMÓVEL			OS Nº
Cliente		Telefones	
Endereço			
Bairro		Cidade	
CPF/ CPNJ		RG / IE	

Veículo / Ano			
Marca		Placa	
Nº Chassis		Nº Patrimônio	

Defeito/Reclamação
SERVIÇOS EXECUTADOS NO LOCAL

Garantia:	Próxima Revisão:

Mão de Obra R$:	Peças R$:	Total R$:

Cliente   *Técnico*   **DATA: / /**

Figura 8.2 – Exemplo de ordem de serviço

MENU | DEFINIÇÕES | PRODUTOS | FORNECEDORES | ORDEM DE COMPRA

- Cabeçalho +
= Itens +

LOGO DA EMPRESA

RAZÃO SOCIAL DA EMPRESA TAL TAL TAL
Rodovia Norte Sul, 19, Galpão 03, Bairro Industrial
CEP 00000-000 - Belo Horizonte / MG
CNPJ 123456789/0000-00 IE 12345678 IM 123456123
contato@contato.com.br - 00 1234-5678 - 00 12345-6789

ORDEM DE COMPRA
Número: 00001
Data: 15/10/2018
Orç Forn: 00002

FORNECEDOR: 15 **Supermercado Sempre Barato Ltda**
CNPJ 123456789/0000-06 IE 12345678 IM 555555 TEL 00 1213-1415 - joao@fornecedor.com.br
End.: Rodovia Via Expressa, 303 - CEP 34567-890 - Novo Horizonte, Uberlândia / BA

Autorizado por: Comprador Maria

Condições de Pagamento	Frete	Transportadora	Prazo de Entrega	Qtde de Itens	Aos Cuidados de:
A vista	FOB	Transporte Rápido 00 3131-0000	15 DIAS	44,610	João Diniz

+ ICMS:	15,00%	50,51	+ ICMS ST:	0,00%	0,00	+ IPI: 0,00%	0,00	SUBTOTAL	R$ 336,76
+ FRETE:		18,00	- DESCONTO:	5,00%	-16,84	OUTROS (+/-):	10,00	TOTAL	R$ 398,44

Envio de NF-e: nfe@contato.com.br   **Envio Cobrança:** financeiro@contato.com.br

O número desta Ordem de Compra deve constar em todas as faturas e correspondências

ITEM	CÓDIGO	DESCRIÇÃO DOS PRODUTOS	UNID.	QTDE.	VALOR UNIT.	VALOR TOTAL
1	001	Açúcar	kg	2,000	13,00	R$ 26,00
2	002	Feijão	kg	1,000	4,50	R$ 4,50
3	003	Arroz	kg	5,000	23,00	R$ 115,00
4	007	Alface	unid	1,000	2,50	R$ 2,50
5	008	Beterraba	kg	1,000	11,00	R$ 11,00
6	009	Óleo	l	1,000	3,70	R$ 3,70

Figura 8.3 – Exemplo de ordem de compra

Reforçando: cada empresa pode adotar modelos e características diferentes em suas ordens, segundo critérios do próprio processo. E após o PCP emitir e entregar as ordens de produção, sejam impressas ou via sistema, elas devem ser controladas e monitoradas pelo PCP. É função dele, não de outros.

8.2. CONTROLE DE CHÃO DE FÁBRICA (SHOP FLOOR CONTROL – SFC)

O controle de chão de fábrica tem o objetivo de corrigir falhas existentes tanto no planejamento quanto na execução das ordens de produção/serviços, apontando medidas corretivas. E, adicionalmente, também objetiva prevenir falhas, pois ao apontar e corrigir os erros supracitados, é possível aprender com esses erros e evitar que eles se repitam no futuro.

Os sistemas de controle de chão de fábrica, geralmente informatizados, têm algumas atividades principais, como:

- alocação e controle de recursos como máquinas, mão de obra, equipamentos, ferramentas, materiais, documentos e tudo mais necessário à produção;
- liberação da produção por ordens alocadas e realocadas segundo prioridades emitidas pelo PCP em comum acordo com Produção e Comercial;
- coleta de dados associados à produção (produtividade, tempo, prazo, custos etc.);
- análise de desempenho dos recursos transformadores;
- programação detalhada das operações, incluindo sequenciamento das tarefas e priorizações de ordens, nas quais se utiliza os gráficos de Gantt como ferramenta primordial para o sucesso do sequenciamento.

Bauer *et al.* (1991) propuseram um modelo funcional de sistema de Planejamento e Controle de Chão de Fábrica (SFC), representado na Figura 8.4 a seguir.

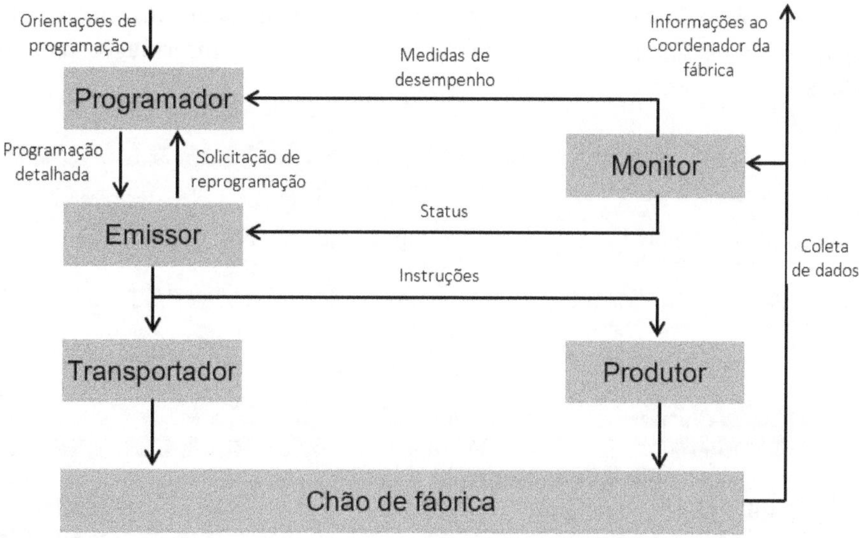

Figura 8.4 – Modelo funcional de sistema de Planejamento e Controle de Chão de Fábrica (SFC)

Fonte: Adaptada de Bauer *et al.* (1991).

Observe na Figura 8.4 que as orientações de programação alimentam o programador, que emite a programação detalhada ao emissor, que emite as ordens de produção ao transportador para que ele as leve ao chão de fábrica, e instrui o produtor sobre detalhes das ordens de produção/serviço. Ao mesmo tempo, o monitor alimenta o programador com medidas de desempenho do processo e das ordens e alimenta o emissor com o status das ordens dentro da programação. Caso exista alguma falha ou desvio no programado, o emissor solicita ao programador que reprograme as ordens para que os impactos negativos sejam minimizados. Enquanto tudo isso acontece, o coordenador da fábrica coleta dados tanto do chão de fábrica quanto do monitor. Esse é o processo no qual o modelo funcional de controle de chão de fábrica se baseia.

O controle de chão de fábrica (SFC) utiliza diversas ferramentas para seu desenvolvimento, mas uma em especial tem ganhado espaço no meio empresarial: o software Preactor. Esse software utiliza a ferramenta do gráfico de Gantt para elaborar uma programação fina, também chamada de *scheduling*, das ordens de produção e/ou serviços. Ele também usa uma linguagem de programação fina, atual e objetiva, que visa: entregas nos tempos certos e prometidos; redução de *lead times*; aumento da capacidade disponível; produção em ritmo mais suave; mais tempo disponível para que o gerente de PCP invista em outros problemas também cruciais para o sucesso do planejamento e, consequentemente, dos negócios, como integração do PCP com o departamento comercial, financeiro e parceiros externos. É importante salientar que o Preactor é dinâmico, não estático como são outros softwares (Project, por exemplo). Sendo dinâmico, ele se movimenta no tempo de acordo com as alocações e novas reprogramações, sugerindo as melhores alocações e rearranjos de ordens com intuito de reduzir custos e entregar no prazo prometido. A Figura 8.5 a seguir traz uma das telas do software Preactor de programação fina da produção, na qual constam as ordens de produção alocadas no tempo, seu sequenciamento e demais informações pertinentes às ordens.

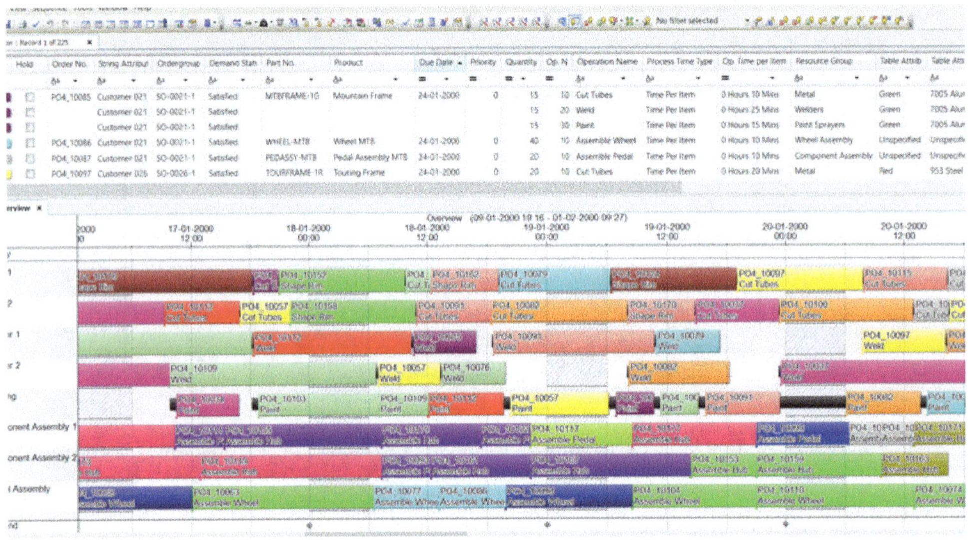

Figura 8.5 – Tela do software Preactor de programação e sequenciamento fino da produção

Fonte: ATS Global (2019).

É importante ressaltar que quanto mais cedo os dados forem repassados aos planejadores para que reprogramem as ordens e suas sequências, menores serão as chances da empresa incorrer em custos inesperados com horas extras e terceirizações e, principalmente, menores serão as chances de atrasarem a entrega ao cliente, custo esse que é imensurável, chegando ao infinito, pois não se sabe ao certo qual seria o fluxo de renda futuro entre empresa e cliente. Por isso, todos que trabalham com planejamento, programação e controle da produção sabem que todas as possibilidades e opções devem ser utilizadas a fim de jamais atrasar um pedido ao cliente. Atrasos devem ser combatidos ao extremo.

8.3. INDICADORES DE PRODUTIVIDADE E DE ACOMPANHAMENTO DA PRODUÇÃO

Indicadores de produtividade são métricas que traduzem o desempenho de determinado setor, atividade ou operação. Podem ser criados para medir o desempenho de basicamente todas as ações empresariais. Indicador de desempenho precisa ser métrica racional, embasada em um padrão ou meta preestabelecida anteriormente com base em teorias, dados e capacidades reais.

Os indicadores de desempenho podem e devem ser utilizados com dois objetivos distintos:

1. Medir a eficiência do processo/ação/tarefa real com base num padrão preestabelecido, por exemplo, tempo real sobre tempo padrão, custo real sobre custo padrão, prazo real sobre prazo estipulado via padrão etc.
2. Medir a eficiência do processo/ação/tarefa real com base em metas preestabelecidas pela direção em conjunto com os níveis táticos da hierarquia, por exemplo, tempo real sobre tempo estabelecido como meta, custo real sobre custo alvo etc. Lembrando que metas utópicas nem de longe são motivadoras, pelo contrário, desmotivam o pessoal, pois fica claro e evidente que nunca serão atingidas. Então, cuidado ao estipular metas e as estipule de forma motivadora, com pequenos ganhos frente ao padrão atual, subindo de forma gradativa sem explorar nem sobrecarregar os colaboradores. Metas ruins geram processos ruins e resultados piores.

São exemplos de indicadores de desempenho relacionados a PCP: ordens de produção finalizadas dentro do prazo; ordens de produção finalizadas antes do prazo estipulado; ordens de produção finalizadas após o prazo estipulado; ordens de produção paradas há mais de x horas; ordens de compra entregues no prazo estipulado, antes do prazo e após o prazo; índice de rejeitos e retrabalhos; manutenções programadas; paradas não programadas, com seus respectivos motivos; homens-hora por ordem de produção/serviço; custo por ordem de produção/serviço. Esses indicadores são criados numa base temporal, com horizonte não muito longo para não se perder a referência, nem tão curto que não reflita uma realidade existente no processo. As bases de tempo mais usadas são semanais, mensais e anuais.

Os indicadores de desempenho e produtividade dirão como está a "saúde" do processo, em que ponto precisa ser melhorado e no que ele está sendo mais que eficiente. Porém, de forma alguma os gestores devem gerir e tomar decisões com base única e exclusivamente em indicadores, pois indicadores são números que nem sempre conseguem captar situações extramuros, situações pessoais de funcionários, situações de má qualidade de material ou serviço, ou situações que fogem ao conhecimento completo da empresa. Por isso, é vital que haja o parecer do pessoal que tem know-how acerca do tema que se quer investigar.

Já o acompanhamento da produção deve ser feito por pessoas subordinadas ao departamento de PCP da empresa, por uma simples razão: não se deve deixar que quem deva ser controlado controle a si mesmo. Num primeiro momento, o acompanhamento e controle da produção deve ser feito por funcionários treinados, qualificados e com perfil investigativo, para que, posteriormente, em condições melhores, esse acompanhamento e controle possa ser feito por terminais inteligentes de coleta de dados e processados por programas computacionais confiáveis.

De forma integrada, coesa e eficiente, a produção gerará dados fidedignos para correta tomada de decisão dos gestores, minimizando os erros e maximizando os resultados.

8.4. SISTEMAS DE EXECUÇÃO DA MANUFATURA (MANUFACTURING EXECUTION SYSTEMS – MES)

O MES (*Manufacturing Execution System*, ou Sistema de Execução da Manufatura) veio com o intuito de interligar o chão de fábrica ao ERP da empresa, gerando dados e informações confiáveis e em tempo real para maior assertividade na tomada de decisões. O PCP tem como função central controlar a produção planejada, para que o planejado seja executado conforme o esperado. Logo, o MES interliga os dados da execução das ordens de produção com o ERP e, assim, traz mais segurança na tomada de decisões, no planejamento e no replanejamento, se necessário.

Com a implantação do MES, os dados da produção serão coletados, via coletores automatizados, e alimentarão em tempo real o software ERP da empresa. Por isso, é muito importante que o software utilizado na aplicação do MES "converse" sem problemas com o software ERP da empresa, gerando interface amigável e integração das informações, sem dados parciais ou alocados em diversos sistemas diferentes. Logo, o MES utiliza sistemas de Tecnologia da Informação (TI) para que os dados sejam coletados de forma precisa e rápida, alimentados no sistema e alocados aos setores envolvidos de PCP e Gestão da Produção.

A TI é de suma importância na implantação e utilização do MES, pois sem ela os dados e informações do andamento da produção e seu desempenho seriam coletados de forma manual e, como sabemos, onde há interferência humana há maior possibilidade de erro. Não por má fé (talvez sim) dos funcionários, mas por descuido, desatenção, falta de treinamento adequado, fadiga, monotonia ou até por problemas de ordem pessoal, afetando a qualidade da execução da tarefa em si.

O MES tem onze funções principais, a saber:

- Programação detalhada das atividades pelo correto sequenciamento das ordens de produção baseado na capacidade finita dos recursos para otimizá-los.
- Status e alocação de recursos gerindo a execução das tarefas, os recursos consumidos e a fase em que estão as ordens.
- Emissão de produção para outros setores da planta, dando ritmo às tarefas.
- Controle de documentação útil à produção, como projetos, procedimentos etc.
- Rastreabilidade das ordens de produção para acompanhamento da execução dessas ordens e coleta de informações sobre desempenho.
- Análise de performance e desempenho do processo com base no padrão e no realizado.

- Gerenciamento de pessoas referente a alocações de ordens para centros de trabalho nos quais exista certa ociosidade.
- Gerenciamento da manutenção alinhando as paradas para manutenção com o nível de ocupação dos recursos em dado momento.
- Gerenciamento de processos direcionando o trabalho segundo o planejado pelo PCP e replanejando e realocando tarefas, caso necessário.
- Gerenciamento da qualidade, por meio do rastreamento e análise dos dados coletados comparados aos padrões de qualidade preestabelecidos.
- Coleta de dados em tempo real, de forma precisa e fidedigna à realidade do que vem ocorrendo no chão de fábrica, sem interferência humana ou com a mínima possível.

Quando a empresa implanta e gerencia bem o MES, ele pode trazer os seguintes benefícios:

- Redução do tempo de produção e de ciclo;
- Minimização da quantidade de dados de entrada, focando os cruciais;
- Redução de estoque em processo (WIP);
- Redução ao máximo da circulação e necessidade de papéis;
- Melhoria da qualidade dos produtos, processos e serviços;
- Valorização do trabalho;
- Melhoria do processo de planejamento como um todo;
- Melhoria dos resultados de entrega aos clientes finais.

Logo, se o MES for corretamente implantado e gerido, ele permitirá à empresa obter saltos de confiabilidade das informações, tomadas de decisão mais assertivas e ágeis, melhora significativa da produtividade e, consequentemente, da lucratividade da empresa.

CAPÍTULO 9
PLANEJAMENTO DA CAPACIDADE DE PRODUÇÃO

Neste capítulo será abordado o Planejamento da Capacidade de Produção de forma objetiva e prática. Faremos uma breve introdução, trazendo conceitos importantes, e na sequência trataremos o planejamento da capacidade de longo prazo, de médio prazo e de curto prazo.

9.1. INTRODUÇÃO

O planejamento da capacidade deve ser executado em paralelo ao planejamento da produção, para que os recursos necessários estejam disponíveis quando preciso. Caso haja retardo no planejamento da capacidade e o planejamento da produção demandar maiores recursos que os já alocados, haverá atraso nas entregas e medidas emergenciais precisarão ser tomadas para que os prejuízos ao cliente e à empresa não sejam ainda maiores.

Logo, o planejamento da capacidade é vital para que o planejamento da produção possa ocorrer de forma eficiente e otimizada, sem sobrecargas e subcargas e sem custos indesejados atrapalhando o atingimento de metas organizacionais. Capacidade abaixo do necessário gera atrasos, horas extras e sobrecarga de funcionários e máquinas. Capacidade acima do necessário gera ociosidade, estoques desnecessários e maior custo unitário de produção.

Se levarmos em consideração o planejamento da capacidade no horizonte do tempo, ele pode ser assim dividido:

- Longo prazo: é elaborado o planejamento da capacidade de longo prazo (RRP), no mesmo nível em que é executado o Planejamento de Vendas e Operações (S&OP).
- Médio prazo: é elaborado o planejamento da capacidade de médio prazo (RCCP), no mesmo nível do Planejamento-mestre da produção (MPS).
- Curto prazo: é elaborado o planejamento da capacidade de curto prazo (CRP), no mesmo nível do Planejamento das Necessidades de Materiais (MRP).

Agora passaremos às explicações detalhadas de cada uma dessas modalidades de planejamento da capacidade.

9.2. PLANEJAMENTO DA CAPACIDADE DE LONGO PRAZO (RRP – RESOURCE REQUIREMENTS PLANNING)

O planejamento da necessidade de longo prazo (RRP) trabalha de forma nivelada com o S&OP, com o intuito de preparar o PCP para necessidades futuras de capacidade que não podem ser obtidas em curtos ou médios espaços de tempo. Além disso, norteia o PCP sobre o quanto será possível produzir de cada família de produtos por restrições de capacidade que não puderem ser incrementadas em tempo hábil para suas datas prometidas.

O horizonte de planejamento da capacidade de longo prazo é, geralmente, maior que 1 ano, mas também pode variar de muitos meses a muitos anos. Quanto maior o horizonte, mais difícil será acertar o plano, porém mais norte e visão de futuro terão os tomadores de decisão.

A lógica de cálculo do RRP é simples: altera-se o plano de produção por meio do S&OP ou do plano agregado de produção para que as vendas previstas sejam atendidas com horas extras, subcontratações ou, em último caso, que sejam perdidas pela não capacidade da fábrica em atendê-las. Para ilustrar essa lógica utilizaremos o exemplo a seguir.

Exemplo 1: A empresa Pactual deseja elaborar o planejamento da capacidade de longo prazo RRP para 2 famílias de produtos: família A, que contém os produtos A1 e A2; e família B, que tem os produtos B1 e B2. Esses produtos utilizam os recursos dos departamentos W, X, Y e Z. Como o S&OP trabalha com famílias de produtos, e não com produtos individuais, o RRP também terá que trabalhar com essa métrica. A Tabela 9.1 traz os tempos que cada produto fica em cada departamento, e uma média ponderada dos tempos de cada produto pela quantidade vendida daquele produto, para chegarmos ao tempo de produção da família. O mix da família A é composto por 20% de A1 e 80% de A2, e o mix de produtos da família B é composto por 30% de B1 e 70% de B2.

Tabela 9.1 – Fatores globais de utilização de recursos para as famílias A e B

	A1 (20%)	A2 (80%)	Fam. A	B1 (30%)	B2 (70%)	Fam. B
Dep. W	0,25	0,34	0,322	0,08	0,12	0,108
Dep. X	0,11	0,9	0,742	0,44	0,67	0,601
Dep. Y	0,66	0,54	0,564	0,98	0,34	0,532
Dep. Z	0,23	0,58	0,51	0,29	0,71	0,584

É importante salientar que, conforme a composição do mix de produtos muda, esses fatores globais precisam ser atualizados, sob pena de perder-se a precisão e veracidade do plano.

A Tabela 9.2 unifica o S&OP e o planejamento da capacidade de longo prazo RRP das famílias A e B da empresa Pactual.

Tabela 9.2 – Planejamento da Capacidade de Longo Prazo (RRP) da empresa Pactual

Planejamento de Vendas e Operações (S&OP)													
Família A		**Jan**	**Fev**	**Mar**	**Abr**	**Mai**	**Jun**	**Jul**	**Ago**	**Set**	**Out**	**Nov**	**Dez**
Vendas		110	125	119	111	123	121	129	127	131	134	127	120
Estoque	180	150	100	71	70	67	66	52	35	39	45	48	48
Produção		80	75	90	110	120	120	115	110	135	140	130	120
Família B		**Jan**	**Fev**	**Mar**	**Abr**	**Mai**	**Jun**	**Jul**	**Ago**	**Set**	**Out**	**Nov**	**Dez**
Vendas		132	134	138	129	120	125	127	132	130	128	126	136
Estoque	190	108	84	46	57	72	77	75	63	58	55	59	43
Produção		50	110	100	140	135	130	125	120	125	125	130	120

Planejamento da Capacidade de Longo Prazo (RRP)													
		Jan	**Fev**	**Mar**	**Abr**	**Mai**	**Jun**	**Jul**	**Ago**	**Set**	**Out**	**Nov**	**Dez**
Departamentos		**Horas Necessárias**											
W	140,8	31,2	36	39,8	50,5	53,2	52,7	50,5	48,4	57	58,6	55,9	51,6
X	140,8	89,4	122	127	166	170	167	160	154	175	179	175	161
Y	140,8	71,7	101	104	137	140	137	131	126	143	145	142	132
Z	140,8	70	102	104	138	140	137	132	126	142	144	142	131

	Jan	**Fev**	**Mar**	**Abr**	**Mai**	**Jun**	**Jul**	**Ago**	**Set**	**Out**	**Nov**	**Dez**
Departamentos	**Percentual de Utilização da Capacidade (em %)**											
W	22,1	25,6	28,3	35,9	37,8	37,4	35,9	34,4	40,5	41,6	39,7	36,6
X	63,5	86,5	90,1	117,7	120,9	118,7	114,0	109,2	124,5	127,1	124,0	114,5
Y	50,9	71,6	73,8	97,0	99,1	97,2	93,3	89,4	101,3	103,3	101,2	93,4
Z	49,7	72,8	74,1	97,9	99,5	97,4	93,5	89,6	100,7	102,6	101,0	93,2

Na Tabela 9.2 você pôde observar que a quantidade de horas trabalhadas efetivamente é 140,8 horas, e não as 176 horas/mês (44 horas/semana) disponíveis, pois essa fábrica trabalha com uma taxa de utilização e eficiência dos recursos de 80%, ou seja, 20% do tempo total disponível para produção é gasto com problemas de natureza inevitável, como falta de energia, quebras de máquina, atrasos nas entregas de matérias-primas etc., e com problemas de natureza evitável, como paradas não programadas, falha de planejamento, problemas na programação das ordens etc. Além disso, o cálculo das horas necessárias foi feito multiplicando o plano de produção do S&OP pelo tempo médio ponderado de cada família no respectivo departamento. Por exemplo, para o mês de janeiro, no departamento W, o cálculo foi (80 x 0,322) + (50 x 0,108) = 31,2 horas. Já o percentual de utilização foi calculado dividindo as horas necessárias pelas horas disponíveis. No mesmo mês de janeiro no departamento W o cálculo foi 31,2 ÷ 140,8 = 22,1%.

Como você pôde observar na Tabela 9.2, o percentual de utilização da capacidade ficou acima da real capacidade (acima de 100%) nos meses de abril a dezembro no departamento X e nos meses de setembro a novembro nos departamentos Y e Z. Algumas estratégias podem ser executadas com intuito de minimizar os impactos sobre os pedidos dos clientes, como:

- Antecipação da alta da demanda, produzindo para estoque e utilizando o estoque nos períodos em que não há capacidade suficiente. Vantagens: minimiza as chances de atrasar pedidos aos clientes. Desvantagens: aumento de custos com estoques.
- Aumento da capacidade efetiva com o incremento de horas extras, contratações, terceirizações, aquisições de máquinas. Vantagens: minimiza atrasos. Desvantagens: aumenta custos com horas extras, terceirizações etc., além de, no caso da terceirização, a empresa correr o risco de ter seus produtos copiados pelo fornecedor terceirizado caso não estejam totalmente protegidos por patentes.
- Investimento em melhoria dos processos por parte da gestão da empresa, com ou sem auxílio de empresas de consultoria externa, para diminuir desperdícios e custos e aumentar a capacidade produtiva. Vantagens: menor custo incremental, pois pode-se utilizar a força de trabalho atual da empresa (é uma das funções dos gerentes promoverem melhorias impactantes), que vai demandar um certo tempo para alcançar essas melhorias, mas nada que precise extrapolar o horizonte de planejamento do RRP. Desvantagens: grande dependência da capacidade e competência da equipe interna, com alguma ajuda externa, o que pode não levar a melhorias que de fato alcancem a capacidade esperada.
- Em último caso, a empresa pode usar a estratégia de recusar pedidos ou pelo menos não aceitar o prazo antes acordado, prometendo novas datas de entrega. Vantagens: baixo custo de implementação, pois os pedidos serão alocados de acordo com as disponibilidades dos recursos. Desvantagens: nem todo cliente aceita esperar, logo, vendas serão perdidas, e essa fuga de receita precisa ser bem

analisada para comparar se a empresa ganha mais dessa forma ou assumindo uma das três estratégias anteriores.

Não existe fórmula mágica; a empresa precisa escolher a estratégia que trará menor custo e maior rentabilidade. No exemplo da empresa Pactual abordado na Tabela 9.2, decidiu-se, como pode-se observar na Tabela 9.3 a seguir, nivelar num só patamar toda a produção das famílias A e B de janeiro a agosto e de setembro a dezembro, que é quando há um pico na demanda; também foi decidido trabalhar com horas extras somente no departamento X para suprir a demanda, elevando a quantidade de horas disponíveis úteis para 173 horas/mês. Após o incremento das horas extras do departamento X, a quantidade de horas disponíveis aumentará naquele departamento (para 173h/mês), e consequentemente a utilização da capacidade cairá para o patamar de aproximadamente 100% nos meses de setembro a dezembro.

Tabela 9.3 – Planejamento da Capacidade de Longo Prazo (RRP) da empresa Pactual ajustado

Planejamento de Vendas e Operações (S&OP)													
Família A		**Jan**	**Fev**	**Mar**	**Abr**	**Mai**	**Jun**	**Jul**	**Ago**	**Set**	**Out**	**Nov**	**Dez**
Vendas		110	125	119	111	123	121	129	127	131	134	127	120
Estoque	180	170	145	126	115	92	71	42	15	11	4	4	11
Produção		100	100	100	100	100	100	100	100	127	127	127	127
Família B		**Jan**	**Fev**	**Mar**	**Abr**	**Mai**	**Jun**	**Jul**	**Ago**	**Set**	**Out**	**Nov**	**Dez**
Vendas		132	134	138	129	120	125	127	132	130	128	126	136
Estoque	190	168	144	116	97	87	72	55	33	33	35	39	33
Produção		110	110	110	110	110	110	110	110	130	130	130	130

Planejamento da Capacidade de Longo Prazo (RRP)													
		Jan	**Fev**	**Mar**	**Abr**	**Mai**	**Jun**	**Jul**	**Ago**	**Set**	**Out**	**Nov**	**Dez**
Departamentos		**Horas Necessárias**											
W	140,8	44,1	44,1	44,1	44,1	44,1	44,1	44,1	44,1	54,9	54,9	54,9	54,9
X	140,8	140	140	140	140	140	140	140	140	172	172	172	172
Y	140,8	115	115	115	115	115	115	115	115	141	141	141	141
Z	140,8	115	115	115	115	115	115	115	115	141	141	141	141

	Jan	**Fev**	**Mar**	**Abr**	**Mai**	**Jun**	**Jul**	**Ago**	**Set**	**Out**	**Nov**	**Dez**
Departamentos	**Percentual de Utilização da Capacidade (em %)**											
W	31,3	31,3	31,3	31,3	31,3	31,3	31,3	31,3	39,0	39,0	39,0	39,0
X	99,7	99,7	99,7	99,7	99,7	99,7	99,7	99,7	99,6	99,6	99,6	99,6
Y	81,6	81,6	81,6	81,6	81,6	81,6	81,6	81,6	100,0	100,0	100,0	100,0
Z	81,8	81,8	81,8	81,8	81,8	81,8	81,8	81,8	99,9	99,9	99,9	99,9

9.3. PLANEJAMENTO DA CAPACIDADE DE MÉDIO PRAZO (RCCP – ROUGH CUT CAPACITY PLANNING)

O Planejamento da Capacidade de Médio Prazo (RCCP), também chamado de planejamento grosseiro da capacidade ou planejamento de recursos críticos, foi criado com intuito de apoiar as decisões no nível do MPS, com os objetivos principais de:

i. Antecipar necessidades futuras de capacidade de recursos que demandem horizonte de alguns meses a no máximo 1 ano, para sua construção;
ii. Criar um plano de produção que minimize erros no nível mais baixo (no nível do CRP e MRP) de modo que não seja necessário voltar no nível superior para corrigir esses desvios, e com tempo de reação menor, ocasionando custos desnecessários ao longo de toda a cadeia;
iii. Encontrar a quantidade correta a produzir de cada produto, e não mais de famílias de produtos, para que as limitações de capacidade possam ser analisadas e os desvios, resolvidos, antes de sua ocorrência de fato.

É preciso definir quais departamentos têm recursos críticos a serem considerados quando do planejamento de médio prazo (RCCP). Diversos fatores podem afetar a consideração de um recurso como crítico: recurso gargalo; recurso que executa operação difícil de ser terceirizada/subcontratada; recurso que pode se tornar um gargalo temporário dependendo do *mix* de produtos alocado a ele; recurso que pode deter uma ferramenta especial vital para processar um ou mais produtos; recurso com tempos de *setup* muito longos; recurso que necessita que sejam processados nele lotes grandes por questão econômica ou de qualidade de processo (fornos, reatores, caldeiras etc.).

Lembre que o objetivo do RRP e do RCCP é responder se temos ou não capacidade de cumprir o plano do S&OP ou do MPS da maneira como estão.

A lógica do cálculo do RCCP é simples: altera-se o plano-mestre de produção por intermédio do MPS para que as vendas previstas sejam atendidas com horas extras, subcontratações ou, em último caso, que sejam perdidas pela não capacidade da fábrica em atendê-las. Para ilustrar essa lógica utilizaremos o exemplo a seguir.

Exemplo 2: Dando continuidade ao exemplo 1, da empresa Pactual, porém tratando no horizonte médio com o MPS, deseja-se elaborar o planejamento da capacidade de médio prazo RCCP para os 4 produtos das 2 famílias. As estruturas dos produtos A1, A2, B1 e B2 estão na Figura 9.1 a seguir.

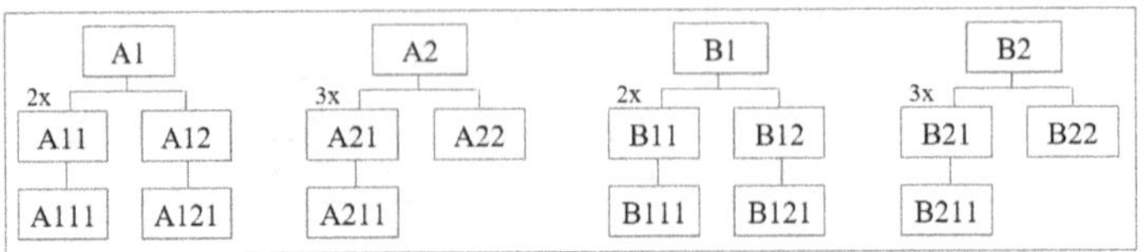

Figura 9.1 – Estruturas dos produtos A1, A2, B1 e B2

A Tabela 9.4 a seguir traz o perfil dos recursos dos produtos, com o tempo que cada produto leva em cada departamento separadamente e a antecedência (*lead time* em semanas) que cada produto precisa ter do produto final para cumprir a árvore ou estrutura do produto. Lembre-se: os tempos serão os considerados na Tabela 9.1; nesses tempos já estão inclusos *setups* e transportes; nesses tempos já estão inclusos os tempos multiplicados pelas quantidades de itens para fazer um item filho (se 2x, 3x etc.).

Tabela 9.4 – Perfis dos recursos dos produtos A1, A2, B1 e B2

Perfil dos Recursos								
	Produto A1		Produto A2		Produto B1		Produto B2	
Recursos críticos	Tempo	Antecedência	Tempo	Antecedência	Tempo	Antecedência	Tempo	Antecedência
Dep. W	0,25	3	0,34	3	0,08	3	0,12	3
Dep. X	0,11	1	0,9	1	0,44	2	0,67	2
Dep. Y	0,66	2	0,54	2	0,98	1	0,34	1
Dep. Z	0,23	1	0,58	1	0,29	1	0,71	1

A Tabela 9.5 unifica o MPS e o planejamento da capacidade de médio prazo RCCP dos produtos A1, A2, B1 e B2 da empresa Pactual. Observe que tanto as vendas quanto os planos de produção do MPS foram desagregados em semanas, para que assim fosse calculada a capacidade utilizada em horas. Outros fatores importantes são: foi respeitado o tempo de antecedência, ou *lead time*, de cada departamento para entrega do produto final (por exemplo, no departamento W foi respeitado o prazo de 3 semanas de antecedência, logo, o MPS da semana 4 foi lançado na semana 1 pois é nela que ocorrerá a utilização dos recursos); a capacidade semanal é 35,2 h pois a mensal com as perdas era 140,8 h; as horas necessárias foram calculadas multiplicando o tempo para processar os produtos naquela semana naquele departamento pela quantidade liberada no MPS, respeitando o *lead time* de antecedência (por exemplo, na semana 1 do departamento X a quantidade de horas necessárias ficou igual ao tempo de processar os produtos A1 e A2 multiplicado pelo MPS da semana 2, somado ao tempo de processar os produtos B1 e B2 multiplicado pelo MPS da semana 3).

Tabela 9.5 – Planejamento da Capacidade de Médio Prazo (RCCP) da empresa Pactual

MPS (3 primeiros meses = 12 semanas)													
Produto A1		S1	S2	S3	S4	S5	S6	S7	S8	S9	S10	S11	S12
Vendas		0	0	10	20	0	0	10	20	0	19	20	0
Estoque	80	80	80	80	69	69	69	59	39	39	20	0	0
MPS		0	0	10	9	0	0	0	0	0	0	0	0
Produto A2		S1	S2	S3	S4	S5	S6	S7	S8	S9	S10	S11	S12
Vendas		20	20	20	20	15	20	30	30	30	20	20	10
Estoque	100	80	60	40	20	30	30	20	10	0	0	0	0
MPS		0	0	0	0	25	20	20	20	20	20	20	10

Produto B1		S1	S2	S3	S4	S5	S6	S7	S8	S9	S10	S11	S12
Vendas		12	20	20	20	10	14	10	20	28	20	10	0
Estoque	80	78	68	73	75	75	61	51	31	3	0	0	0
MPS		10	10	25	22	10	0	0	0	0	17	10	0
Produto B2		**S1**	**S2**	**S3**	**S4**	**S5**	**S6**	**S7**	**S8**	**S9**	**S10**	**S11**	**S12**
Vendas		0	20	20	20	20	20	20	20	20	20	20	20
Estoque	110	130	120	100	80	60	51	46	37	26	6	0	0
MPS		20	10	0	0	0	11	15	11	9	0	14	20

Planejamento da Capacidade de Médio Prazo (RCCP)													
		S1	S2	S3	S4	S5	S6	S7	S8	S9	S10	S11	S12
Depart.	Cap.	Horas Necessárias											
W	35,2	24,5	27,7	24,5	27,7	24,5	22,9	29,2	34,8	23,7	0	0	0
X	35,2	59,1	69,8	70,2	69,8	70,2	69,8	63,5	70,4	86,2	77,7	30,3	0
Y	35,2	68,4	83,4	82,9	83,4	82,9	83,4	75,7	82,7	102	94,1	39,6	0
Z	35,2	36,4	63,7	56,4	63,7	56,4	63,7	56,4	52,8	67,3	80,1	54,6	0

	S1	S2	S3	S4	S5	S6	S7	S8	S9	S10	S11	S12
Depart.	Percentual de Utilização da Capacidade (em %)											
W	69,6	78,6	69,6	78,6	69,6	65,1	83,0	98,8	67,3	0,0	0,0	0,0
X	167,8	198,2	199,3	198,2	199,3	198,2	180,4	199,9	244,9	220,9	86,1	0,0
Y	194,3	236,9	235,6	236,9	235,6	236,9	215,1	234,9	288,8	267,3	112,5	0,0
Z	103,4	181,0	160,3	181,0	160,3	181,0	160,3	149,9	191,3	227,5	155,1	0,0

Como pôde ser observado na Tabela 9.5, as últimas semanas estão com horas necessárias zeradas por causa do *lead time* (tempo de antecedência necessário entre emitir o pedido e ele chegar na empresa). Em cada departamento o planejamento da capacidade de médio prazo (RCCP) se comportou de maneira diferente, a saber:

- no departamento W a capacidade atual supre com sobra as necessidades;
- no departamento X, segundo os dados do planejamento da capacidade, será necessário trabalhar 2 turnos/dia em todas as semanas, e nas semanas 9 e 10, além dos 2 turnos será necessário trabalhar mais 15,8 horas extras na semana 9 e 7,3 horas extras na semana 10, ou ainda, em vez de criar turnos e trabalhar a capacidade internamente, a empresa pode terceirizar todo o excedente de produção que ela não consegue produzir em 1 turno normal, fica a critério da gestão da empresa decidir, desde que com base nos custos envolvidos em cada decisão;
- no departamento Y uma das estratégias pode ser trabalhar em três turnos nas semanas 2, 3, 4, 5, 6, 7, 8, 9 e 10, dois turnos nas semanas 1 e 11, e realocar os funcionários para outros departamentos quando sobrarem horas de trabalho, ou também terceirizar toda a produção que não for capaz de produzir em 1 ou 2 turnos;

- e no departamento Z será necessário produzir em dois turnos em todas as semanas, e na semana 10 será necessário fazer 9,7 horas extras, ou terceirizar parte da produção que não for capaz de produzir internamente em um único turno.

Reforçando: a decisão de criar turnos, horas extras ou terceirizar parte da produção é tomada com base em dados financeiros, ou seja, a melhor opção é a que oferece o menor custo para a empresa. Podem ser feitas outras simulações do RCCP, encontrando valores melhores e sem desmerecer o plano apresentado no parágrafo anterior.

9.4. PLANEJAMENTO DA CAPACIDADE DE CURTO PRAZO (CRP – CAPACITY REQUIREMENTS PLANNING)

O Planejamento da Capacidade de Curto Prazo (CRP) foi criado para dar subsídio às decisões do planejamento de produção e materiais (MRP) seu objetivo é antecipar as necessidades de capacidade que precisem de algumas semanas para sua obtenção, além de gerar um plano de compras e produção que seja factível, levando em consideração a realidade da fábrica.

Se o RCCP for bem feito, os ajustes necessários no CRP serão pequenos.

Para ilustrar e facilitar a explicação da lógica de cálculo do CRP, vamos executar os cálculos de capacidade do departamento X. Nesse departamento passam os produtos A1 e A2, além dos componentes B11, B12 e B21. A árvore ou estrutura do produto está na Figura 9.1 e os tempos de produção, na Tabela 9.4.

Exemplo 3: Dando continuidade aos dados dos exemplos 1 e 2 deste capítulo, propõe-se os MRP e os cálculos das capacidades de curto prazo CRP como seguem na Tabela 9.6 a seguir. Observe que o estoque disponível (D) está zerado, pois ele foi todo utilizado no nível acima, do MPS. Considere que os tempos de produção dos produtos B11, B12 e B21 no departamento X são, respectivamente: 0,45 h, 0,60 h e 0,85 h.

Tabela 9.6 – Planejamento da Capacidade de Curto Prazo CRP da empresa Pactual

MPR

Código	A1		S1	S2	S3	S4	S5	S6
QR	1	NP	0	0	10	9	0	0
TA	1	RP	0	0	0	0	0	0
	D	0	0	0	0	0	0	0
ES	0	NL			10	9		
TP	-	LP		10	9			

Código	A2		S1	S2	S3	S4	S5	S6
QR	1	NP	0	0	0	0	25	20
TA	1	RP	0	0	0	0	0	0
	D	0	0	0	0	0	0	0
ES	0	NL					25	20
TP	-	LP				25	20	

Código	B1		S1	S2	S3	S4	S5	S6
QR	1	NP	10	10	25	22	10	0
TA	1	RP	0	0	0	0	0	0
	D	0	0	0	0	0	0	0
ES	0	NL	10	10	25	22	10	0
TP	-	LP	10	25	22	10	0	

Código	B2		S1	S2	S3	S4	S5	S6
QR	1	NP	20	10	0	0	0	11
TA	1	RP	0	0	0	0	0	0
	D	0	0	0	0	0	0	0
ES	0	NL	20	10	0	0	0	11
TP	-	LP	10	0	0	0	11	

Código	B11		S1	S2	S3	S4	S5	S6
QR	M30	NP	20	50	44	20		
TA	2	RP	0	0	0	0		
	D	40	20	30	16	26		
ES	10	NL	0	40	24	14		
TP	-	LP	30	30				

Código	B21		S1	S2	S3	S4	S5	S6
QR	M50	NP	30				33	
TA	2	RP	0	0	0	0	0	
	D	60	30	30	30	30	47	
ES	30	NL	0				33	
TP	-	LP			50			

Código	B12		S1	S2	S3	S4	S5	S6
QR	M15	NP	10	25	22	10		
TA	2	RP	0	0	0	0		
	D	18	23	28	21	26		
ES	15	NL	7	17	9	4		
TP	-	LP	15	15				

CÁLCULO DA NECESSIDADE DE CAPACIDADE DE CURTO PRAZO CRP - DEPARTAMENTO X							
Ordens de Produção	**Sem. 1**	**Sem. 2**	**Sem. 3**	**Sem. 4**	**Sem. 5**	**Sem. 6**	**Sem. 7**
OP001 A1 Q = 10		1,10					
OP002 A1 Q = 9			0,99				
OP003 A2 Q = 25				22,50			
OP004 A2 Q = 20					18,00		
OP005 B11 Q = 30	13,50						
OP006 B11 Q = 30		13,50					
OP007 B12 Q = 15	9,00						
OP008 B12 Q = 15		9,00					
OP009 B21 Q = 50			42,50				
TOTAL (h)	22,50	23,60	43,49	22,50	18,00	0,00	0,00

Como a quantidade de horas úteis efetivamente trabalhadas por semana foi definida como 35,2 h, observa-se que houve excesso de utilização do recurso do departamento X na semana 3, da ordem de 8,29 h. Basicamente duas estratégias podem ser tomadas: produzir uma semana antes essas 8,29 h que ultrapassaram o limite ou contratar horas extras de 8,29 h na semana 3. Provavelmente antecipar a produção sairá mais barato. É um caso a se analisar com o departamento de custos da empresa. Lembre-se: a escolha é sempre baseada no melhor custo para a empresa.

CAPÍTULO 10
PLANEJAMENTO E PROGRAMAÇÃO AVANÇADOS DA PRODUÇÃO (ADVANCED PLANNING SCHEDULING – APS)

Neste capítulo, o intuito é trazer, à luz da teoria e prática, conceitos e aplicações do Planejamento e Programação Avançado da Produção (*Advanced Planning Scheduling* - APS). Essa metodologia de planejamento é uma das técnicas mais avançadas, com abordagem crucial a nível de programação da produção. Veremos, em seguida, uma introdução sobre o tema, os benefícios da implantação correta e eficiente do APS, os mecanismos de alocação de ordens de produção e, por fim, as dificuldades na implantação do APS.

10.1. INTRODUÇÃO

Os sistemas APS são extremamente importantes para a correta alocação das ordens de produção aos recursos de forma eficiente e eficaz, pois analisa, por meio de cartas ou gráficos de Gantt, em quais recursos as ordens poderiam ser alocadas de forma a minimizar os tempos de entrega e custos advindos da produção.

Com relação ao sequenciamento da produção e suas técnicas, já abordamos em um capítulo anterior todo o conteúdo necessário. Neste trataremos não somente o sequenciamento, mas também o APS como um todo, a ferramenta eficiente que é para gestão e planejamento da produção.

Relembrando: o sequenciamento é feito com base no cálculo da capacidade dos recursos e da quantidade que será utilizada dessa capacidade. Depois é feita a alocação das ordens no Gantt segundo a disponibilidade dos recursos, ou segundo critérios preestabelecidos por políticas empresariais de gestão da produção, com intuito de minimizar o tempo total de entrega das ordens aos clientes.

O sistema APS permite aos planejadores executarem diversas simulações de cenários de programação, alocando ordens segundo a capacidade e ocupação dos recursos transformadores. Dessa forma, o APS se torna uma ferramenta poderosa não somente de planejamento e programação, mas também de simulação de cenários produtivos, segundo diversos comportamentos de demandas, capacidades e ocupações. É uma ótima ferramenta de programação e reprogramação da produção.

10.2. BENEFÍCIOS DO APS

Como já explanado acima, o APS é uma ferramenta eficiente e eficaz de planejamento e programação da produção. Um dos maiores benefícios desse sistema é a possibilidade de fazer simulação de diversos cenários de demanda, capacidade e ocupações de recursos transformadores diferentes, alocando a correta carga de trabalho para cada centro de atividades. Então, é possível que se faça diversas simulações com cenários de demandas diferentes, por exemplo, demandas acima da capacidade, abaixo, ou ordens de produção conflitantes, que brigam pelo mesmo recurso transformador, e como o PCP se comportaria nesses cenários difusos. Com o APS é possível escolher o melhor cenário, o que gera menor custo e maior resultado de entrega aos clientes.

Outro grande benefício do APS é que ele, por conseguir enxergar as ocupações e capacidades dos recursos transformadores do chão de fábrica, é mais eficiente na gestão do chão de fábrica que os atuais sistemas ERP. Os ERP, quando não são lentos na rodada do sistema, simplesmente não contemplam o chão de fábrica em sua estrutura. Para preencher essa lacuna do mercado de softwares foi criado o software Preactor, discutido no Capítulo 8 deste livro.

O APS, considerando o chão de fábrica, promoverá melhorias nas alocações de ordens de produção, de modo a minimizar ociosidades de recursos e sobrecarga, diminuindo drasticamente as necessidades de replanejamentos por incoerências entre o planejado e o realizado. Ele é alimentado a todo momento por informações de utilização da capacidade produtiva, e por isso é possível se preparar melhor para mudanças de cenários, replanejando, se preciso for, sem prejudicar os prazos de entrega e os custos de produção.

Outro ponto a ser levantado é a questão dos benefícios trazidos pelo APS com relação à priorização das ordens de produção. É sabido por todos que atuam na área de PCP que priorizações sempre existiram e sempre existirão. Uma priorização ocorre quando o comercial encaminha ao PCP a solicitação de algum cliente pedindo que seu pedido seja entregue antes do prazo combinado. O PCP, felizmente ou infelizmente, precisa analisar esse pedido com critérios científicos e não simplesmente recusá-los, pois o cliente é a razão de existir da empresa, muito menos aceitá-los simplesmente pelo mesmo motivo de o cliente ser a razão de existir da empresa. De nada adiantaria todo esse esforço para minimizar custos indesejados, implantação de softwares e contratação de pessoal qualificado, se no final todo pedido de priorização for acatado sem maior análise. Isso não é PCP!

Logo, uma das melhores maneiras de analisar esse pedido priorizado é simulá-lo com base no APS, reordenando as ordens de produção e calculando a possibilidade de atender o pedido sem prejuízo (ou com menor prejuízo possível) para ambas as partes. Caso a priorização possa ser aceita com execução desonerada de custos extras para ambas as partes, o sistema APS simula e realoca as demais ordens de produção para que nenhum cliente seja prejudicado com a priorização de um só cliente em especial.

Outros benefícios da implantação do APS são: gestão mais eficiente da cadeia de suprimentos; redução de custos e *lead time* produtivo; melhor integração com os softwares ERP, outros módulos de planejamento ou ainda sistemas de controle do processo (supervisórios); maior velocidade de processamento; elaboração de planos de produção mais condizentes com a realidade de cada recurso transformador; análise e consideração das restrições de capacidade e sequências de operação; melhoria dos lucros operacionais; melhora nas margens dos produtos; diminuição dos níveis de inventários; agilidade na reação a mudanças nos planos; melhora da satisfação dos clientes; melhor apoio aos processos de previsão de vendas, preparações de planos de produção futuros e configuração do planejamento de vendas e operações (S&OP); melhora da comunicação entre os setores internos; agilidade na reconfiguração das estações de trabalho e das operações; ótima ferramenta de simulação não só de cenários de planejamento como de impacto nos resultados financeiros que cada plano gerará para a empresa; melhor visibilidade das situações-problema por melhor visualização gráfica das ordens alocadas; possibilidade de mudanças nos sequenciamentos de forma manual e rápida; diminuição no tempo de resposta ao cliente; mais assertividade na tomada de decisão; melhora na agilidade e na confiança nas informações trabalhadas.

10.3. MECANISMOS DE ALOCAÇÃO DAS ORDENS DE PRODUÇÃO

Essa estratégia de alocação de ordens de produção do APS utiliza as ordens de produção no tempo, alocando de forma a minimizar prazos de entrega e custos do processo produtivo. Elas podem ser alocadas no instante mais cedo ou mais tarde, sempre visando minimizar o tempo de espera, a depender da escolha da gestão da empresa.

Importante salientar que o foco aqui é aproveitar melhor os recursos transformadores e suas respectivas capacidades, diminuir *lead times* e custos, melhorando a eficiência do processo e a percepção do cliente em relação ao nível de atendimento da empresa.

10.3.1. ALOCAÇÃO NO INSTANTE MAIS CEDO

A alocação no instante mais cedo é feita partindo do zero na escala de tempo (horizonte de planejamento), começando pela 1ª operação da 1ª ordem de produção (OP), até alcançar a última operação da última OP. A Tabela 10.1 traz as ordens de produção (OP), a sequência de operações na OP, os recursos transformadores habilitados para executar as respectivas OP, o tempo de processo por unidade produzida (em horas), tempo de *setup* e o prazo de entrega. Vale ressaltar que, a título de exemplo, todas as OP terão 10 unidades cada e o prazo é 20 dias úteis, com 8,8 horas/dia de trabalho, o que resulta em 176 h.

Tabela 10.1 – Informações para planejamento APS e alocações

Ordens de produção	Sequência de operações na ordem de produção	Recursos habilitados	Tempo de processo/unid.	Setup (h)	Prazo de entrega
OP1	OP1.1	R1	3	0,5	20 dias
	OP1.2	R2	4	1	20 dias
OP2	OP2.1	R2	5	1	20 dias
	OP2.2	R1 ou R2 ou R3	3	1	20 dias
OP3	OP3.1	R1	2	0,5	20 dias
	OP3.2	R1 ou R2 ou R3	3	1	20 dias
OP4	OP4.1	R1 ou R2 ou R3	4	1	20 dias
OP5	OP5.1	R1 ou R2 ou R3	1	1	20 dias
OP6	OP6.1	R1 ou R2 ou R3	2	1	20 dias

Observação: no Gantt, quando a operação posterior for mais lenta que a anterior, elas começam juntas, com a diferença de uma peça da mais rápida; e quando a operação posterior for mais rápida que a anterior, elas terminam juntas, com a diferença de uma peça da mais rápida.

Observe, na Figura 10.1 a seguir, como ficou o Gantt desse exemplo, na modalidade alocação das ordens no instante mais cedo. Observe também que:

- *1 significa que a OP1.2 é mais lenta que a OP1.1, ou seja, pela regra, ela começou junto da anterior, com a diferença de uma peça da mais rápida, que é 3 h;
- *2 significa que a OP2.2 é mais rápida que a OP2.1, ou seja, pela regra, ela terminou junto da anterior, com a diferença de uma peça da mais rápida, 3 h;
- O tempo total de execução desse exemplo é a somatória do tempo de processo total da OP4.1, OP3.2, OP5.1 e OP6.1, que resulta em 100 h, mais os tempos de *setup* de cada OP (1+1+1+1=4 h), totalizando 104 h, ou 11 dias 7 h 12 min úteis, a partir do instante zero, que é o “hoje” no horizonte do gráfico de Gantt.

Observe também que fizemos *overlapping*, ou sobreposição de ordens, pois não há necessidade prática de se esperar terminar todo o lote para começar a próxima etapa, bastando, então, que uma peça esteja pronta para dar prosseguimento às OP.

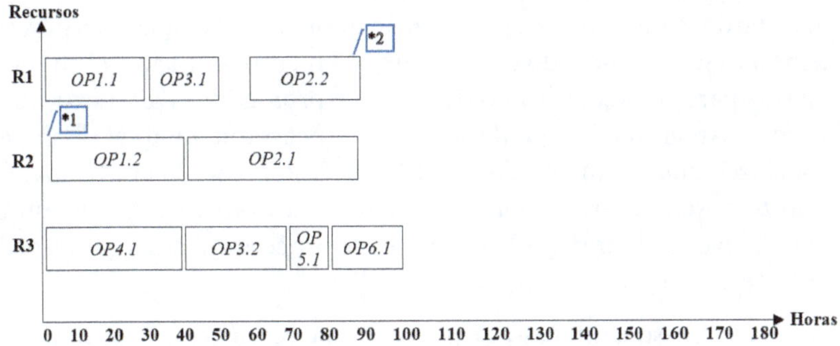

Figura 10.1 – APS na alocação das ordens no instante mais cedo

Esse gráfico de alocação das OP no instante mais cedo prioriza o tempo e termina o quanto antes seja possível as tarefas alocadas. Logo, todas as OP foram finalizadas com 104 h de trabalho, sendo que tínhamos 176 h como prazo de entrega, deixando certa capacidade ociosa para atender pedidos emergenciais ou para ser utilizada em pedidos futuros.

10.3.2. ALOCAÇÃO NO INSTANTE MAIS TARDE

Nesse tipo de estratégia de alocação das ordens de produção, as OP são alocadas no último instante possível, que é a data de entrega esperada. A primeira OP a ser alocada é a última operação na ordem em que foi declarada, e após ela aloca-se as demais, voltando no horizonte do tempo a partir da data de entrega prometida.

Ainda com base na Tabela 10.1, daremos prosseguimento ao mesmo exemplo, porém alocando as OPs no instante mais tarde.

A Figura 10.2 a seguir mostra como ficará o Gantt do APS da alocação das ordens no instante mais tarde, que no caso é a data prometida, em 176 h (20 dias úteis).

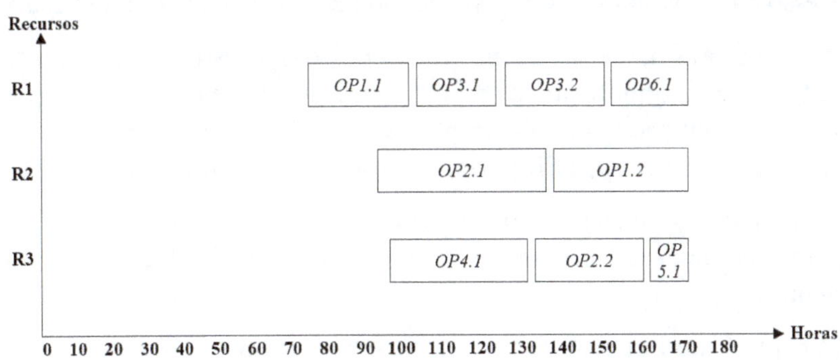

Figura 10.2 – APS na alocação das ordens no instante mais tarde

A partir da alocação e realocação de OP, de acordo com a estratégia de alocar no instante mais tarde, conseguiu-se aproveitar melhor as ociosidades dos processos (janelas de tempo livre), alcançando o tempo de 103 h entre o início e o fim do pedido. Como é de trás para frente, partindo do instante prometido, 176 h, extraindo 103 h (100 h do processamento mais 3 h de *setup*) do processamento total do pedido, chegou-se à conclusão que a primeira OP (OP1.1) pode ser colocada no R1 no instante 73 h a partir do zero, sendo zero o momento atual, hoje. Com esse tipo de estratégia de alocação foi possível melhorar em 1 h o tempo de processamento total do pedido, em relação à estratégia anterior.

Lembre-se: cada caso é um caso diferente. Não é regra geral que em todas as empresas, em todos os processos e em todo tipo e tamanho de pedido, alocar no momento mais tarde é a melhor opção. É preciso simular todas as possibilidades e só decidir após concretizadas as simulações. A melhor opção é aquela que minimiza tempo de espera, *lead time* e custos produtivos.

10.4. DIFICULDADES NA IMPLANTAÇÃO DO APS

O APS é entendido na literatura mundial como um software de apoio ao PCP, apoio esse estratégico e vital para alavancagem operacional, redução dos *lead times* e custos produtivos. Porém, a lógica de trabalho do APS pode ser utilizada na construção de gráficos de Gantt feitos à mão ou em outros softwares. Mas é importante lembrar que, sem o software específico de APS, esses gráficos ficarão estáticos e não dinâmicos, ou seja, não refletirão a realidade da carga de trabalho em tempo real, como acontece com os softwares de APS. O Preactor é um dos mais utilizados para tal mecânica.

Quando da implantação do APS, o fator principal, sem o qual não se obtém sucesso na implantação, é o fator humano. Mesmo sendo um software, que a priori vem para diminuir a interferência humana no sistema de planejamento e programação da empresa, é possível que haja erros e falhas humanas durante sua implantação e após, quando da sua manutenção. As pessoas precisam estar motivadas e comprometidas com o sucesso da implantação, sob pena de todo o processo ir por água abaixo.

Uma das melhores maneiras de motivar as pessoas a vestirem de fato a camisa da empresa é ter a direção motivada e comprometida antes de todos, demonstrando de forma clara a toda empresa que essa implantação é vital para melhoria da competitividade da empresa, e que ela, a diretoria, está totalmente comprometida com a causa.

Com a alta gestão engajada, o sucesso terá maior probabilidade de ocorrer. Liderar pelo exemplo, em pleno século XXI, ainda é uma das técnicas de motivação mais eficientes.

Mas por que é tão importante termos pessoas comprometidas com o sucesso da implantação do APS? Pelo simples fato de que as pessoas são primordiais nas etapas de desenvolvimento do projeto de implantação, de modelagem do software, de adaptação do software à realidade dos processos da empresa, de cadastro dos produtos e serviços, de movimentação dos materiais no software e da gestão do software após correta implantação. Entende por que, mesmo com o avanço da tecnologia, as pessoas ainda têm a sua importância nas empresas? Sem elas não há implantação e manutenção eficiente.

Além de tudo isso, as informações que alimentarão o APS poderão ser coletadas por mãos humanas, e tudo que tem interferência humana tende a ter falha, é natural. Logo, a acuracidade dos dados coletados é primordial para a correta gestão das informações do APS. Com baixa acuracidade, os dados gerarão informações equivocadas e levarão os tomadores de decisões a erros que podem gerar custos indesejados, até a perda de clientes. Por isso, muito cuidado com a acuracidade dos dados. O ideal é que todas as informações sejam coletadas por leitores digitais ou máquinas, diminuindo drasticamente a chance de erros.

A maioria dos problemas relativos ao fator humano são relacionados à resistência à mudança. Quando uma novidade aparece para mudar algo que já vinha sendo bem executado, é natural que o indivíduo seja resistente a essa mudança. Ele acredita que a novidade possa piorar seu trabalho ou, ainda, de que ela substitua sua mão de obra. É preciso deixar claro para as pessoas que elas são cruciais nesse processo, que não serão substituídas (não num primeiro momento), e que elas ganharão com essa novidade. Aliás, demonstre claramente o que elas ganharão, pois mais importante do que o quanto a empresa vai ganhar é o que as pessoas vão ganhar, já que o ser humano tende a pensar em si em primeiro lugar e, depois, talvez na empresa, com raras exceções).

Outro fator complicador, mas não impeditivo à implantação do APS, é a qualificação dos funcionários que operarão o sistema. Quanto menos qualificação eles tiverem, mais demorada e desastrosa poderá ser a implantação. E quanto mais qualificados eles forem, mais rápida e eficiente ela será. É diretamente proporcional. Há um velho ditado que diz: se você acha caro um profissional, contrate um amador, e aprenderá que, na verdade, o profissional estava barato pelo valor que ele agregaria. Pessoas desqualificadas lidando com PCP e APS tenderão a levar muito mais horas de treinamento da empresa implantadora, gerando altos custos de implantação e a utilizar muito mais os consultores após a implantação para sanar dúvidas básicas, erros de inserção etc. Além disso, tendem a errar mais na fase de modelagem dos processos e cadastro dos itens. Considere, então, prejuízo futuro que pode gerar à empresa itens cadastrados ou processo modelado de forma errada. Para evitar esse prejuízo, que tende ao infinito, invista em pessoas qualificadas antes de pensar em implantar qualquer sistema computacional, pois mesmo que elas tenham vontade de aprender e boa índole, são passíveis de erros naturais de pessoas que não têm a qualificação mínima para o cargo.

CAPÍTULO 11
PLANEJAMENTO INTEGRADO ENTRE OPERAÇÕES E VENDAS (*SALES AND OPERATIONS PLANNING* – S&OP) [1]

Este capítulo traz à luz do conhecimento uma revisão bibliográfica elaborada com base em referências científicas relacionadas ao tema *Sales and Operations Planning* (S&OP). Essa abordagem tem como objetivo central contextualizar os assuntos referentes ao tema supracitado, de maneira que facilite o entendimento e compreensão do livro pelos leitores e pesquisadores. É importante ressaltar que vários assuntos circundam o tema que será abordado neste capítulo, como sistemas de produção, previsões de vendas, planejamento de capacidade produtiva, gestão do desempenho, balanceamento de linhas, gestão de pessoas, além do tema central, S&OP. Porém, esgotar todos esses temas visando ao "estado da arte" de cada um seria desfocar-se do eixo central deste capítulo, que é o S&OP e sua proposta de implantação.

Logo, a revisão que segue foca o estudo do S&OP e suas etapas de implantação, além dos resultados esperados e dos fatores críticos para o seu sucesso.

11.1 SALES AND OPERATIONS PLANNING (S&OP)

Antes de abordar o S&OP propriamente dito, é salutar trazer ao contexto que sistemas produtivos compreendem e existem em todos os tipos de processos produtivos, sejam eles de serviços ou manufatureiros. Se existe uma entrada, um processamento ou transformação, e uma saída, existe um sistema produtivo. É importante também trazer algumas definições de tipos de sistemas produtivos e a estrutura do PCP, para que assim possa ser alocado nessa estrutura o S&OP.

Esses sistemas podem ser classificados globalmente em puxados ou empurrados quanto à forma como o fluxo de informações e de materiais são direcionados. Sistemas

1 Este capítulo é baseado na dissertação de mestrado do autor deste livro Wagner Cardoso.

puxados são aqueles nos quais ocorre a produção do bem ou serviço somente após a demanda ou pedido do cliente, e sistemas empurrados ocorrem quando a produção do bem ou serviço é iniciada sem o pedido ou encomenda do cliente, produzindo então para estoque, ou particularmente quando a informação da liberação de ordens de produção ocorre no início do processo de fabricação.

Quanto às estratégias de atendimento à demanda, os sistemas de produção podem operar:

a) *Make to order* (MTO) ou produção por encomenda: só ocorre a produção se houver pedido firme em carteira. Aqui podem existir estoques de matérias-primas, mas jamais de produtos acabados;
b) *Make to stock* (MTS) ou produção para estoque: a produção ocorre com base na previsão de vendas elaborada e enviada ao planejamento e controle da produção (PCP) da empresa. A empresa não espera o pedido acontecer para dar início à produção, pois esse início é marcado pela previsão de vendas que é analisada e transformada em ordens de produção pelo PCP;
c) *Assembly to order* (ATO) ou montagem por encomenda: a produção pode acontecer para estoque de forma empurrada, mas a montagem ou a etapa final só é feita após a confirmação do pedido do cliente. Aqui coexistem os sistemas que produzem para estoque e os que produzem por encomenda, e existem estoques de matérias-primas e de produtos semiacabados, mas não de produtos acabados;
d) *Project to order* (PTO) ou projeto e produção sob encomenda: a produção não pode ser iniciada porque o projeto não pode ser elaborado antes do pedido do cliente. Os recursos ficam aguardando a demanda acontecer. Após a demanda e as definições do cliente é que se começam os projetos, as compras e, sequencialmente, a produção.

De posse das classificações dos sistemas produtivos e das estratégias de atendimento à demanda, parte-se agora para definições sobre PCP. O PCP, ou Planejamento e Controle da Produção, é uma ferramenta de gestão que trata da organização das demandas e seus desencadeamentos no sistema produtivo em ordem cronológica, e tem como objetivo central reduzir sobrecarga e subcarga, melhorar o fluxo produtivo, reduzir desperdícios e custos. PCP é coração de indústria; nada se produz ou se compra sem ordem do PCP. Ele é central de informações, que deve ser alimentado continuamente com dados reais e verídicos do processo, seus tempos, paradas etc., para que sejam feitos ajustes e reprogramações caso necessário, além de servir como futura fonte de dados para construção de cenários de programação.

O uso do PCP foi bastante difundido a partir da década de 1970, com a difusão do Planejamento das Necessidades de Materiais (*Materials Requeriments Planning* – MRP) e com o advento dos computadores nas fábricas. Posteriormente, ele evoluiu para o Planejamento dos Recursos da Empresa (*Enterprise Resources Planning* – ERP), englobando todos os departamentos e unindo-os num único software de gestão empresarial. Com isso, os *lead times* e as falhas de comunicação diminuíram, melhorou o trabalho em equipe e a tomada de decisão assertiva tornou-se ágil, baseada em dados reais e em tempo real.

Agora, conhecendo essas teorias sobre PCP, importantes para a sequência deste capítulo, partimos para a explicação da ferramenta de gestão aplicada no nível tático, S&OP.

O *Sales and Operations Planning* (S&OP) é uma ferramenta de gestão aplicada no nível tático de alinhamento e balanceamento entre demanda e fornecimento que serve muito bem tanto em sistemas produtivos puxados quanto empurrados. O S&OP nasceu justamente da necessidade que ainda existe nas empresas de alinhar as informações e as tomadas de decisões com foco em redução de desperdícios e custos, para que o cliente seja atendido em menor tempo e com maior valor agregado.

Os benefícios advindos da implantação do S&OP são:

- Melhor atendimento aos clientes e inventários menores, se a empresa produz para estoque;
- Melhor atendimento aos clientes e prazos de entrega mais curtos, se a empresa produz sob encomenda;
- Aumento da produtividade com estabilidade dos ritmos de produção e diminuição das horas extras;
- Melhora do trabalho em equipe e da sinergia entre os funcionários da administração de vendas, operações, finanças e desenvolvimento de produtos;
- Aprimoramento também do trabalho em equipe da alta administração;
- Maior responsabilidade e comprometimento com o desempenho real do plano;
- Atualização mensal do plano de negócios da empresa, ocasionando uma visibilidade prévia do que pode ocorrer e consequente diminuição de surpresas no resultado anual;
- Melhora da responsividade (capacidade da empresa em responder rapidamente aos anseios do mercado);
- Aprimoramento da capacidade dos funcionários envolvidos com o S&OP de prever melhor o futuro, favorecendo também a proatividade.

Existem duas diferentes perspectivas no processo de negócio S&OP. Por um lado, o S&OP é entendido como um processo dinâmico e colaborativo que, se aplicado com maturidade, auxilia na tomada de decisões conjuntas.

Essa maturidade é alcançada com a experiência em elaborar e atuar com o S&OP na empresa, que com o passar do tempo ganhará mais integração e participação dos envolvidos assim que os resultados começarem a aparecer.

É notório que o processo S&OP só funcionará se for tratado de forma colaborativa e trabalhado em equipe, pois os planos gerados por ele serão de comum acordo entre os departamentos de vendas, produção, finanças, suprimentos e RH.

Por outro lado, o S&OP também é entendido como um processo de abordagem estruturada para decisões baseadas em fatos concretos, com intuito de minimizar custos e maximizar lucros por meio da definição e ataque às restrições existentes no sistema produtivo. Inclusive o S&OP auxilia na investigação de metas funcionais departamentais conflitantes, como metas de aquisição, de produção, de distribuição e de vendas.

Reforço que há uma importância no alinhamento estratégico entre produção e vendas pela correta implantação do S&OP. Com essa implantação, espera-se balancear demanda e fornecimento, produção e vendas, logística e distribuição, com foco em reduzir *lead times*, atrasos, desperdícios, custos e até evitar a perda de clientes. O S&OP bem gerido promove o balanceamento supracitado, tão importante em mercados voláteis como são os do mundo globalizado, que exigem da empresa um bom nível de flexibilidade. Complementando, o S&OP é um processo de planejamento tático funcional e integrado e uma coesa prática de gestão que reúne diferentes planos de negócios funcionais e departamentais, em um integrado conjunto de planos internamente e na Gestão da Cadeia de Suprimentos (*Supply Chain Management* - SCM), com o objetivo de criar valor e impacto sobre o desempenho da empresa. Destina-se a equilibrar oferta e demanda, com um horizonte de planejamento que coincide com o ciclo de planejamento estratégico de negócio.

É interessante colocar o S&OP numa estrutura hierárquica de planejamento, como pode ser visto no Quadro 11.1. O S&OP é estruturado no nível tático e dá o direcionamento ao planejamento-mestre para que este calcule as necessidades e planeje as ordens de produção e/ou serviços. Depois, ele faz o planejamento do chão de fábrica, no qual são analisadas as capacidades intrínsecas das máquinas e homens para alocar as ordens nos melhores momentos, com intuito de cumprir as metas estabelecidas anteriormente.

Quadro 11.1 – Hierarquia dos planejamentos

Função	Objeto de planejamento	Horizonte	Período	Replanejar
Sales and Operations Planning	Família de produtos	1 a 2 anos	Mensal ou quinzenal	Mensalmente/ quinzenalmente
Planejamento Mestre	Produtos	6 meses a 1 ano	Mensal ou semanal	Mensalmente/ semanalmente
Planejamento de Ordens	Ordens de Produção	1 a 6 meses	Semanal ou diário	Semanalmente/ diariamente
Planejamento e Programação de chão de fábrica	Operações	1 a 4 semanas	Diário ou horário	Diariamente

Fonte: Adaptado de Larsson e Johansson (2016, p. 129).

11.2 OBJETIVOS GERAIS DO S&OP

O S&OP tem vários objetivos, cujos principais são: melhor atendimento ao cliente, diminuição dos inventários tanto de matérias-primas quanto de produtos acabados, diminuição dos *lead times* e dos prazos de entregas aos clientes, maior eficiência no cumprimento dos prazos de entrega acordados entre empresa e clientes. Também estabiliza os indicadores de desempenho da produção, concede à alta administração um verdadeiro controle sobre o negócio, motiva o trabalho em equipe entre os departamentos de vendas, produção, finanças e desenvolvimento de produtos. Além disso, trata-se de uma ferramenta de fácil implantação e baixo custo, que gera resultados em poucos meses após o início de sua utilização.

O S&OP também tem o claro objetivo de balancear demanda e capacidade produtiva, melhorando a condução dos negócios. Quando a demanda e oferta estão balanceadas os prazos acordados serão cumpridos, os custos com horas extras, fretes caros e compras emergenciais, por exemplo, caem. A qualidade dos produtos tende a ser melhor, haja vista as confusões geradas pelos desbalanceamentos e prioridades solicitadas pelo departamento de vendas à produção caírem consideravelmente.

Com o aumento da demanda sobre a capacidade produtiva, o desempenho pode degenerar-se em três aspectos: custo, qualidade e prazo. E se o S&OP for tratado com descaso, os resultados gerados serão inúteis à tomada de decisões. Um dos maiores objetivos do S&OP é integrar a tomada de decisões entre os departamentos das empresas, fazendo com que eles trabalhem em equipe, focados em gerar resultados e valor agregado ao cliente.

O principal fator de sucesso da implantação do S&OP, contudo, é não somente fazer o balanceamento, como principalmente mantê-lo. Mantendo-o, a empresa adquire capacidade quando vislumbra um aumento na demanda, ou o contrário, realoca força de trabalho e insumos em caso de demanda baixa, preparando-se de forma planejada para tais eventos.

Logo, é natural que gerentes de operações desencorajem gerentes de vendas a estabelecerem estratégias de promoção com redução dos preços dos produtos acabados ao mercado. Isso porque a redução nos preços provavelmente resultará em incremento de vendas e consequente desbalanceamento entre vendas e operações, pois o que foi planejado de forma antecipada tende a não ser cumprido agora.

Mesmo assim, essas promoções precisam ser bem analisadas, pois incrementos momentâneos nas capacidades produtivas geram custos elevados. O departamento de vendas deverá analisar as promoções, e um aumento nas vendas contínuo ou pelo menos sustentado justifica incrementos de capacidade nas operações. Porém, se essas promoções forem simplesmente para liquidar estoque momentâneo, os incrementos de capacidade precisam ser muito bem pensados e analisados para que não gerem custos desnecessários em vez de lucros ao negócio. Se a estratégia é momentânea, deve-se analisar como ficará essa capacidade incrementada em momento de ociosidade por baixa nas vendas.

Nesse momento, as estratégias de incremento na capacidade precisam estar inteiramente alinhadas com as estratégias de vendas. Alcançar o alinhamento na execução do S&OP pode ser mais importante do que a qualidade das informações e dos processos, tamanha é a relevância que deve ser dada ao trabalho em equipe na execução e manutenção do S&OP nas empresas.

A questão é que o S&OP veio justamente para integrar os departamentos e fazer com que eles trabalhem em conjunto com foco único no sucesso do negócio. Todas as decisões devem ser tratadas de forma integrada, a fim de alinhar o aumento nas vendas com o incremento de capacidade nas operações. De forma, integrada, a empresa tende a alcançar não só o aumento nas vendas como também o incremento nas operações, sem grandes custos advindos de decisões errôneas baseadas em informações pouco compartilhadas.

A busca pela melhoria da precisão na previsão de vendas é crucial, e mais ainda é o alinhamento e a integração dos dados e informações entre os departamentos funcionais da empresa na execução do S&OP. Assim, deve-se perseguir a melhoria contínua na precisão da previsão, mas sem deixar de lado o importante papel integrador do S&OP para os diversos setores da empresa. Esse processo veio para unificar num plano único os planos de operações, que envolviam planos mestres de produção, planos de compras e suprimentos, planos logísticos e planos de carga-máquina, com os planos de vendas, que envolviam planos de marketing, promoções, lançamentos de novos produtos e ações de concorrentes.

Esse plano único necessita de integração e trabalho em equipe, que pode ser conseguido também com uma análise do comportamento organizacional.

A Figura 11.1 à frente apresenta o modelo do planejamento de recursos, seja ele chamado de planejamento dos recursos de manufatura, dos recursos dos negócios ou dos recursos do empreendimento – isso não afeta a efetividade do S&OP. Observe também que o S&OP encontra-se na parte central desse modelo, tamanha a sua importância para o sucesso do negócio.

Veja que o S&OP leva a cadeia de abastecimento como um todo a funcionar em harmonia e com mínima interrupção, de modo que o fluxo de informações seja unidirecional, o que garante a disseminação das informações dos planos de execução definidos a partir das demandas e o feedback da execução mediante o balanceamento dos recursos demandados.

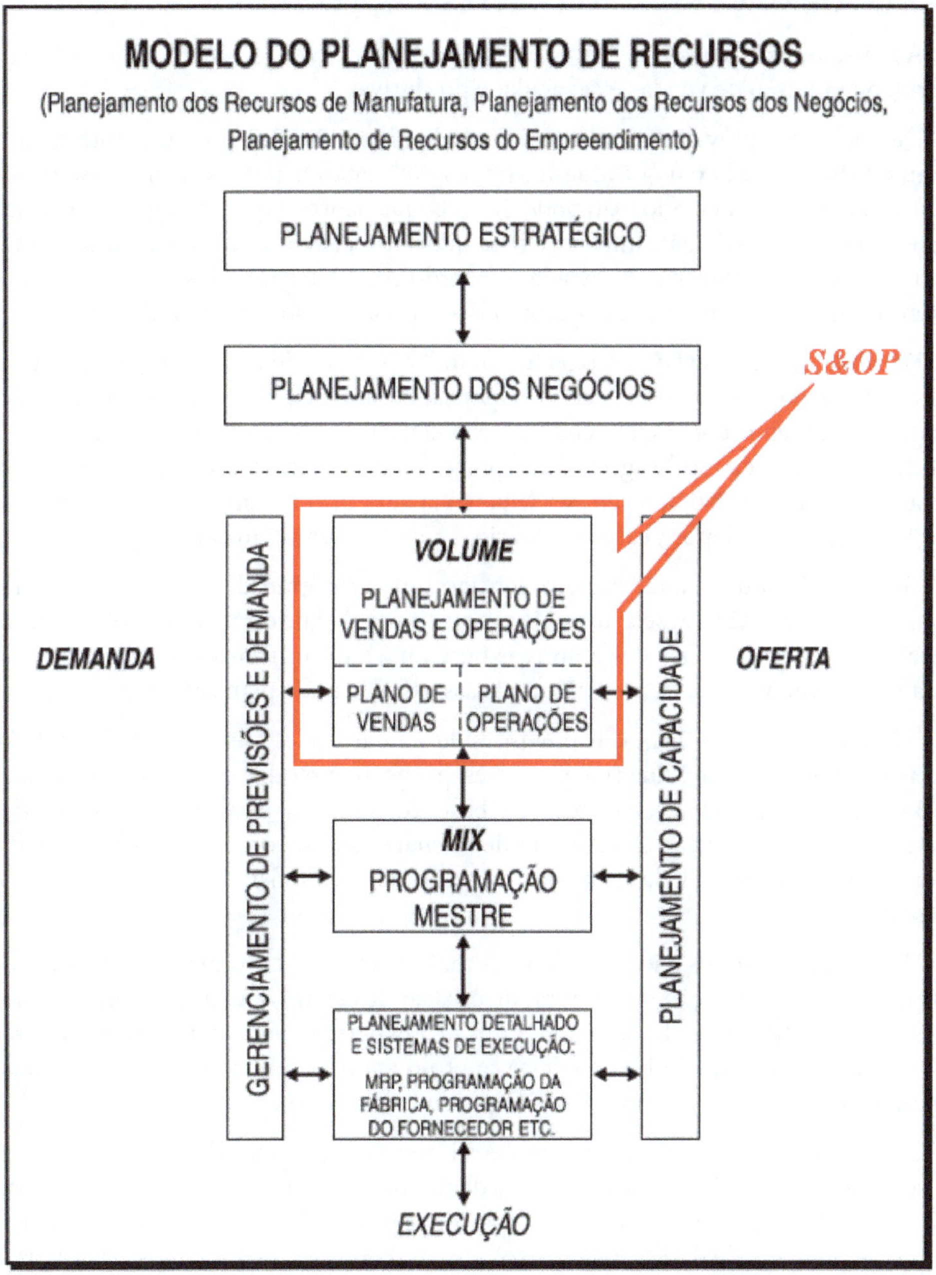

Figura 11.1 – Modelo do Planejamento de Recursos

Fonte: Adaptado de Wallace (2001, p. 23).

11.3 INFORMAÇÕES IMPORTANTES PARA O S&OP

As duas informações mais importantes para a criação do S&OP são demanda e oferta, ou previsão de vendas e capacidade produtiva.

De um lado, a previsão de vendas é crucial para o S&OP. Algumas empresas afirmam que no mercado em que atuam é impossível elaborar previsões, mas isso não se confirma: todos os mercados são previsíveis. O que ocorre é que em alguns a acuracidade da previsão varia bastante, haja vista que o mercado é volúvel e tende a se comportar de maneira alógena a esperada de acordo com determinados eventos externos (eventos microeconômicos, macroeconômicos, políticos, sociais e modismos).

Decidido que as previsões são feitas em todos os tipos de empresas, passa-se a definir quem as fará e em que nível. A responsabilidade pela elaboração das previsões é do departamento comercial/vendas, e elas devem ser feitas a nível de famílias de produtos a priori (de modo agregado) e, posteriormente, no nível de mix de produtos. Para o S&OP as previsões devem ser feitas uma vez por mês, em níveis de famílias de produtos, para que depois, caso necessário, sejam tratadas item a item.

Toda previsão de vendas carrega consigo um certo grau de certeza - o próprio nome já diz: pré-visão, ou seja, uma visão antecipada do que está por ocorrer. O que os departamentos comerciais das empresas buscam é a minimização dessas incertezas. Quanto mais acurada for a previsão, mais assertivo ficará o planejamento.

É interessante lembrar que as previsões de vendas podem ser feitas de mais de 90 maneiras diferentes, divididas em previsões que usam métodos científicos (matemáticos) e que usam métodos não científicos (baseado em know-how). Dentre os métodos matemáticos, as empresas utilizam desde os mais usuais, como o método da média simples, da média móvel, da regressão linear, até os mais sofisticados métodos econométricos e outros.

Já dentre os métodos não científicos, os mais usuais, dentre outros, são: método de levantamento de intenção de compra, de criação de cenários, extrapolação de dados passados, levantamento da opinião de um júri experiente e da experiência da força de vendas. Porém, não é objetivo deste capítulo abordar o tema previsão de vendas detalhadamente, que já foi tratado no Capítulo 2 deste livro.

Por outro lado, a outra informação mais importante, a capacidade produtiva, avalia se há ou não capacidade para atender à demanda esperada, ou se será necessário diminuir, momentaneamente ou não, a capacidade pela realocação dos recursos. Existe aqui a necessidade de dividir os recursos em alinhados e não alinhados (em matriz). Os recursos são considerados alinhados quando existe uma célula ou departamento específico para produzir determinado item. Por exemplo, o produto da família X é fabricado somente no departamento X, o Y no Y etc. Nesse tipo de arranjo, a capacidade produtiva é de fácil identificação e controle pela planilha S&OP. Já os recursos não alinhados existem quando os produtos utilizam recursos de departamento diversos para serem manufaturados. Por exemplo, para fabricar a família Z, a matéria-prima percorre os departamentos Z, W e Y, e assim para as demais famílias. Nesse tipo de arranjo, a capacidade produtiva é calculada e administrada pelo planejamento de capacidade finita, no qual é feito o equilíbrio entre capacidade necessária e capacidade disponível. Isso só é possível quando transformam as demandas em necessidades de recursos (hora-homem, hora-máquina etc.). Assim, a empresa pode analisar a capacidade e a possibilidade de execução do plano e as mudanças necessárias em termos de recursos.

É vital definir quais estratégias de demanda e de oferta a empresa adotará. Entende-se por estratégias de demanda e de oferta decisões como se a família é produzida para estoque ou sob encomenda; quais os níveis de atendimento ao cliente almejados; quais os níveis de inventário desejados (ou esperas). Essas metas de pedidos atrasados e/ou pendentes e de inventários são vitais.

Regras precisam ser construídas na criação da política do S&OP. Uma delas é relacionada à programação firme. Trata-se de saber quais períodos serão cobertos pela programação firme, aquela que não pode sofrer alterações, pois os custos das alterações são maiores que os lucros advindos delas. Esse período de programação firme é determinado caso a caso, mas em geral estipula-se um mês e com o passar do tempo vai se ajustando à realidade da empresa. Não pode ser engessado; deve ser uma regra que serve de alerta para só alterarem a programação firme no período congelado se os lucros compensarem - mesmo porque um dos principais objetivos do S&OP é melhorar o nível de atendimento aos clientes.

Uma boa gestão de demanda facilita todo o processo de S&OP e contribui para que os custos com logística, produção, compras e distribuição sejam reduzidos. Além disso, uma boa gestão de demanda colabora para que o S&OP equilibre eficientemente a oferta de capacidade com a demanda por produtos e/ou serviços.

Na gestão da demanda, mais precisamente na etapa de previsão de vendas, é interessante observar quão complexo é o método de previsão de vendas e se seus resultados são facilmente compreendidos pelos envolvidos. Isso porque métodos matemáticos muito complexos tendem a não retratar tão bem a realidade e a ignorar a opinião do pessoal de vendas - uma falha grave, pois não considera o know-how de quem sabe o que acontece no mercado por estar ligado a ele diariamente. A previsão de vendas precisa ser metódica; bem embasada matematicamente sim, mas também clara, objetiva e coerente.

11.4 O PROCESSO DO SALES AND OPERATION PLANNING (S&OP)

A essência do S&OP é a tomada de decisões. Essas decisões podem ser referentes a mudança do plano de vendas, mudança no plano de operações, mudança no plano de inventário e ocorrência de pedidos atrasados e/ou pendentes, ou nenhuma mudança, quando o plano atual está coerente. Após as mudanças, o plano S&OP é distribuído aos interessados que detalham de acordo com suas necessidades (dividem em produtos, clientes, regiões etc.). Porém, o S&OP não é um evento único mensal; é algo que começa a ser pensado assim que termina a reunião do mês anterior, e é dividido em etapas, conforme pode ser visto na Figura 11.2 a seguir.

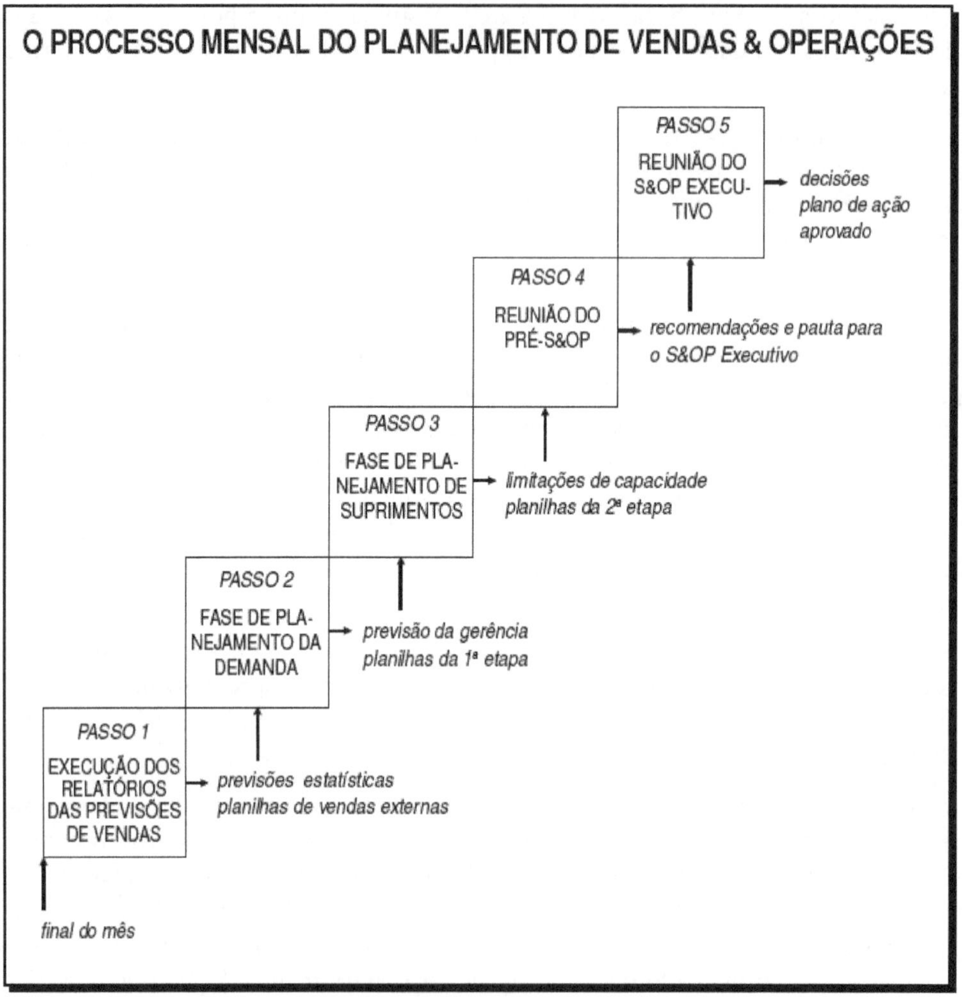

Figura 11.2 – Processo mensal do S&OP

Fonte: Wallace (2001, p. 55).

Como pode ser visto na Figura 11.2, o processo mensal do S&OP pode ser dividido em 5 passos. São eles:

I. Execução dos relatórios de previsão de vendas: quando é feita a atualização dos dados de vendas, produção e inventários do mês anterior e encaminhados em forma de relatórios ao departamento de vendas para geração da previsão, processo esse que precisa ser feito em, no máximo, dois dias após o término do mês passado.

II. Fase de planejamento de demanda: quando o departamento de vendas executa a nova previsão de vendas para os próximos meses de todas as famílias de produtos, tanto as existentes quanto as novas, levando em consideração os dados do relatório executado anteriormente. É importante trazer aqui que as previsões de vendas são tratadas de duas maneiras, de acordo com seu sistema de vendas e produtivo: se empurrado, pode-se utilizar modelos estatísticos para tratamento dos dados e geração das previsões de maneira matemática; e se puxado, usa-se também a estatística, porém, para obter os dados usa-se adicionalmente a experiência e o *feeling* dos clientes maiores sobre perspectivas de mercado para os próximos meses. A responsabilidade de fazer as previsões de vendas é totalmente do departamento de vendas, pois não são usados só modelos matemáticos para tal, mas, também, know-how.

III. Fase de planejamento de suprimentos e capacidade: de responsabilidade do departamento de operações da empresa, quando é analisada toda forma de gargalo que possa surgir em qualquer etapa produtiva, seja por agente interno ou externo, e que impeça o cumprimento do plano previsto.

IV. Reunião de pré-S&OP: quando se reúnem o pessoal tático de vendas, operações, financeiro e desenvolvimento de produto para alinhar ações de ataque aos gargalos que tiverem surgido, além de combinar as estratégias com foco no plano de negócios. Os objetivos, de maneira geral, nessa fase são: balanceamento entre oferta e demanda e suas decisões, propostas de soluções para os problemas encontrados, identificação das áreas nas quais o consenso não foi atingido e necessitem do parecer decisório na reunião executiva do S&OP, construção de alternativas de ações para solucionar os problemas elencados, delimitação da pauta da reunião executiva do S&OP. Dentre os resultados comuns dessa reunião de pré-S&OP estão: visão atualizada das finanças do negócio incluindo nova previsão de vendas, recomendações de ações para cada família de produtos como aumento ou diminuição do plano de vendas ou do plano de operações, lançamento de novos produtos, recomendações de ações pontuais para cada recurso que requeira mudança acentuada no seu estado atual, apresentação de alternativas para as áreas em que não foi possível entrar em consenso, recomendações para adequações e mudanças nas estratégias de demanda e oferta em que for preciso e, por fim, a pauta da reunião do S&OP executivo.

V. Reunião do S&OP executivo: tem os objetivos de decidir se acata ou não as recomendações da reunião de pré-S&OP, aprovar as mudanças que envolvam custos significativos, fazer os ajustes necessários no S&OP ou no plano de negócios com foco no melhor atendimento ao mercado, resolver os impasses gerados na reunião do pré-S&OP, revisar o desempenho do nível de serviço ao cliente e as questões relacionadas a novos produtos e projetos. Como resultado dessa etapa tem-se minutas da reunião com os detalhes das decisões tomadas, modificações no plano de negócios, caso existam, e planilhas da quarta etapa do S&OP atualizadas e fechadas.

O processo do S&OP só funciona se forem feitas revisões mensais, além de contínuos ajustes de acordo com as flutuações da demanda, da disponibilidade de recursos e do suprimento. E isso tem que ser bem alinhado entre todos os envolvidos direta e indiretamente com o S&OP, para que todos analisem os dados e tomem as decisões de forma assertiva, com foco no balanceamento entre demanda e fornecimento.

11.5 ETAPAS DA IMPLANTAÇÃO DO S&OP

É de praxe julgarem o S&OP como um processo de simples manutenção e construção, pois realmente o é. O complexo nele não é a construção, mas a implantação. O motivo é que ele gera mudança cultural. O S&OP gerará uma grande mudança na cultura gerencial da empresa, na maneira como gerenciam, planejam e pensam. Ele necessita também de pessoas com visão de negócio, além de experiência e conhecimento do processo produtivo. Esses dois aspectos serão mais bem tratados no tópico sobre fatores críticos para o sucesso da implantação do S&OP.

A Figura 11.3 mais à frente apresenta o caminho para implementação do S&OP. Observe que algumas tarefas são executadas paralelamente a outras e que em média se leva nove meses para implementação – prazo que pode variar conforme a complexidade do processo de cada empresa e do número de pessoas envolvidas.

11.5.1 TREINAMENTO INICIAL E DECISÃO DE PARAR OU CONTINUAR

As pessoas são o alicerce de toda a implantação e manutenção do S&OP. Por isso elas precisam estar comprometidas – não somente envolvidas – com o seu sucesso. É preciso que haja um treinamento inicial com todos os envolvidos direta e indiretamente no S&OP, para que se sintam engajados e aptos a dar prosseguimento no processo de implantação. Esse dia de treinamento não é somente para transmissão de conhecimentos sobre S&OP, mas principalmente para engajá-los na nova maneira de gerir, promovendo a mudança cultural gerencial por meio do S&OP.

É nesse ponto que o S&OP se mostra como ferramenta tática de auxílio na tomada de decisões dos executivos – as melhores decisões são aquelas que geram maior produtividade, no momento certo e na qualidade almejada. Sendo o S&OP um processo aprimorado de tomada de decisões, colabora eficaz e eficientemente para isso.

Após o dia de treinamento, os executivos devem decidir se param o processo de implantação, por motivos diversos, como falta de qualificação dos funcionários pertencentes ao corpo da empresa, falta de interesse e outros, ou se decidem dar continuidade, por compreenderem que esse é sim um processo tático que ajudará bastante a empresa a alcançar seus objetivos a médio e longo prazo, mesmo que precisem de ajuda externa para essa implementação, dando suporte a um processo maior, o estratégico. A grande maioria das empresas decide por continuar.

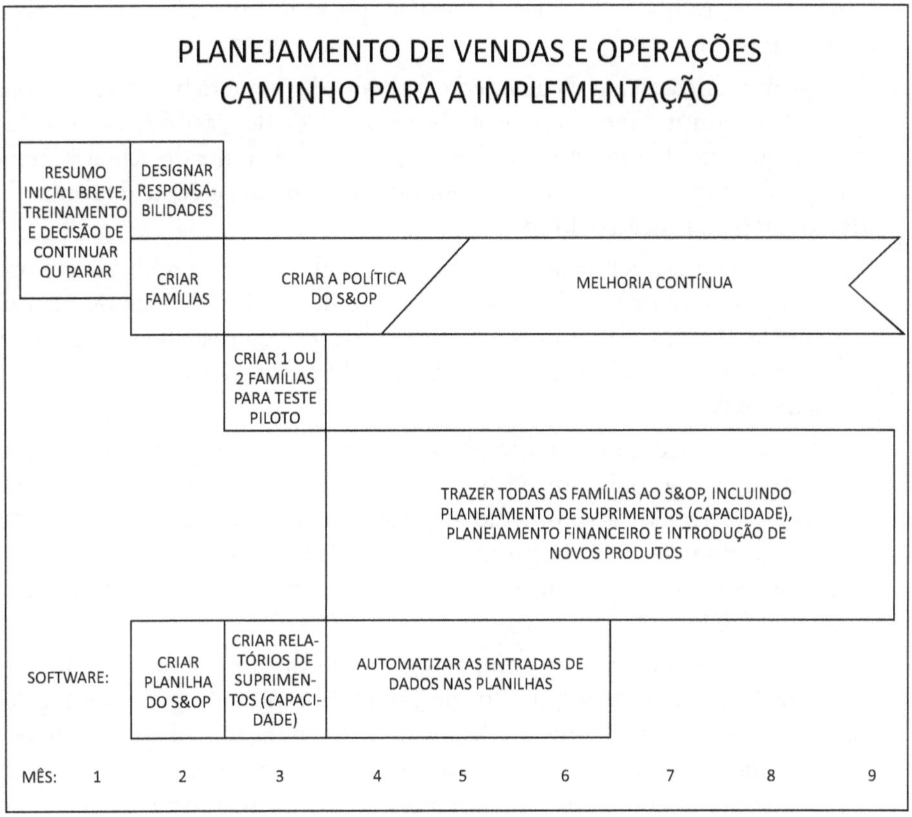

Figura 11.3 – Caminho para implementação do S&OP

Fonte: Adaptado de Wallace (2001, p. 66).

11.5.2 DESIGNAÇÃO DAS RESPONSABILIDADES

Veja, a seguir, os personagens necessários a essa implantação do S&OP e suas respectivas responsabilidades:

- Executivo patrocinador: o presidente ou um diretor que tenha inclinação para o tema, pois ele será o cuidador maior do projeto.
- O dono do processo do S&OP: é o gerente do projeto de implantação do S&OP e sua manutenção ao longo do tempo. Como pré-requisitos, esse gerente precisa ter ótimo relacionamento interpessoal, ser proativo, organizado e saber liderar reuniões. Deve ser um profundo conhecedor do negócio e suas interfaces e processos, por isso sugere-se que seja alguém de dentro da empresa.

- Criador de planilhas: alguém que se encarregue de alimentar as planilhas e alterá-las sempre que necessário. Sugere-se que seja o próprio dono do processo S&OP.
- Equipe de planejamento da demanda: formada de maneira heterogênea, é composta dos seguintes membros, sem obrigatoriedade de ter todos: gerente de demanda, gerente de produto, analista de previsões, gerente de vendas, membro da equipe de vendas, gerente de atendimento ao cliente, gerente de contabilidade e o dono do processo do S&OP.
- Equipe de planejamento de suprimentos: composta dos seguintes membros, também não é obrigatório ter todos: gerente de fábrica, gerente de materiais, gerente de compras, programador mestre, gerente de distribuição, gerente de PCP, gerente de contabilidade, coordenador de novos produtos e dono do processo do S&OP.
- Equipe de pré-S&OP: composta pelas seguintes funções, podendo haver acúmulo de duas ou mais funções por pessoa: gerente de demanda, gerente de materiais, gerente de atendimento ao cliente, analista de previsões, gerente de fábrica, gerente de compras, gerente de contabilidade, gerente de produto, programador mestre, *controller*, coordenador de novos produtos e o dono do processo do S&OP.
- Equipe executiva do S&OP: composta dos seguintes membros: presidente da empresa (ou diretor geral), diretor de vendas, de marketing, de produção (ou operações), de desenvolvimento de produto, de finanças, de logística, de recursos humanos e o dono do S&OP. Caso a empresa veja necessidade, pode incluir outros membros, como gerentes de fábricas, de atendimento aos clientes, dentre outros, a fim de que sejam sanadas as dúvidas inerentes ao negócio.
- Apoio de consultores: na implantação e manutenção do S&OP não é necessário um grupo de consultores *full time* em sua empresa, bastando um ou dois, com intuito de ensinar, estimular, interceptar os problemas e resolvê-los e lutar para que o projeto tenha progresso e não pare em obstáculo algum.

Mesmo sendo de extrema importância toda essa divisão de responsabilidades, o processo de S&OP precisa estar aberto, transparente e participativo. Ele não só precisa permitir que todos os participantes possam influenciar os resultados, mas também motivá-los a fazê-lo, a fim de ter acesso a todas as informações relevantes e às resoluções acordadas e servir aos objetivos dos seus *stakeholders*. É, portanto, explicitamente vital confrontar os conflitos entre os participantes em vez de tentar suavizá-los sobre isso.

11.5.3 DEFINIÇÃO DAS FAMÍLIAS DE PRODUTOS

Ter muitas famílias de produtos não agrega ao S&OP e pode gerar desvirtuação do foco, que é balancear oferta e demanda de maneira objetiva. Por isso, o ideal é que sejam de 6 a 12 famílias no máximo, como um número exequível dentro do escopo do S&OP.

Para estruturar as famílias de produtos, a empresa pode agrupar os produtos por tipo, característica, tamanho, marca, segmento de mercado ou cliente.

A escolha deve ser baseada na maneira como a empresa vai ao mercado para vender seus produtos e que tipo de agrupamento ela usa, e não de acordo com o processo fabril interno (por exemplo, agrupando produtos fabricados num determinado departamento em família).

O foco do S&OP é o volume, não o *mix*, e por isso devem ser criadas famílias de produtos, ou subfamílias, dependendo do cenário em que se encontra e empresa perante o mercado. Após definidas as famílias e subfamílias de produtos, é necessário definir as unidades de medidas nas quais serão tratadas no S&OP.

Essas unidades geralmente são também as que o mercado enxerga, ou seja, de novo de acordo com o mercado. Se você vende em quilograma coloque em quilograma, e se o PCP precisar se adequar porque tratava em outra unidade, que se adeque. Os focos do S&OP são o cliente e o mercado, não somente o processo fabril.

11.5.4 DESENVOLVIMENTO DA PLANILHA DO S&OP

As planilhas de S&OP podem ser divididas em dois tipos: para estoque e por encomenda. A Figura 11.4 mais à frente apresenta a planilha do S&OP para outubro de 2019 para o exemplo da empresa The Acme, da família de produtos Peças Médias que são produzidas para estoque.

Observe que o campo marcado com a letra "A" mostra que o nível de serviço ao cliente traz um atendimento de 99% dos pedidos feitos, e o estoque de segurança (inventário) cobrirá 10 dias de demanda. A empresa usou 10 dias porque, historicamente, para cobrir 99% dos pedidos é necessário estoque de segurança de 10 dias. Lembre-se que o S&OP trabalha com a lógica da melhoria contínua, ou seja, uma das metas é melhorar também esses 10 dias, diminuindo-os continuamente. Em "B" e em "C" são comparadas as vendas reais e as previstas, e os planos passados com a produção real. Em "D" está o desempenho do inventário em relação ao plano e o desempenho real do nível de serviço ao cliente – é possível observar em setembro que o nível do serviço caiu para 89%, bem abaixo dos 99% planejados.

Em "E" estão as previsões antigas e as novas, a diferença entre elas, as projeções para os próximos 12 meses e o montante em dinheiro previsto para o plano de negócios e para o S&OP (última projeção), os quais a alta administração atua para prover mudanças no S&OP com foco no atingimento ou superação do montante estabelecido no plano de negócios. Em "H" estão as premissas que dão sustentação à previsão de vendas. Em "F" está o plano de operações baseado nas novas previsões e demais considerações pertinentes. Já em "J" estão tratadas as questões relacionadas a suprimentos, como produção e aquisição.

Em "G" estão as projeções futuras do inventário de produtos acabados, em que o saldo em estoque é calculado somando o saldo do mês anterior real com a diferença entre novo plano e nova previsão para o mês corrente (por exemplo, para o mês corrente de outubro seria: 61 + 210 – 210 = 61), e os dias disponíveis de estoque são calculados dividindo o saldo pela demanda diária prevista (por exemplo, para outubro, como são 20 dias úteis/mês, seria 210/20, que dá 10,5/dia, e agora divide-se o saldo do inventário do mês, 61, pela demanda prevista diária, 10,5, que resulta em 5,81 ou 6 dias).

THE ACME WIDGET COMPANY – PLANO DE VENDAS E OPERAÇÕES PARA OUT 2019

A
FAMÍLIA: PEÇAS MÉDIAS (PRODUÇÃO PARA ESTOQUE) — UNIDADE DE MEDIDA: 1000 UNIDADES
META DE PREENCHIMENTO DAS LINHAS: 99% — META INV. PRODS. ACABADOS: 10 DIAS DE ESTOQUE DISPONÍVEL

	HISTÓRICO									3º	4º	PRÓX. 12	5º+6º	ANO FISCAL	
B / *E*	JUL	AGO	SET	OUT	NOV	DEZ	JAN	FEV	MAR	TRIM	TRIM	MESES	TRIM	ÚLTIMA PROJEÇÃO	PLANO DE NEGÓCIOS
VENDAS															
PREVISÃO ANTIGA	200	200	200	200	200	200	200	200	200	660	660	2520	1320		
NOVA PREVISÃO				210	210	220	220	220	220		690	2670	1470	$ 25.540	$ 25.400
PREVISÃO NOVA x ANTIGA				10	10	20	20	20	20	30	30	150	150		
VENDAS REAIS	222	195	227												
DIFERENÇA: MENSAL	22	-5	27												
ACUMULADO		17	44												
OPERAÇÕES *C* / *F*															
PLANO ANTIGO	200	200	200	210	210	200	200	200	220	660	660	2540	1320		
NOVO PLANO				210	220	230	230	230	230	690	690				
PLANO NOVO x ANTIGO					10	30	30	30	10	30	30				
REAL	200	206	199												
DIFERENÇA: MENSAL	0	6	-1												
ACUMULADO		6	-5												
INVENTÁRIO *D* / *G*															
PLANO	100	100	100	60	70	80	90	100	110	115	115				
REAL	78	89	61												
DIAS DISPONÍVEIS DE ESTOQUE	8	9	6	6	6	7	8	9	10	10	9				
% PREENCH. LINHAS	97%	98%	89%												

H
QUESTÕES DE DEMANDA E PREMISSAS:

1. A PREVISÃO REFLETE O LANÇAMENTO DA LINHA DESIGNER WIDGET NO 3º TRIMESTRE
2. A PREVISÃO DA ÁSIA É ALCANÇAR O VOLUME DE 1996

J
QUESTÕES DE SUPRIMENTOS:

1. PARADA DA FÁBRICA NO NATAL REPROGRAMADA PARA PARCIAIS ALTERNADAS NO OUTONO E INVERNO

Figura 11.4 – Processo mensal do S&OP (produção para estoque)

Fonte: Adaptado de Wallace (2001, p. 88).

A Figura 11.5 apresenta a planilha do S&OP para outubro de 2019 para o exemplo da empresa The Acme, da família de produtos Peças Grandes que são produzidas por encomenda.

Observe que a planilha do S&OP para produtos sob encomenda não difere muito da elaborada para produtos para estoque. Uma das diferenças está no saldo de produtos acabados, que na produção sob encomenda não existe. Além disso, os números de inventários são substituídos por pedidos pendentes ou atrasados. Outra diferença é que na produção sob encomenda a demanda é adicionada ao registro de pedidos pendentes e a produção é subtraída dele, e na produção para estoque o inventário era resultado da subtração da previsão pelo plano de produção.

Nesse ponto, para calcular o registro projetado de pedidos pendentes ou atrasados do mês corrente deve-se acrescentar aos pedidos pendentes/atrasados do mês anterior a nova previsão de reservas para esse mês corrente e depois diminuir o novo plano de operações do mês corrente. Exemplificando: para o mês de dezembro, seria 29 (pedidos pendentes de novembro) + 20 (previsão de reservas de dezembro) − 22 (plano de operações de dezembro) = 27.

Para o cálculo do número de semanas do registro de pedidos pendentes ou atrasados, divide-se por 4 a previsão do mês seguinte para conseguir a semanal, depois divide-se o registro de pedidos pendentes/atrasados do mês corrente pela previsão semanal do mês seguinte. Exemplificando: para janeiro, com previsão de 22, dividido por 4 semanas/mês, resulta em 5,5 unidades/semana, e agora, dividindo o registro de pedidos pendentes/atrasados do mês corrente de dezembro, 27, por 5,5 unidades/semana, resulta em 4,91 semanas, ou 5 semanas de pendência/atraso.

THE ACME WIDGET COMPANY – PLANO DE VENDAS E OPERAÇÕES PARA OUT 2019

FAMÍLIA: PEÇAS GRANDES (PRODUÇÃO SOB ENCOMENDA) — UNIDADE DE MEDIDA: UNITÁRIA

META DE PREENCHIMENTO DAS LINHAS: 99% — META DOS REGISTROS DE PEDIDOS PENDENTES/ATRASADOS: 4 SEMANAS

	HISTÓRICO JUL	AGO	SET	OUT	NOV	DEZ	JAN	FEV	MAR	3º TRIM	4º TRIM	PRÓX. 12 MESES	ÚLTIMA PROJEÇÃO	PLANO DE NEGÓCIOS
RESERVAS														
PREVISÃO ANTIGA	20	20	20	20	20	20	20	20	20	60	60	240	$1.800M	$1.800M
NOVA PREVISÃO				20	20	20	22	24	24	72	72	274	$2.055M	$1.800M
PREVISÃO NOVA x ANTIGA				0	0	0	2	4	4	12	12	38	$ 255M	$1.800M
RESERVAS REAIS	22	20	21	20	20	20	8							
DIFERENÇA: MENSAL	2	0	1											
ACUMULADO		2	3											
PRODUÇÃO / ENTREGAS														
PLANO ANTIGO	20	20	20	20	20	20	20	20	20	60	60			
NOVO PLANO				20	21	22	24	24	24	72	77			
PLANO NOVO x ANTIGO				0	1	2	4	4	4	12	17			
REAL	20	21	20											
DIFERENÇA: MENSAL	0	1	0											
ACUMULADO		1	1											
PEDIDOS PENDENTES														
PLANO ANTIGO	30	30	30	30	30	30	30	30	30	30	30			
NOVO PLANO				30	29	27	25	25	25	25	20			
REAL	30	29	30											
PEDIDOS PENDENTES – nº SEMANAS				6	6	5	5	5	5	5	4			
% PREENCH. PEDIDOS	99%	100%	100%		10% PROGRAMAÇÃO FIRME									

QUESTÕES DE DEMANDA E PREMISSAS:

1. A PREVISÃO REFLETE O AUMENTO DAS VENDAS POR CAUSA DOS PROBLEMAS NO CONCORRENTE E OS TEMPOS DE ESPERA MAIS CURTOS.

IMPOSSÍVEL ALCANÇAR O REGISTROS DE PEDIDOS PENDENTES/

QUESTÕES DE SUPRIMENTOS:

ATRASADOS DE 4 SEMANAS ATÉ AGOSTO POR CAUSA DE:

A. AUMENTO DA PREVISÃO, E

B. NECESSIDADE DE NOVOS EQUIPAMENTOS PARA PASSAR A PRODUZIR MAIS DE 24 UNIDADES POR MÊS, E NÃO DISPONÍVEIS ATÉ JULHO

Figura 11.5 – Processo mensal do S&OP (produção sob encomenda)

Fonte: Adaptado de Wallace (2001, p. 91).

11.5.5 DEFINIÇÃO DE UMA OU DUAS FAMÍLIAS PARA TESTE PILOTO

A escolha da família na qual deve-se começar o processo do S&OP deve ser feita de maneira objetiva, preferindo as famílias que mais vendem ou que trazem o maior número de problemas à empresa. É importante definir por qual família começar como piloto para implantação do S&OP porque seria inviável, num primeiro momento, implantar em todas, o que poderia levar facilmente ao insucesso da implantação por ser necessário grande número de dados que, para quem está iniciando, seriam dispendiosos. Já com relação à escolha de uma ou duas famílias, escolha duas, caso a empresa tenha duas modalidades de sistemas produtivos, puxada e empurrada. Assim, os dois casos são tratados de forma independente.

Após a definição da família de produtos em que o S&OP será iniciado parte-se para a realização, na qual são seguidas as etapas do processo mensal do S&OP já tratadas anteriormente:

- executar os relatórios de previsões de vendas;
- processar o planejamento da demanda;
- processar o planejamento de suprimentos;
- executar a reunião de pré-S&OP; e
- executar a reunião do S&OP executivo.

Além disso, pode-se atribuir aqui algumas dicas rápidas para tornar as reuniões executivas do S&OP eficientes, como:

- distribua a pauta com boa antecedência;
- insira na pauta as planilhas mais importantes do S&OP para que os envolvidos já tomem ciência e se preparem para a reunião;
- use projetor de mídia na reunião;
- leve para a reunião executiva muitos dos participantes da reunião de pré-S&OP para responderem eventuais perguntas específicas;
- designe uma pessoa para elaborar a ata;
- ao final de cada reunião, reserve cinco minutos para repassar todas as decisões tomadas;
- depois, reserve mais cinco minutos para as críticas do processo; e
- por fim, distribua as atas no máximo até dois dias após a reunião.

11.5.6 ELABORAÇÃO DA POLÍTICA DO S&OP

A criação da política do S&OP é vital para o sucesso da implementação.

Por isso, esse documento precisa conter, basicamente, os objetivos do S&OP da empresa, as etapas constituintes do processo bem claras, quais deverão ser os participantes em cada etapa do processo S&OP e quais as ações que devem ser tomadas em cada etapa do processo.

Cada empresa faz as adaptações que julgar necessárias, desde que mantidas essas premissas básicas.

11.5.7 CRIAÇÃO DE RELATÓRIOS DE CAPACIDADE

Esse relatório é o planejamento de capacidade finita, em que se agrupa diretamente a carga de trabalho da produção, dada pelo plano de operações e não pela previsão de vendas (pois os dados da previsão não refletem algumas realidades das operações, como férias, pedidos pendentes, paradas para manutenção etc.), na forma de recursos, e se compara com a capacidade instalada e sua demanda.

A Figura 11.6 a seguir apresenta um relatório no formato gráfico de capacidade finita de uma empresa de fundição sob encomenda, em que o recurso em análise é o departamento de produção primária pelo qual passa uma gama grande de produtos de diferentes famílias. Nele, os quadrados representam a capacidade a 240 horas/mês, os losangos, a capacidade a 300 horas/mês, e as barras verticais, as cargas de trabalho futuras dos planos de operações transformadas em horas.

Observe que as cargas aumentam consideravelmente após outubro numa escala em ascensão, e que a empresa tomou a decisão de contratar mais funcionários em julho e começar os treinamentos em agosto e setembro, para que em outubro eles estejam totalmente aptos ao trabalho.

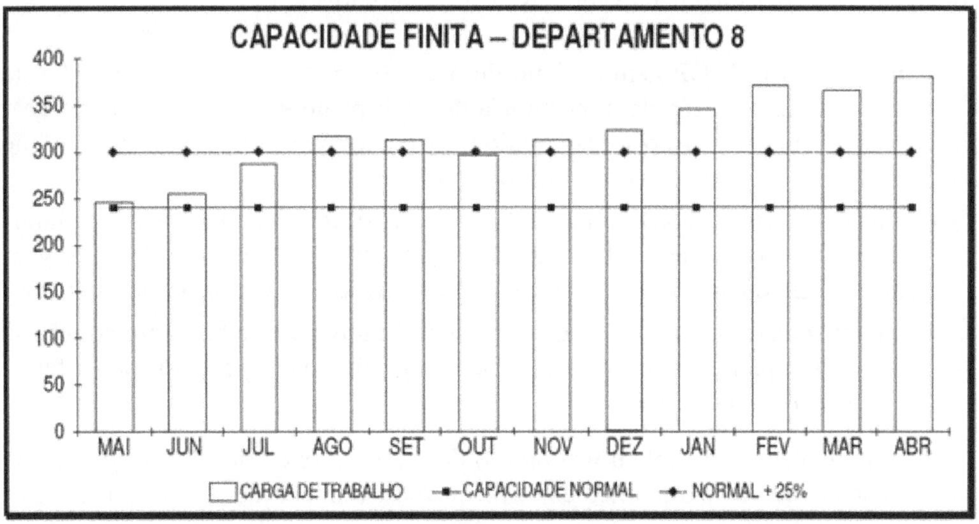

Figura 11.6 – Relatório de capacidade finita de uma fundição por encomenda

Fonte: Wallace (2001, p. 107).

11.5.8 INTEGRAÇÃO DE TODAS AS FAMÍLIAS NO S&OP

Neste momento é feita a adição de todas as famílias ao S&OP. Quando forem adicionadas as famílias ao S&OP, será possível observar: a melhora drástica do processo, a otimização do formato das planilhas, a adição do planejamento de suprimentos, do planejamento financeiro e do planejamento de novos produtos ao S&OP, a vinculação do detalhe ao resumo e a automatização da entrada de dados nas planilhas.

Se sua empresa for alinhada, na qual os recursos coincidem com as famílias de produtos, pode-se adicionar o planejamento de capacidade finita no próprio S&OP. Porém, caso sua empresa seja como a maioria, em que as famílias de produtos passam por vários recursos e departamentos diferentes, o planejamento de suprimentos (ou operações) só terá efeito após a inserção nas planilhas de todas as famílias que utilizam os recursos daquele departamento. Isso por causa do efeito carga-máquina. Após adicionar o planejamento de suprimentos ao S&OP parte-se à adição do planejamento financeiro, no qual se transforma as unidades em moeda corrente, comparando os valores do previsto pelo S&OP com o previsto no plano de negócios. Um grande avanço ocorre quando é possível agregar monetariamente todas as famílias e suas respectivas planilhas S&OP numa só planilha mestre. A importância dessa planilha mestre vai muito além de agregar todas as famílias de produtos de forma monetária: mostra à empresa que produz para estoque quais serão os valores a serem imobilizados e investidos em estoques e quando isso será necessário.

Às vezes, as previsões do S&OP não coincidem com o plano de negócios e é preciso tomar uma decisão, escolhendo entre estas três alternativas:

- não alterar o S&OP nem o plano de negócios: pode gerar confusão, falta de controle, diminuição da importância dos dois plano e risco de não alcançar o plano de negócios – pois estão sendo trabalhados dois números isolados, o que vai ao contrário do que preconiza o S&OP;
- alterar somente o S&OP: mais indicado, apesar de gerar mudança nos planos de venda e operações das família, o que leva a questionamentos como a origem do acréscimo nas vendas ou na capacidade e os recursos para tais acréscimos;
- alterar somente o plano de negócios: não indicado, pois a alta administração se baliza pelo plano de negócios; alterações nas famílias de produtos não interferem tanto em seu cotidiano.

Assim, mantendo somente um conjunto de valores monetários, fica evidente que todos estão em busca de um único objetivo: alcançar as metas do plano de negócios.

11.5.9 AUTOMATIZAÇÃO DO PROCESSO

A automatização do processo deve ter prioridade alta, pois sem isso a equipe de tecnologia da informação da empresa tratará como uma tarefa normal e colocará na fila de espera a parte crucial para o sucesso de todo o processo S&OP que é a automatização dos dados.

Entrar com os dados manualmente nas planilhas parece, no começo, uma tarefa simples, porém, quando mais e mais famílias forem sendo inseridas, essa tarefa manual tende a ser custosa e confusa, justificando a automatização dos dados.

Essa automação é criada sem dificuldades em um mês pela equipe de tecnologia da informação (TI) da empresa, para que posteriormente os dados sejam alimentados em um banco de dados e transmitidos automaticamente às planilhas do S&OP.

No início não é necessário e obrigatório que a empresa invista em softwares caros e avançados de modelagem e S&OP. De início, basta que as pessoas-chave do processo S&OP sejam devidamente instruídas e treinadas com a nova ferramenta, inclusive na sua operacionalização via planilhas eletrônicas.

Com o passar do tempo e a melhoria da maturidade do projeto do S&OP, a empresa pode analisar o investimento em softwares específicos para automatizar e facilitar a manutenção do S&OP.

Entre essas facilidades tecnológicas que podem ser agregadas ao S&OP podemos citar o EDI, ou Intercâmbio Eletrônico de Dados (*Electronic Data Interchange*). Existem, hoje, diversas empresas atuando e oferecendo softwares de grande valor agregado e riqueza de potencialidades que podem servir também ao S&OP.

Com o EDI fica facilitado e agilizado o processo *Business to Business* (B2B), ou Empresa para Empresa, caracterizando a integração do fluxo de informações entre empresas na cadeia de suprimentos da empresa sede (matriz ou elo dominante da cadeia de suprimentos).

Com essa facilidade na troca de informações o processo S&OP pode ser conduzido quase que automaticamente. Ele é alimentado de um lado por uma empresa que recebe da outra os dados e retroalimenta o sistema, numa troca inteligente de informações mais precisas, ágeis e realísticas, melhorando a eficiência na tomada de decisões.

11.5.10 MELHORIA CONTÍNUA

Essas melhorias no S&OP podem ser separadas em categorias:

- Melhoria interna: acontece dentro do próprio S&OP. Pode resultar da análise crítica da reunião do S&OP executivo, feita pelos participantes dessa reunião, ou por uma lista de verificação da eficiência do S&OP, que ao final refletirá qual parte do processo precisa de melhorias pontuais e que parte obtém boa pontuação. Pode servir de balizador para futuras tomadas de decisão, de alterações, inclusive do próprio projeto de implantação.
- Melhoria externa: essas melhorias refletem uma visão de aumento das metas de níveis de serviços aos clientes, de diminuição dos inventários de produtos acabados e em processo, e de diminuição de pedidos pendentes e/ou atrasados.

Mesmo que as metas sejam alcançadas, não devem ser abandonadas como nível ótimo, mas a melhoria contínua na busca pela perfeição deve ser perseguida. O S&OP faz essa interface de ligação entre os níveis de serviço, de inventários e de pedidos pendentes e/ou atrasados e os mostra à alta administração, para que assim todos foquem seus esforços na melhoria contínua, buscando o aumento dos lucros e redução dos custos.

Várias empresas procuram a melhoria contínua do S&OP integrando-o ao gerenciamento da cadeia de abastecimento (*Supply Chain Management - SCM*). Elas têm conseguido grandes êxitos, pois quanto mais colaborativo for todo o processo de planejamento, mais integrados serão os departamentos da empresa e mais focados nos resultados positivos do negócio todos estarão. Isso porque o S&OP pode evoluir alcançando níveis mais amplos, permeando toda a cadeia de abastecimento, com intuito de otimizar as finanças e as operações da empresa.

Inclusive, podem ser construídos cenários de demandas diversas para simulações e verificações do comportamento das operações e finanças perante esses cenários, tudo analisado do ponto de vista monetário. Tudo isso, claro, com apoio de sistemas computacionais e softwares condizentes com a necessidade da empresa, trazendo maior eficiência no trato dos dados e, consequentemente, melhores decisões baseadas nesses dados.

Uma boa maneira de monitorar se as melhorias estão surtindo efeito é a criação de indicadores de desempenho voltados para os resultados dos planejamentos. Esses indicadores precisam retratar o estado atual com fidedignidade, clareza e objetividade, de acordo com as métricas almejadas pelo S&OP. Por exemplo, pode-se atribuir indicadores de capacidade produtiva, *lead time*, tempo de ciclos, vendas reais sobre vendas previstas, previsão anterior sobre a atual, inventários físicos sobre os contábeis e alcance da meta financeira do plano de negócios, dentre muitas outras que podem ser criadas de acordo com a necessidade da empresa e conforme a implantação e maturidade do S&OP evoluem.

Apesar do crescente interesse no tema S&OP, os esforços para sumarizar o estado da arte em S&OP até o momento têm sido limitados. Em pesquisas bibliográficas, pode-se observar que o tema é tratado majoritariamente de uma forma prescritiva nas operações e na gestão organizacional. O S&OP veio da indústria, e várias publicações ainda são encontradas em revistas de comércio e indústria. Muitas pesquisas acadêmicas em S&OP têm sido desenvolvidas nos últimos anos, com uma abordagem holística para o S&OP como um processo estratégico de negócio.

A maioria dos trabalhos estão focados no nível agregado de famílias de produtos, e os ciclos do processo variam de 3 a 18 meses. Apesar de o S&OP ser focado essencialmente numa perspectiva interna à empresa, tem sido gradualmente estendido à cadeia de abastecimento como um todo.

Essa extensão é tida como uma melhoria contínua no S&OP, pois leva para fora dos muros da empresa a essência do S&OP, que é balancear demanda e fornecimento. E isso feito na cadeia de suprimentos tende a trazer grandes benefícios não só à empresa sede dos negócios como a todas as outras empresas fornecedoras e aos clientes.

É preciso avançar nas pesquisas quanto às métricas para o processo do S&OP. Isso porque em diversas pesquisas observa-se a escassez de material científico sobre tal tema, mesmo ele sendo de extrema importância para a obtenção do sucesso do desempenho do S&OP.

Outro ponto em que se precisa avançar é no quesito necessidade de replanejamentos quando da manutenção do S&OP. Alguns autores defendem o uso de um modelo de simulação estocástica que considera risco na demanda e nas cadeias de fornecimento. Eles inserem uma abordagem de planejamento (que inclui simulação estocástica como parte fundamental) cujo objetivo é colaborar na tratativa de eventos imprevistos que levam a replanejamentos (ou seja, para tentar diminuir os ciclos de replanejamento) ou que coloquem em perigo as metas de desempenho. Eles afirmam que sua abordagem é de especial interesse para as indústrias, que são limitadas em sua flexibilidade devido à sua estrutura de custos rígida ou devido a problemas técnicos e de formação profissional.

Ao longo dos últimos 30 anos, o processo do S&OP evoluiu gradativamente e se tornou uma prática padrão na indústria, que reformulou o seu conteúdo e foco: de prioritariamente planejamento de produção para uma gestão de toda a empresa, hoje reconhecida cada vez mais frequentemente sob o nome de *Integrated Business Planning* (IBP), ou Planejamento Integrado dos Negócios.

A visão tradicional do S&OP como um processo de mero equilíbrio entre oferta e procura, é, portanto, há um bom tempo obsoleta. Atribui-se ao S&OP não só o nivelamento entre demanda e oferta interna, mas também alinhamento entre capacidade e demanda externa à empresa sede, extrapolando os muros da empresa.

Mesmo assim, existem estudos que tratam da evolução do S&OP (o IBP é visto como o S&OP evoluído) que já começam a tomar vulto e forma em alguns lugares do mundo, mas que carecem de mais constatações práticas comprovando sua total eficiência na gestão dos negócios.

Alguns autores trazem pontos que diferenciam o IBP do tradicional S&OP, como a inclusão de estratégica de planejamento e de novos produtos mais robustos. Outros autores afirmam que a diferença fundamental entre o tradicional S&OP e o IBP é que o IBP envolve extensa colaboração entre várias funções da organização e permite a unificação de metas e estratégias de negócio, em vez de ser apenas um processo funcional da cadeia de suprimentos e abastecimento.

O foco de atenção no S&OP foi mudando para uma melhor compreensão do ambiente externo, bem como para assegurar o alinhamento e a sincronização do ambiente externo com o interno e suas funções.

Entretanto, a inclusão de iniciativas estratégicas na gestão operacional da empresa é um dos pré-requisitos fundamentais da mudança do tradicional S&OP para o estado da arte do conceito do IBP.

Essa mudança, evoluindo do S&OP tradicional para o IBP, pode ser alvo de pesquisas posteriores, haja vista não ser o intuito deste livro esgotar o tema S&OP.

11.6 RESULTADOS ESPERADOS COM O S&OP

Para exemplificar a importância e aplicabilidade do S&OP fora do contexto industrial, uma pesquisa feita em um banco de sangue na Austrália trouxe os seguintes resultados alcançados com a implantação do S&OP: aumento de 8% no atendimento de pedidos, aumento da produtividade, diminuição de investimento de capital, diminuição do desbalanceamento da oferta e aumento da eficiência das entregas. Isso comprova que o S&OP pode ser aplicado nos mais diversos setores, inclusive no setor de serviços hospitalares da saúde, com as devidas adequações.

O S&OP é o nível de planejamento para que a alta administração resolva conflitos entre as áreas funcionais, gerados por causa da busca desintegrada e isolada por soluções sem consultar os demais departamentos, trabalhando de forma isolada, o que não agrega para a empresa e para o atingimento dos objetivos e metas do negócio. O plano resultante do S&OP traz objetivos e metas claras para todos os departamentos envolvidos, mesmo porque foi elaborado em conjunto, em equipe. Assim, o S&OP força a empresa a melhorar sua comunicação interna, tanto verticalmente quanto horizontalmente, funcionando como orquestrador dos esforços de todos os departamentos com intuito único: alcançar as metas da empresa.

As práticas do S&OP trazem para as empresas um impacto positivo do ponto de vista da qualidade, melhorando a conformidade e a confiabilidade dos produtos e processos, otimizando a flexibilidade e a velocidade de entrega. Com isso, de forma integrada aos demais departamentos, fica mais próximo o alcance dos objetivos e metas do negócio.

O S&OP também procura identificar oportunidades e ameaças, além de construir planos de ação para dirimir quaisquer lacunas no plano anual da empresa, assim como também no plano estratégico de longo prazo. Caso o processo de S&OP seja conduzido de forma eficaz e eficiente, a empresa é capaz de ligar o plano estratégico da companhia com sua execução, revisando métricas de desempenho e seus indicadores para obter melhoria contínua e aprovar um processo de planejamento integrado do negócio com grande possibilidade de alinhar planos operacionais e estratégicos, conforme os objetivos financeiros da empresa. Assim, o processo S&OP contribui significativamente para o aumento da lucratividade, do desempenho da empresa e da satisfação dos clientes.

Outro resultado esperado com a correta implantação e manutenção do S&OP é a diminuição gradativa dos estoques de segurança. Isso porque a empresa conhecerá melhor seus negócios e processos, tendo maior visibilidade dos gargalos e, sendo a flexibilidade e agilidade dois dos seus principais objetivos, ela tenderá a reduzir estoques de segurança para reduzir custos. O contraditório para empresas tradicionais é observar esse fato e acreditar nele, pois elas atribuem a flexibilidade e agilidade aos estoques de segurança que mantêm, ou seja, elas só conseguem agilidade e flexibilidade nas respostas ao mercado porque sabem administrar níveis médios ou altos de estoques de segurança para balancear capacidade e demanda. Estoques de segurança não foram criados para balancear capacidade e demanda, mas para suprir a demanda em emergências pontuais, desvios de rota e pontos fora da curva. E com o S&OP sendo administrado eficientemente, esses estoques tendem a diminuir, pois a cada rodada do S&OP mensal percebe-se que a empresa tem mais e mais conhecimento do mercado e pode administrar esses dados e informações de maneira a trazer benefícios financeiros ao negócio, levando a cadeia de suprimentos, as operações e as vendas a funcionarem em sincronia, de forma enxuta.

Mas, para que os resultados esperados com a implantação do S&OP sejam alcançados e mantidos, alguns fatores precisam ser controlados de perto, como é o caso dos *lead times.*

Tempos de ciclo não podem ser aleatórios e fora de ritmos normais, pois isso causaria o desbalanceamento de capacidade. *Lead times* raramente são exatos e invariáveis, principalmente em sistemas produtivos por encomenda ou *make to order*, ou ainda de acordo com sua tangibilidade ou não. Eles podem variar, mas dentro de uma margem aceitável. Essa margem é que vai definir se a empresa consegue controlar e balancear a capacidade com a demanda ou não. E variações na capacidade produtiva representam aumento dos custos de forma indesejada, necessitando então que sejam muito bem analisados os seus efeitos sobre o processo produtivo e sobre as finanças da empresa.

Com a correta implantação do S&OP existem efeitos positivos na cadeia de abastecimento como um todo, partindo do pressuposto que os erros e incertezas nas previsões de vendas tendem a diminuir. Logo, essas incertezas diminuindo, tanto a empresa quanto seus fornecedores e distribuidores podem também se planejar melhor, com antecedência e redução de custos. Porém, só se alcança a diminuição das incertezas nas previsões se os departamentos não trabalharem de forma isolada e sim, em equipe, mesmo sendo uma tarefa do departamento de vendas.

A questão é que o S&OP é uma ferramenta de gestão colaborativa aplicada no nível tático que, se utilizada por todos com apoio de todos, tende a mostrar efeitos positivos em toda a cadeia de suprimentos.

11.7 FATORES CRÍTICOS PARA O SUCESSO DA IMPLANTAÇÃO DO S&OP

O fator central, o pivô de toda implantação do S&OP, são as pessoas. Elas precisam estar integradas, trabalhando em equipe, buscando o aprimoramento e melhoria contínua dos processos e, por consequência, dos negócios da empresa. Então o S&OP tem como fatores críticos para o sucesso de sua implantação o entendimento do processo de negócios da empresa por parte dos envolvidos na implantação e manutenção do S&OP, além do comprometimento dos participantes, os quais devem entender que compartilhar informações e colaborar com o departamento ao lado não é perder o poder, mas dar oportunidade para a alta administração enxergar todo o processo e, assim, todos poderem tomar as melhores decisões para a empresa.

É importante, senão vital, que o presidente ou diretor geral da empresa participe ativamente do processo de implantação e posteriormente das reuniões mensais do S&OP executivo.

O processo S&OP precisa que sejam validadas as planilhas e decisões tomadas por todos os responsáveis pelos departamentos envolvidos. Isso é necessário pois pode haver situações nas quais pesa o individualismo, a subestimação ou superestimação de dados e/ou atitudes, que podem levar a decisões erradas e resultados equivocados no S&OP.

O processo do S&OP integra tomadores de decisões de diferentes departamentos e funções corporativas envolvidas na gestão da cadeia de suprimentos. Devido ao caráter multifuncional do S&OP, os conflitos de interesse entre os participantes surgem com grande frequência. Como a maioria deles estava em um nível igual na hierarquia corporativa, caso não haja um proprietário do processo S&OP com autoridade para resolver conflitos, essa situação tende a levar ao insucesso todo o processo do S&OP. É preciso construir alianças e tomar decisões a favor da empresa e sem demora.

Outro quesito a ser analisado criteriosamente é balancear sua demanda com sua capacidade. Os maiores desafios são com relação ao cumprimento do planejado e ao atingimento das metas. Nesse ponto, para se obter sucesso com o S&OP, é necessário que se invista em aumentar a precisão da previsão de vendas da empresa. Todo o planejamento será elaborado com dados vindos dessa previsão, e quanto mais acurada ela for, mais próximo da realidade o S&OP será executado, e consequentemente gerará os objetivos esperados, alcançando as metas desejadas.

Outro fator crítico para o sucesso do S&OP é dar a devida importância ao processo, vital que é para o sucesso da empresa. Infelizmente algumas empresas e seus dirigentes não dão a devida importância ao S&OP por ele atuar nos níveis tático e estratégico e trabalhar com horizonte de planejamento maior que todos os outros planejamentos táticos, dando a entender a quem não compreende a ferramenta que ela lida com dados utópicos e irreais, pela própria distância do momento atual. Isso pode levar à falta de credibilidade na ferramenta por parte de muitos gestores, o que leva ao abandono por simples desconhecimento. Quanto maior o horizonte de planejamento, mais incrédulos existirão na eficiência da ferramenta. Por isso, é importante o treinamento e mobilização antes da sua implantação, seja em ambientes em que o produto é tangível ou em ambientes em que ele é intangível.

Os planejamentos táticos e operacionais são importantes sim, mas sem o estratégico S&OP os táticos são meros tiros no escuro.

O PCP e o S&OP podem muito bem ser implantados em organizações do setor de saúde, porém existem alguns entraves que precisam ser vencidos com a evolução das pesquisas e análises caso a caso, que são: na indústria, na qual o PCP já tem mais de 50 anos de existência, a relação é puramente financeira, com foco na redução de custos e aumento dos lucros, fato que no setor de saúde ainda não está totalmente evoluído, pois o foco é, em muitos casos, o cuidado e bem-estar do paciente – ter de gerar lucro é óbvio, mas não é um conceito essencialmente enraizado; falta de homogeneidade e padronização nos processos de atendimento ao cliente; falta de ferramentas eficientes e pesquisas relacionadas a PCP na área da saúde. Lembrando que, quando se fala em PCP, o conceito de S&OP está atrelado, pois é parte integrante do PCP - apesar de ser tático, é uma ferramenta que apoia as funções do PCP.

Outro fator para o sucesso do S&OP é a gestão eficiente da capacidade produtiva no longo prazo. A gestão eficiente da capacidade de longo prazo é vital para qualquer empresa de manufatura ou serviço e tem implicações no desempenho competitivo em termos de custo, velocidade de entrega, confiabilidade e flexibilidade.

As estratégias de operações e gestão do S&OP precisam levar em consideração a gestão da capacidade de longo prazo com objetivo de alcançar as metas do negócio. Pode-se acompanhar a demanda com estoques ou nivelar a demanda com estoques, em blocos sazonais. As duas estratégias são difusas e conflitantes às vezes, mesmo porque enquanto uma prega o total seguimento da demanda com incremento nas capacidades produtivas, a outra defende o nivelamento da capacidade em blocos com estoques produzidos em períodos de baixa e que suportem os períodos de picos na demanda. Cada caso é um caso, e cada empresa precisa levantar seus custos e decidir pela estratégia que trouxer menor custo. Seguir a demanda pode trazer custos de demissões, contratações e terceirização, entre outros, e nivelar a demanda pode trazer custos relativos a aumento dos níveis de estoques e os riscos que isso traz para a empresa (quanto menos precisa a previsão de vendas, maior o risco que a empresa corre em ver seus estoques aumentarem de forma não planejada). O correto é ponderar, analisar os dados e decidir pelo menor custo, como dito anteriormente.

Assim como a gestão da capacidade tem papel crucial no sucesso da implantação do S&OP, a gestão da demanda também o tem.

A gestão da demanda é feita de posse de dados das previsões de vendas, que são incertas até certo ponto, mesmo porque se não o fossem não seriam previsões, e sim pedidos firmes. A questão é que quanto mais incerta e imprecisa é a previsão, maiores são os riscos que a empresa corre em aumentar seus custos indevidamente. Quanto mais imprecisa a previsão, mais provável é a ocorrência de atraso de entregas e de sobrecarga máquinas e homens. O inverso também pode ocorrer, e ela subcarrega recursos, gerando ociosidade, ou vê seus estoques aumentarem desnecessariamente. Por isso, é importante que as empresas busquem melhorar continuamente suas previsões de vendas no quesito acuracidade. Assim, as metas do negócio serão mais facilmente alcançadas.

Para diminuir os efeitos das falhas nas previsões de vendas, empresas têm adotado folgas operacionais ou, ainda, excesso de capacidade ociosa aguardando demanda excepcional. No entanto, a manutenção de folga operacional é uma estratégia reativa que limita a vitalidade de uma empresa. Essas folgas operacionais são tidas como "rede de segurança" contra erros de previsão, na qual empresas investem em excesso de capacidade ou a manutenção dos ciclos de conversão de pagamentos mais longas enfrentando, assim, aumento de custos. Se a demanda real está abaixo da demanda esperada, o excesso de capacidade não é utilizado e aumenta os custos de manutenção de estoque.

A manutenção dos ciclos de conversão de pagamentos mais longos pode deteriorar as relações da cadeia de suprimentos e enfraquecer a cooperação de longo prazo com os parceiros. Portanto, manter a folga operacional interna ou externa é principalmente uma ação defensiva e não melhora as capacidades no sentido de precaver quanto às incertezas nas previsões de vendas. Porém, não se pode negar que essa adaptação incorporada no esquema operacional do controle de custos fornece *buffers* (estoques de segurança) e é amplamente utilizada por gerentes de operações. Logo, folga operacional não só resulta em maior custo de oportunidade como de capital operacional, atribuídos à demanda não realizada, mas também em custos com maior movimento, os custos de armazenagem e manuseio.

Então, em vez de adotar folgas operacionais, o correto é adotar flexibilidade no volume de vendas, transformando a produção em manufatura enxuta (*lean manufacturing*) de forma gradativa, pois é uma mudança cultural com quebra de paradigmas existentes e enraizados há anos na empresa. Com produção flexível, a empresa consegue responder mais rápido às mudanças do mercado e consegue diminuir os custos que tinha com suas folgas operacionais. Além disso, caso o fluxo de caixa da empresa permita, é interessante investir em automatização das informações e aquisição de um software robusto que trabalhe de forma integrada tanto o S&OP quanto os demais setores e funções.

Há que se pensar também na adição do lançamento de novos produtos ao S&OP. Em geral, lançamentos de novos produtos demandam mais tempo em fábrica ou laboratório um produto normal. Esse fato deve ser levado em consideração no S&OP, sob pena de ter o lançamento atrasado, além de atrasar também a entrega dos planos elaborados anteriormente. Isso acontece porque, em algumas empresas, os novos produtos são feitos com os mesmos recursos dos produtos atuais. Como existe a curva de aprendizagem, pela qual após certo período o tempo de produção do novo se iguala ao antigo, é quase impossível que o tempo de fabricação inicial do novo produto seja idêntico ao do produto antigo. Isto é, o novo produto passará por um processo na curva de aprendizagem, o que leva certo tempo, período este em que um produto de linha poderia estar sendo produzido, e isso pode gerar atraso na entrega dos planos normais de produção. Mesmo que esse novo produto for fabricado inicialmente em uma ala ou setor à parte, ele levará mais tempo que os produtos de linha e demandará recursos. Logo, se há demanda por recursos, é obrigatória sua presença no S&OP.

Outro fator crítico para se obter o êxito na implementação do processo de S&OP é que ele exige mudanças, não só em relação aos processos de negócios, mas também na cultura organizacional. Alguns procedimentos existentes na organização, a rigidez tradicional e a alta centralização das decisões muitas vezes se tornam empecilho para o processo.

Dessa forma, esses procedimentos precisam ser alterados e a gestão deve estar comprometida com o processo de mudança, com o objetivo de alcançar um objetivo comum para todas as áreas funcionais. Em seguida, o trabalho deve ser realizado por diferentes meios, utilizando diferentes esquemas de incentivos, em que culturas de silos (ou culturas do isolamento, do ótimo local em detrimento do ótimo global) também precisam ser eliminadas, a fim de manter as informações do fluxo normal para o processo de tomada de decisão. Equipes multifuncionais podem atenuar ou eliminar barreiras entre as áreas funcionais e culminar no alinhamento de uma organização com seus processos estruturados. Utilizar mecanismos de coordenação é vital para o S&OP, como alinhar estratégias de negócios e planejamento operacional, e as funções de negócios envolvidos com outros membros da cadeia de abastecimento.

CAPÍTULO 12
PLANEJAMENTO E CONTROLE DA PRODUÇÃO NA PRODUÇÃO ENXUTA

A produção enxuta surgiu dos conceitos do *Just In Time* (JIT), por volta da década de 1970, na fábrica da Toyota. Taiichi Ohno, engenheiro da Toyota, desenvolveu o método JIT com base primordialmente na eliminação de desperdícios.

Este capítulo contextualiza os conceitos da produção enxuta, bem como suas contribuições ao mundo e, de forma clara e objetiva, inclui o PCP como elemento vital para o sucesso da produção enxuta de fato. Por fim, faz um paralelo da produção enxuta no mundo e no Brasil, levando em consideração suas peculiaridades.

12.1. O PCP NA PRODUÇÃO ENXUTA

Há quem diga que o método JIT de gestão da produção é o que aconteceu de mais importante nos últimos 50 anos no ambiente industrial. Não questionaremos, apenas acrescentamos que, em nossa opinião, a Quarta Revolução Industrial sim é um divisor de águas na gestão da produção, pela magnitude que ela tomou e seus impactos tanto nos ambientes empresariais quanto pessoais.

Ainda sobre a importância, talvez exagerada, que foi dada à produção enxuta, precisamos dizer que os conceitos da produção enxuta e do JIT, em sua maioria, foram construídos há anos, a partir de contribuições de diversos engenheiros, administradores fabris e empresários. Por exemplo, Ford deu grande contribuição ao JIT e, consequentemente, à produção enxuta, quando criou as peças intercambiáveis e a redução de desperdícios de movimentos que não agregavam valor. Tanto que Taiichi Ohno declarava publicamente que era fã de Ford.

O que aconteceu foi que Ohno aprimorou os conceitos criados anteriormente, concebeu mais alguns que se adaptavam bem à realidade de recursos escassos, situação que o Japão vivia no pós-guerra, e criou o JIT. Por que deixamos claro que o JIT não foi criação unicamente de Ohno? Para mostrar quem realmente foi o criador e que nem tudo é como vendem os pródigos consultores de *lean*.

Não questionamos a eficiência do *lean manufacturing* (produção enxuta), mesmo porque está mais que provado que ele gera grandes benefícios onde é implantado. Questionamos o fato de que alguns consultores, de forma equivocada e até injusta, desabonam o passado da administração da produção, diminuindo a importância que Taylor e Ford tiveram na construção de todo o conhecimento que temos hoje à disposição da administração da produção, para supervalorizar o JIT e a produção enxuta, afim de melhor vendê-los. Não é necessário macular os gênios do passado para vender um gênio do presente; é possível fazer com que eles convivam em harmonia, de forma evolutiva e contributiva. Sem Taylor e Ford não haveria Ohno, JIT e a produção enxuta.

Dito isso, podemos prosseguir.

O Sistema Toyota de Produção (STP), que deu origem ao JIT e posteriormente à produção enxuta (*lean manufacturing*), é um sistema de produção que visa à eliminação total de desperdícios pela eliminação das perdas e o respeito pelas pessoas. Perda se refere ao que é gasto desnecessariamente na produção de um item. São atividades, operações, movimentações e tudo o que é executado no chão de fábrica e não agrega valor algum para o cliente. Aliás, o cliente começa a ter muito mais poder e voz dentro das organizações do que antes.

As perdas podem ser classificadas em sete tipos, a saber:

1) Perda por superprodução: é o desperdício de fazer mais que o necessário e antes do necessário. Lembre-se: quem determina o que é necessário é o cliente, logo, o mercado. A demanda vem dele, e somente após o pedido é que se inicia o processo produtivo.
2) Perda por tempo de espera: ocorre quando os recursos transformadores (máquinas, equipamentos, homens etc.) estão parados em vez de estarem agregando valor ao produto.
3) Perda por transporte: é o transporte de materiais sem necessidade ou em demasia, pois transporte dentro de fábrica não agrega valor para o cliente.
4) Perda por estoque: ocorre quando o produto se detém em determinada etapa do processo ou após a finalização do processo, sendo que o produto é fabricado segundo encomenda, logo, só agrega valor quando entregue ao cliente. Estoque parado é dinheiro parado, além de esconder falhas no processo e desbalanceamentos.
5) Perda por processamento desnecessário: é a transformação em alguma fase do produto/serviço sem necessidade, com a execução de operações que não agregam valor para o cliente e precisam ser eliminadas.

6) Perda por movimento desnecessário: ocorre quando os funcionários precisam se movimentar entre as estações de trabalho em busca de ferramentas, materiais etc. desnecessariamente, cenário em que se perde tempo e dinheiro.
7) Perda por fabricação de produtos defeituosos: quando ocorre um erro em alguma fase do processamento do produto, o que ocasiona retrabalho, reprocesso ou refugo. Se o produto é feito corretamente da primeira vez, os recursos, escassos, são bem utilizados e, assim, economizados.

Uma excelente ferramenta para analisar o processo e identificar desperdícios é o Mapeamento do Fluxo de Valor (MFV). Mapear o fluxo de valor nada mais é que, de forma simples, desenhar as etapas do processo sequencialmente, identificando desperdícios para posteriores propostas de melhoria. O trabalho em equipe no momento do mapeamento é essencial para o sucesso da implantação do MFV. Rother e Shook (2003) trazem, no Quadro 12.1 a seguir, os motivos pelo qual o MFV é importante para reduzir desperdícios.

Quadro 12.1 – Motivos pelo qual o MFV é importante para reduzir desperdícios

	Por que o mapeamento do fluxo de valor (MFV) é uma ferramenta essencial?
1	Ajuda a visualizar mais do que simplesmente os processos individuais, por exemplo, montagem, solda etc. Você pode enxergar o fluxo todo.
2	Ajuda a identificar mais do que os desperdícios. Mapear ajuda a identificar as fontes de desperdícios no fluxo de valor.
3	Fornece uma linguagem comum para tratar dos processos de manufatura.
4	Torna as decisões sobre o fluxo visíveis, de modo que você pode discuti-las. De outro modo, muitos detalhes e decisões no seu chão de fábrica só acontecem por omissão.
5	Junta conceitos e técnicas enxutas, que o ajuda a evitar a implementação de algumas técnicas isoladamente.
6	Forma a base de um plano de implementação. Ao ajudá-lo a desenhar como o fluxo total de porta a porta deveria operar – uma parte que falta em muitos esforços enxutos –, os mapas do fluxo de valor tornam-se referência para a implementação enxuta. Imagine tentar construir uma casa sem uma planta!
7	Mostra a relação entre o fluxo de informação e o fluxo de material. Nenhuma outra ferramenta faz isso.
8	É muito mais útil que ferramentas quantitativas e diagramas de layout que produzem um conjunto de passos que não agregam valor, *lead time*, distância percorrida, quantidade de estoque, e assim por diante. O mapa do fluxo de valor é uma ferramenta qualitativa com a qual você descreve em detalhes como a sua unidade produtiva deveria operar para criar o fluxo. Números são bons para criar um senso de urgência ou como medidas e comparações antes/depois. O mapeamento do fluxo de valor é bom para descrever o que você realmente irá fazer para chegar a esses números.

Fonte: Rother e Shook (2003, p. 4).

Este livro não tem o intuito de ensinar todas as etapas de construção do MFV. Para isso, recomendamos o livro *Engenharia de Métodos e Produtividade*, do mesmo autor deste livro.

A título de enriquecimento de conteúdo e exemplificando melhor o MFV, segue a Figura 12.1, que traz o MFV do estado futuro (proposto) para o setor de pronto atendimento de um hospital universitário brasileiro. Veja que o MFV pode ser aplicado em qualquer segmento, seja ele manufatura ou serviços. Onde há uma entrada, um processamento e uma saída é possível aplicar o MFV. Observe também na Figura 12.1 que foram feitas propostas de melhorias (chamadas de *kaizen*) que trarão uma redução do *lead time* total, desde a entrada do paciente até sua liberação (alta) no pronto atendimento.

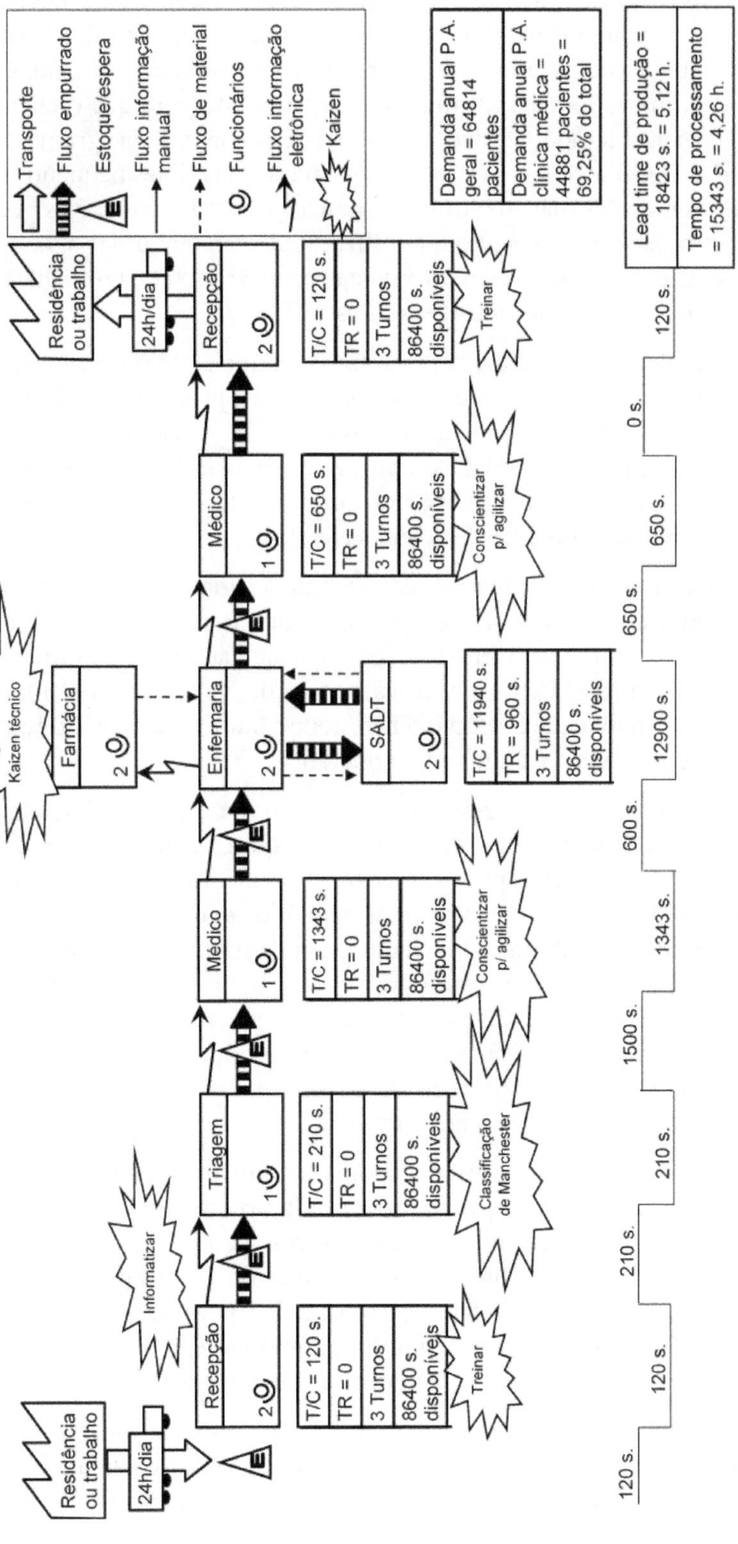

Figura 12.1 – Mapeamento do Fluxo de Valor do estado futuro do pronto atendimento na especialidade clínica médica

Fonte: Cardoso (2018, p. 116).

A produção enxuta visa lotes de produção tendendo a unitários ou, pelo menos, 10 lotes por dia de trabalho normal. Lotes pequenos tendem a garantir fluxo contínuo ao processo, diminuir estoques e manter um ritmo cadenciado de trabalho. Com lotes pequenos os *lead times* também diminuem, contribuindo para que o cliente receba seu pedido no menor tempo possível. A isso dá-se o nome de programação nivelada, ou *heijunka*. Dessa forma, a Toyota descobriu que fazer lotes pequenos de todo o *mix* de produtos todos os dias maximiza a chance de atender melhor os pedidos dos clientes, minimiza estoques e melhora a utilização do capital humano. Isso porque a taxa de utilização das máquinas não é o foco da produção enxuta, tanto que na Toyota existiam muito mais máquinas que operadores.

E como a produção enxuta entrega produtos no tempo certo sem estoques de segurança? Ela mantém estoques de segurança, mas não em produtos: na forma de capacidade ociosa. Por ela produzir somente o desejado pelo mercado (de forma puxada), ela atua sempre com certa ociosidade do processo. Logo, utiliza essa ociosidade para nivelar a demanda caso ocorram emergências do tipo pedidos urgentes ou problemas de máquinas quebradas, aumento de defeitos etc.

Além disso, é importante reduzir drasticamente o tempo perdido com *setups*, que não agregam valor algum, pois são tempo gasto com preparação de máquinas para a troca de produtos. Existem diversas ferramentas que auxiliam na diminuição dos tempos de *setups*, e a mais usada é a Troca Rápida de Ferramenta (TRF), na qual o foco é transformar tudo o que é *setup* interno, aquele que é feito com a máquina parada, em *setup* externo, feito com a máquina operando.

É importante ressaltar que o respeito pelas pessoas é um dos pilares mais fortes da produção enxuta. Esse respeito começa dando segurança de emprego permanente aos trabalhadores: mesmo em épocas de crise, eles sabem que podem contar com a empresa, que fará um esforço enorme para mantê-los em suas plantas. Seguros, os funcionários tendem a colaborar com a empresa no atingimento das metas e na melhoria contínua dos processos. Os funcionários são bonificados quando atingem as metas e sentem-se então parte da empresa, não somente um número, uma extensão da máquina. Funcionário motivado é funcionário produtivo. Dessa valorização do pessoal vem grande parte das justificativas de que o modelo de produção enxuto dá certo e gera grandes benefícios a quem o implanta.

Do ponto de vista do PCP na produção enxuta, por incrível que pareça existem mais similaridades do que divergências. Na produção enxuta, o PCP ocorre sobre previsões de vendas nos níveis estratégicos e táticos, assim como ocorre no sistema empurrado. É possível e aconselhável inclusive que se utilize tanto as técnicas de plano de produção agregado quanto S&OP, MPS e MRP, já estudados neste livro. Isso vai ao encontro do que foi falado em capítulos anteriores: a previsão de vendas cabe e deve ser feita tanto para sistemas empurrados quanto puxados.

A diferença é que na produção puxada o PCP faz as programações diárias baseado nos pedidos firmes. Os planejamentos anual, mensal e semanal continuam sendo feitos com base em previsões de vendas; somente o diário é feito por pedido.

Logo, pode-se concluir que o Sistema Toyota de Produção (STP), o *Just In Time* (JIT) e a produção enxuta utilizam uma combinação de PCP antecipado e contrapedido. Produzem as etapas iniciais dos produtos de forma empurrada, e a montagem final ou as etapas finais são feitas segundo o que os cartões *kanban* solicitam, tornando a lógica do PCP puxado em um misto de empurrado com puxado.

Na fase de programação diária, o PCP faz o sequenciamento das ordens de produção utilizando o *kanban*. As partes dos produtos produzidas de forma empurrada (ou seja, as partes iniciais dos produtos) são planejadas segundo o MRP e vão sendo alocadas, assim que ficam prontas, etapa a etapa, em supermercados ou prateleiras de produtos semiacabados, para que sejam retirados somente com a autorização de um cartão *kanban*. Dessa forma, mesmo produzindo certa quantidade empurrada, os estoques em processo são extremamente controlados para que não ultrapassem os limites dos supermercados.

Existe a possibilidade de se trabalhar 100% com *kanbans*, sem utilizar MRP e nenhuma outra técnica empurrada. Mas, para que isso seja possível, a empresa em questão precisa fazer parte do sistema de produção do tipo por projeto (*project shop*), em que o pedido só é definido após as decisões do cliente. Salvo essa exceção, na qual o *start* só existe após a definição do pedido do cliente (como ocorre nos estaleiros de navios, nas confeitarias de bolos artesanais etc.), em todos os outros casos cabe a mescla de MPS, MRP e *kanban*.

12.2. KANBAN E DIMENSIONAMENTOS

O *kaban* é um meio de controle visual usado para manter o sistema JIT funcionando. Ou seja, é um sistema de informação que controla eficientemente a fabricação de produtos necessários nas quantidades demandadas e no tempo necessário em cada etapa de fabricação.

Para que o *kanban* funcione adequadamente, ele se utiliza de supermercados de ressuprimento entre as etapas de fabricação. As ordens são enviadas para a última etapa do processo, geralmente a montagem final, que verifica se há itens em estoque e solicita o que falta para completar o pedido para a etapa anterior. A etapa anterior, ciente da necessidade do cliente, verifica se tem algo e produz somente o que falta para completar o pedido. Após sua produção, essa etapa coloca os itens no supermercado, que existe em todas as etapas do processo, e avisa a etapa requisitante que seus itens já estão disponíveis. Assim, ela retira do supermercado somente o que havia solicitado, dando nome à lógica de programação puxada. E assim é feito em todas as etapas de fabricação, sempre da última etapa para as anteriores, de trás para frente.

O sistema *kanban* funciona por meio dos cartões *kanban*, nos quais se identifica qual é o produto a ser produzido, o que deve ser feito, em quanto tempo e em que quantidade, além de indicar de onde e para onde o produto deve ser transportado. Existem cartões *kanban* de produção, que são usados para identificar e orientar a tarefa/operação, e cartões *kanban* de movimentação, usados para identificar e transferir o produto entre as etapas.

A Figura 12.2 a seguir traz um exemplo de cartão *kanban* de produção, e a Figura 12.3 traz um exemplo de um cartão *kanban* de transporte.

Nº da Prateleira de armazenamento	**F26-18**	Nº do Item Anterior	**A5-34**	Processo
Nº do Item	**56790-321**			**Usinagem SB-8**
Nome do Item	**Virabrequim**			
Tipo do Carro	**SX50BC-150**			

Figura 12.2 – Cartão *kanban* de produção

Fonte: Monden (2015, p. 37).

Nº da Prateleira de Armazenamento	**5E215**	Nº do Item anterior	**A2-15**	Processo Precedente
Nº do Item	**35670S07**			**Forçores B-2**
Nome do Item	**Pinhão de acionamento**			
Tipo do Carro	**SX50BC**			Processo Subsequente
Capacidade da Caixa	Caixa Tipo	Nº do Cartão		**Usinagem m-6**
20	**B**	**4/8**		

Figura 12.3 – Cartão *kanban* de transporte

Fonte: Monden (2015, p. 37).

Mais importante do que saber calcular o número de cartões *kanban* é compreender que o foco é executar a produção em lotes cada vez menores, que só serão possíveis com a redução drástica dos *setups*, além de reduzir o tempo de atravessamento e tentar eliminar os estoques de segurança que existem entre as etapas de fabricação para suportar variações imprevistas na demanda e no tempo de processo.

Existem cinco regras básicas para que o *kanban* dê certo. São elas:

I. O processo subsequente (cliente, posterior) é quem deve retirar no processo precedente (fornecedor, anterior) as quantidades necessárias somente no tempo necessário demandado.

II. O processo fornecedor, por sua vez, deve produzir somente o que foi demandado pelo processo cliente dele.

III. Os produtos que apresentarem defeitos de qualquer natureza, não devem ser liberados para o processo cliente, mantendo o conceito de cliente-fornecedor em uso eficiente.

IV. Mesmo assim, o número de *kanbans* no sistema deve ser minimizado, pois quanto mais *kanbans* houver, mais estoques existem em processo.

V. O sistema *kanban* como um todo precisa se adaptar a pequenas oscilações na demanda de curto prazo, sem necessidade de intervenção do PCP replanejando a programação toda. Sendo o sistema *kanban* programado e mantido de forma eficiente, balanceado, nivelado, essas pequenas oscilações são aceitas naturalmente, pois ele atua com uma certa margem de ociosidade, o que reflete em capacidade disponível no curto prazo para adequações aos pedidos.

O capítulo ficaria incompleto sem os cálculos do número de cartões *kanban*. Antes de definir o número de cartões *kanban* no supermercado, devemos dimensionar o tamanho dos lotes de produção. A priori, estabelece-se esses lotes de acordo com o lote econômico de produção, mas a meta do JIT e da produção enxuta é minimizar tanto esses lotes quanto possível, chegando à marca de lote unitário de produção. Porém, alguns fatores podem dificultar a prática do lote unitário, como: tamanho do contenedor (caixa utilizada para armazenar peças entre as etapas do processo, servindo como alternativa aos supermercados em prateleiras); tamanho do lote de produção do equipamento fornecedor; limitações de peso para movimentações manuais; dinâmica do consumo do cliente.

Definidos os tamanhos dos lotes de cada cartão *kanban*, passa-se então ao cálculo efetivo do número de cartões *kanban* (quantos lotes) devem ser fabricados de modo a manter o cliente sempre abastecido. A fórmula para o cálculo do número total de cartões *kanban* no supermercado é:

$$Nk = \frac{D}{Q} \cdot Nd \cdot (1 + S)$$

Onde:

Nk: número total de cartões *kanban* no supermercado;

D: demanda média diária do item em questão;

Q: tamanho do lote do cartão *kanban*;

Nd: número de dias de cobertura da demanda no supermercado;

S: segurança no sistema em percentual de cartões.

A partir dessa fórmula geral, pode-se dividi-la em duas partes: Nk para produção e Nk para movimentação. A fórmula permanece a mesma, somente substitui-se Nd por Tprod ou por Tmov, em que Tprod é o tempo total para um cartão *kanban* de produção completar um ciclo produtivo, em percentual do dia, na estação de trabalho (dia), e Tmov é o tempo total para um cartão *kanban* de movimentação completar um circuito, em percentual do dia, entre os supermercados do produtor e do consumidor (dia). As fórmulas ficam assim, então:

$$Nk = \frac{D}{Q} \cdot Nd \cdot (Tprod \cdot (1+S) \qquad Nk = \frac{D}{Q} \cdot Nd \cdot (Tmov \cdot (1+S)$$

Para ficar mais claro, seguem dois exemplos.

Exemplo 1: Admitindo-se um posto consumidor junto ao posto produtor com um supermercado de itens entre eles com cartões *kanban* de produção, calcular o número de cartões necessários, dado que o consumidor utiliza 600 itens/dia, em contenedores-padrão com lotes de 30 itens/cartão, e o produtor emprega, entre preparação da máquina e produção de um lote de 30 itens, 15 minutos de um dia de 480 minutos. Desconsiderar estoques de segurança.

Resolução:

D = 600 itens/dia; Q = 30 itens/cartão; Tprod = 15/480 = 0,03125; S = 0

Nk = (D/Q) . Tprod . (1 + S) = (600/30) . 0,03125 . (1 + 0) = 0,625 = 1 cartão de produção

Resposta: O número total de cartões kanban e contenedores no sistema será de 1, ou seja, um estoque total de 30 itens (1 cartão x 30 itens/cartão).

Exemplo 2: Calcular o número de cartões *kanban* necessários para operar com um fornecedor de um item com demanda diária de 2.000 itens, em contenedores-padrão para lotes de 50 itens/cartão, admitindo-se que o fornecedor gasta em média 40 minutos por dia de 480 minutos com viagens de movimentação e que elas podem tomar até 10% do seu tempo, causando atraso.

Resolução:

D = 2000 itens/dia; Q = 50 itens/cartão; Tmov = 0,08333; S = 0,10 do dia.

Nk = (D/Q) . Tmov . (1 + S) = (2000/50) . 0,08333 . (1 + 0,10) = 3,67 = 4 cartões de movimentação

Resposta: O número total de cartões kanban e contenedores no sistema será de 4, ou seja, um estoque total de 200 itens (4 cartões x 50 itens/cartão).

Essas informações de demanda podem vir do MRP. Além disso, na prática recomenda-se limitar o número mínimo de cartões *kanban* a 2, pois enquanto um está no quadro de cartões para ser reposto, o outro está pronto no supermercado, disponível para o cliente.

Logo, é notório que a produção pelo sistema *kanban* minimiza tanto os *lead times* quanto os estoques em processo e os desperdícios. Lembrando que o uso do MPS e MRP é muito bem-vindo no sistema *kanban*, sem qualquer atrito ou choque de conceitos.

12.3. PRODUÇÃO ENXUTA X MRP NA REALIDADE BRASILEIRA

Já ficou comprovado que a produção enxuta é tendência mundial. Todos os fabricantes tendem a implantá-la, cedo ou tarde, em seus processos. O que não se pode fazer é implantar produção enxuta por modismo, ou porque o concorrente implantou. É preciso analisar criteriosamente o ambiente mercadológico e em que nível de cultura organizacional a empresa se insere.

Recomendamos, antes da implantação da produção enxuta, a análise do sistema produtivo atual, de suas etapas do processo, suas máquinas e equipamentos, seu layout, seu pessoal, ferramentas computacionais, nível de maturidade e preparo para receber a produção enxuta. Depois, considerando que a empresa esteja pronta para a implantação, que ela seja feita com critério e cautela, pois se feita equivocadamente pode causar enormes prejuízos à empresa como um todo. Algumas empresas não conseguem se recuperar e vão à falência.

Por isso, recomendamos que, antes da implantação da produção enxuta, os seguintes passos sejam dados: correção do sistema produtivo atual, melhora das etapas do processo, redução de desperdícios e otimização do layout e dos custos produtivos. Além disso, é importante construir uma equipe unida e sinérgica, que saiba trabalhar em prol dos resultados do negócio como um todo.

Logo, é interessante implantar primeiro o MRP para, então, trabalhar com produção enxuta. Hoje ainda é possível encontrar empresas que gerenciam seus processos na prancheta ou em planilhas eletrônicas, coletando dados de forma manual, sem aparato tecnológico, com grande margem de erro (o erro pode ser feito deliberadamente, mas também por cansaço, fadiga ou desatenção). Ainda há empresas que operam máquinas de mais de 40 anos de fabricação e que já depreciaram três vezes. Mesmo recebendo manutenção quase diária, essas máquinas continuam no parque fabril por motivos diversos, como falta de recursos.

Em um cenário em que empresas brasileiras ainda estão na Terceira Revolução Industrial quando já estamos na Quarta, é preciso cuidar do MRP, implantando-o corretamente. Investir nas correções do MRP e do MPS, corrigir a árvore do produto, a lista de materiais (com 100% de acuracidade, como já visto no Capítulo 6), os tempos de produção, os lotes de produção e compra, as previsões de vendas e a gestão da produção como um todo. Após ter um processo e uma empresa funcionando praticamente no estágio da perfeição do sistema empurrado, passa-se então a projetar a mudança de empurrado para puxado, e assim de produção tradicional americana científica para produção enxuta.

Alguns autores defendem o planejamento feito somente por cartões *kanban* desde o estratégico até o operacional da produção. Acreditamos que possa haver um misto de produção empurrada, por meio da administração científica e do MPS e MRP, com produção puxada e enxuta com os cartões *kanban* no nível operacional de programação. O modelo de gestão da produção que recomendamos como o mais viável e econômico é a montagem por encomenda (*Assembly to Order* - ATO). No ATO as partes iniciais dos produtos são feitas empurradas, estocadas em estoques de produtos semiacabados, e as partes finais são feitas sob encomenda, de forma puxada. Os benefícios dessa forma de gestão da produção são: o estoque de produtos acabados, que carrega o maior custo de produção, é minimizado, senão, zerado; o capital imobilizado em estoque é diminuído; a empresa se beneficia da economia de escala, pois produz as estruturas dos produtos (etapas iniciais da produção) de forma empurrada, utilizando a capacidade produtiva ao máximo; há uma drástica redução do *lead time* de entrega ao cliente, pois boa parte dos produtos já está pronta, faltando somente as etapas finais que serão feitas segundo a encomenda dos clientes, dessa forma o PCP emitirá ordens de produção para as estruturas dos produtos (partes iniciais dos produtos) e *kanbans* de montagem para as etapas finais da produção somente após a encomenda. O ATO é o modelo de gestão da produção que recomendamos para produção descontínua. Estrategicamente falando, ele é o que mais traz resultados financeiros positivos para a empresa.

Porém, ainda sob o prisma da comparação do MRP com a produção enxuta, a realidade brasileira não nos permite sonhar muito alto. Se compararmos nossas fábricas às fábricas japonesas, coreanas, chinesas e até indianas, percebemos que estamos muito distante delas, salvo raras exceções, que geralmente são multinacionais ou empresas com cultura madura a ponto de assimilar as inovações mundiais com muita facilidade. No tocante aos governos federal, estadual e municipal não há políticas públicas verdadeiramente de fomento à inovação e à industrialização das empresas, não há incentivos profissionais e tecnológicos (não nos referimos a incentivos fiscais protecionistas, mas a incentivos legais, gerenciais e educacionais). O Brasil precisa parar de pensar como fornecedor de commodities e passar a pensar em industrializar essas commodities, agregar valor e exportar produtos industrializados. Dessa forma, a renda será potencializada exponencialmente, será melhor distribuída, gerará riqueza e emprego em escala muito maior do que as commodities geram hoje. É nesse sentido que vemos políticas públicas desenvolvimentistas, impulsionando e alavancando a agroindústria brasileira, e não somente a agropecuária, como é feito hoje.

O desenvolvimento do Brasil está diretamente ligado a políticas públicas de fomento à inovação e à industrialização. Nosso país não passa por um processo de desindustrialização, como alguns economistas assim esbravejam, mas passamos por um momento de baixo investimento na área industrial e baixos incentivos de forma geral para que possamos sair desse estágio de escassez de investimentos na área. Não haverá aumento de investimentos empresariais no setor industrial sem um ambiente micro e macroeconômico favoráveis, em que haja segurança jurídica e econômica para investir a longo prazo. O Brasil precisa passar a planejar a longo prazo. Aliás, esse é um dos grandes males do brasileiro: não planejar. E sem planejamento, o desenvolvimento vira mero exercício de criatividade e utopia.

CAPÍTULO 13
PLANEJAMENTO ESTRATÉGICO DA PRODUÇÃO

Para fechar o ciclo do Planejamento e Controle da Produção precisamos tratar do tão importante tema Planejamento Estratégico da Produção. Ele envolve a cúpula da empresa, em que decisões macro são tomadas, decisões que darão o ritmo e o norte à empresa e à produção em si. Decisões no nível estratégico são tomadas em parceria com todos os setores da empresa, com a diretoria de cada setor. Por exemplo, decisões estratégicas geralmente são tomadas pela presidência da empresa em conjunto com as diretorias de marketing, financeira, administrativa e de produção.

Neste capítulo você verá a evolução do pensamento estratégico, os principais conceitos relacionados a planejamento estratégico, algumas das principais ferramentas utilizadas para elaboração e melhoria de estratégias gerenciais, como criar vantagens competitivas relativas à produção e como mantê-las, criar estratégias de capacidade e de terceirização e analisar o papel estratégico da tecnologia da informação no alcance dos objetivos organizacionais.

13.1. EVOLUÇÃO DO PENSAMENTO ESTRATÉGICO

O ato de pensar estrategicamente ganhou força após a década de 1950, com as escolas de negócios. Porém, sempre existiram pensamentos estratégicos. Quando os caçadores criavam maneiras de caçar mais eficientemente, eles criavam estratégias. Quando os egípcios elaboravam formas de construir suas pirâmides, eles estavam pensando estrategicamente. Quando governantes astutos formulavam roteiros de dominação, eles estavam criando estratégias. E assim sempre foi feito.

Porém, antes de falar propriamente sobre a evolução do pensamento estratégico, é importante definir o que seria estratégia de fato. Estratégia é usada há milhares de anos. Por exemplo, um dos primeiros a utilizá-la foi o general chinês Sun Tzu, há mais de 3.000 anos. Ele afirmava: "todos os homens podem ver as táticas pelas quais eu conquisto, mas o que ninguém consegue ver é a estratégia a partir da qual grandes vitórias são obtidas".

Estratégia é um conjunto de ações que as organizações devem realizar para alcançar determinados objetivos, e é influenciada diretamente pela missão, visão e valores da organização, além do microambiente e da situação atual em que ela se encontra perante seus concorrentes.

Para que boas estratégias sejam implantadas e mantidas, é preciso que haja atitude estratégica por parte dos gestores responsáveis pelas implementações. Tal atitude é obtida quando o gestor reconhece a importância da estratégia, compromete-se em implementá-la com eficiência e compartilha com seus pares tanto as tarefas quanto os bônus após a implementação da estratégia. Uma atitude estratégica está diretamente ligada ao potencial sinergético dos gestores e sua capacidade em ser um líder transformacional.

Voltando à evolução do pensamento estratégico, antes da década de 1950 o ensino de estratégia nas escolas de negócios era feito por executivos aposentados que transmitiam seus conhecimentos práticos com pouco ou nenhum embasamento científico e/ou teórico. Logo, via-se que eram criadas determinadas linhas de pensamento diferentes por escolas.

Somente a partir da década de 1960 é que começaram a surgir estudos científicos sobre gestão estratégica, muito focados em explicar o desempenho das empresas sob certos prismas. Daí surgiram diferentes linhas de pensamento, como: teoria evolucionária e coevolucionária; teoria dos custos de transação; teoria da aprendizagem; teoria da agência; teoria contingencial; teoria institucional; e teoria das redes relacionais.

Ainda sob o prisma evolucional, na década de 1960 a estratégia focava o planejamento corporativo. Já na década de 1970 a estratégia focava a diversificação dos produtos e serviços oferecidos e no planejamento estratégico do portfólio ofertado. Nas décadas de 1980 e 1990 o foco da estratégia era o negócio central, menos analítico e mais centrado nas pessoas que compunham as organizações.

De forma resumida, podemos levantar as fases do pensamento estratégico evolutivo e suas principais características:

- Primeira Revolução Industrial: pouca concorrência com empresas dominantes, predominância da mão do mercado;
- Segunda Revolução Industrial: começa o mercado de massas, empresas usando a economia de escala, linha de montagem, empresas crescem pela integração vertical, funções de gestão (por Fayol) e funções científicas (por Taylor);
- Década de 1930: foco nos fatores estratégicos e nas estratégias dos negócios para além dos preços praticados, surgem os sindicatos e as manifestações dos trabalhadores;

- 2ª Guerra Mundial: surge a necessidade de redução de custos, foco nas curvas de aprendizagem e na logística de operações;
- Década de 1950: surgem as estratégias de ambientes competitivos, há a internacionalização de empresas, predominância da gestão financeira, descentralização ganha força, há maior controle governamental e protecionismo nos países mais pobres;
- Década de 1960: incremento tecnológico nas empresas, criação da análise SWOT, aumento das fusões e aquisições, criação da análise de carteira matriz BCG, nasce a gestão por objetivos (Administração por Objetivos - APO) e o planejamento estratégico estruturado;
- Década de 1970: criação da análise estrutural da indústria, divisão das organizações em Unidades Estratégicas de Negócios (UEN), a responsabilidade social toma impulso e vulto, inicia-se o planejamento por cenários;
- Década de 1980: foco na vantagem competitiva e na cadeia de valor, há desregulamentação de diversos setores, aprimoramento da cultura organizacional, aumento da importância dos *stakeholders*, criação e foco na tecnologia da informação nas empresas e no empreendedorismo (interno e externo);
- Década de 1990: há a concentração nas competências empresariais e pessoais, criação da governança corporativa, códigos de ética e subcontratação, criação do *Balanced Scorecard* (BSC), criação da reengenharia dos processos e da economia baseada na internet;
- Início do século XXI: foco no valor da empresa e da marca, criação de alianças e parcerias estratégicas, estruturas organizacionais flexíveis e enxutas, importância das habilidades e competências para a competição, maior foco na inovação e conhecimento (capital humano), a estratégia agora é formada de maneira participativa com os setores envolvidos, mais fusões e aquisições (como nunca se viu antes) e pressões sociais pela gestão ambiental eficiente.

13.2. CONCEITOS RELACIONADOS A PLANEJAMENTO ESTRATÉGICO

Uma estratégia de produção é um conjunto de regras, metas e políticas que definem como a empresa planeja coordenar os recursos produtivos para cumprir da melhor forma possível sua missão. Essa estratégia de produção é definida segundo os critérios da empresa de diferenciação no mercado, para que possa então criar vantagens competitivas que a coloquem na dianteira da corrida dos concorrentes. É importante que a empresa olhe para a produção atentamente, pois a produção é órgão vital no negócio, e sem a eficiência dela toda a estratégia competitiva pode ir por água abaixo. A produção precisa ser eficiente e eficaz, bem gerida, inteligentemente planejada e coordenada e estrategicamente pensada, para que as metas globais da empresa sejam alcançadas e até ultrapassadas. Espera-se que o mau hábito de alguns empresários de privilegiar um setor em detrimento de outro acabe (por exemplo, privilegiar o departamento comercial em detrimento do departamento de produção simplesmente porque o comercial é quem traz as vendas para a empresa, pois sem a produção não haveria o que produzir e de nada adiantaria vender).

O planejamento estratégico pode assumir três níveis: no nível mais alto, como estratégia corporativa, em que se analisa aquisições, fusões, mercados, como ela se estruturará para atacar esses mercados, e como adquirir e alocar recursos importantes para conquistar esses mercados. No nível intermediário, como estratégia de negócios das unidades de negócios da empresa e suas subsidiárias, definindo o escopo e a relação dessa unidade de negócio com a organização como um todo, e como essa unidade de negócio se posiciona no setor em que ela atua para alcançar e manter sua vantagem competitiva. No nível operacional, como estratégia funcional, que dá suporte às estratégias e vantagens competitivas, e podem ser estratégias de marketing/vendas, de produção, de controladoria/finanças e de pesquisa/desenvolvimento, todas com intuito de alavancar e amparar as estratégias dos dois níveis mais altos.

13.2.1. IDENTIDADE ORGANIZACIONAL (QUEM SOMOS?)

A primeira característica crucial a qualquer bom planejamento estratégico é a correta definição da identidade organizacional. Essa identidade é construída a partir da missão, visão e valores da empresa. Sem a correta definição desse tripé empresarial não há como criar planejamento estratégico eficiente e coerente, pois não se terá construído uma identidade organizacional factível.

Vamos às definições desse tripé essencial a qualquer administração de empresas:

- Missão: razão de existir da empresa, o porquê dos colaboradores e sócios se esforçarem. A definição da missão da empresa é, na verdade, um exercício de aprendizagem organizacional, e quem a constrói acaba conhecendo a fundo seu negócio. A cada decisão estratégica executada pelos tomadores de decisão da empresa é preciso analisar se ela está alinhada com a missão da empresa, sob pena de a empresa perder seu foco. Exemplo de missão do Google: organizar as informações do mundo todo e torná-las acessíveis e úteis em caráter universal.
- Visão: responde onde a empresa quer chegar e o que deseja ser no futuro. A visão de uma empresa precisa conter o sonho de todos os *stakeholders*, por isso deve ser construída conjuntamente. Nesse contexto, esse sonho deve ser realizável, inspirador, motivável, objetivo, factível, perceptível e com prazo determinado. A criação da visão da empresa é extremamente importante porque todo o planejamento estratégico será embasado nela. Exemplo de visão da Mercedes-Benz: ser referência como empresa produtora e fornecedora brasileira dos melhores veículos comerciais, agregados, automóveis, componentes e serviços. Buscar atender às necessidades e expectativas dos clientes e criar valor para os acionistas e demais públicos com os quais a empresa trabalha.

- Valores: princípios que comandam as ações e comportamentos de todos da empresa. Para que tenham eficácia, os valores precisam ser criados também conjuntamente por todos. Recomenda-se que sejam criados de cinco a seis valores, e que os funcionários sejam orientados a segui-los. Para que esses valores sejam seguidos por todos, eles precisam ser claros, objetivos, públicos e obrigatórios para todos os níveis hierárquicos. Exemplo de valores: satisfação do cliente, valorização e respeito às pessoas, responsabilidade ambiental etc.

Com a criação da missão, visão e valores, a identidade organizacional será definida. Sendo compartilhada, ela ficará mais bem enraizada na cultura organizacional.

13.2.2. ANÁLISE DO AMBIENTE (ONDE ESTAMOS?)

A análise do ambiente consiste na análise criteriosa dos pontos fortes e fracos da organização como um todo, além das oportunidades e ameaças existentes, principalmente em comparação aos concorrentes. Sua principal função é analisar os contextos externo e interno nos quais a empresa está inserida.

Essa análise é feita com base em descrições qualitativas e quantitativas de conjunturas atuais e futuras, realísticas ou previsíveis, principalmente relacionadas à atuação da empresa nos âmbitos político, econômico, social e mercadológico. Essa análise se estende para a região de atuação da empresa num determinado período.

Sun Tzu, em seu livro *A Arte da Guerra*, afirmava:

> "Se conhecemos o inimigo (ambiente externo) e a nós mesmos (ambiente interno), não precisamos temer o resultado de uma centena de combates. Se nos conhecemos, mas não ao inimigo, para cada vitória sofreremos uma derrota. Se não nos conhecemos nem ao inimigo, sucumbiremos em todas as batalhas."

Logo, a análise do ambiente organizacional é crucial para a execução de um planejamento estratégico inteligente, eficiente e eficaz.

A melhor ferramenta para a análise do ambiente é a matriz SWOT, formada pelas inicias de *Strengths, Weaknesses, Opportunities* e *Threats*, que significam respectivamente: forças, fraquezas, oportunidades e ameaças. A matriz SWOT é também conhecida como PFFOA, ou Pontos Fortes, Fracos, Oportunidades e Ameaças. Essas siglas são divididas assim: para análise do ambiente interno são usadas as forças e fraquezas, e para análise do ambiente externo, as ameaças e oportunidades.

A análise do ambiente interno é feita percebendo o ambiente em que a organização tem total controle, onde ela consegue agir e controlar e justamente consegue definir seus pontos fortes e fracos. As forças vêm das vantagens competitivas da organização perante seus concorrentes, como equipe altamente qualificada, localização privilegiada, processos inovadores etc. Já as fraquezas são de fato pontos fracos da empresa perante sua concorrência, que a colocam em posição de vulnerabilidade estratégica, como máquinas obsoletas, pessoal desmotivado, inexistência de estratégia de inovação de produtos e outros.

Já com relação à análise do ambiente externo, a diferença é que sobre ele a empresa não tem controle algum, e está ligado à política, crises econômicas, mudanças de câmbio e na legislação etc. Logo, quando esses fatores externos ocasionarem um ambiente favorável à organização, ela deve aproveitar essa oportunidade gerada para melhorar seus resultados globais, e quando ocasionarem um ambiente desfavorável, a organização deve tomar decisões para amenizar essas fraquezas, utilizando seus pontos fortes. Por exemplo, ocorreu um aumento repentino dos combustíveis (ameaça), mas minha empresa tem uma logística inteligente e pessoal qualificado para repensar as rotas (ponto forte).

Os passos para se criar uma correta análise de ambiente são, sequencialmente: definir quais são as forças; definir suas fraquezas; enumerar todas as oportunidades; listar as ameaças atuais e futuras; inserir os dados corretamente no diagrama da análise SWOT; realizar as correlações entre os fatores da matriz SWOT; elucidar quais são as forças que potencializarão as oportunidades e aquelas que combaterão as ameaças, além das fraquezas que podem prejudicar as conjecturas e aquelas que podem potencializar as ameaças.

A Figura 13.1 a seguir traz um modelo de matriz SWOT que pode ser preenchido com as informações da sua empresa.

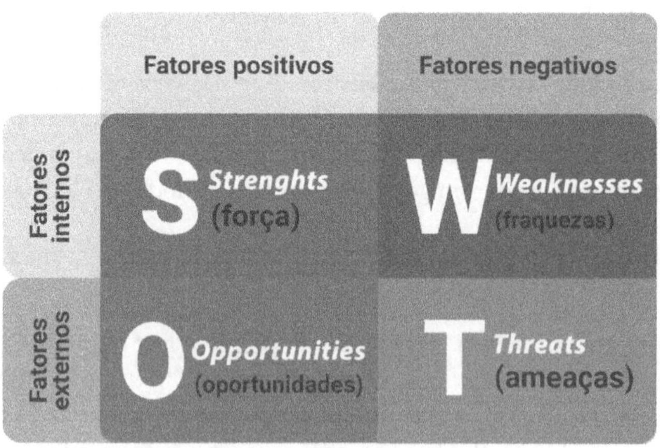

Figura 13.1 – Modelo de matriz SWOT

13.2.3. DELINEAMENTO DAS ESTRATÉGIAS (PARA ONDE VAMOS? E COMO CHEGAREMOS LÁ?)

Após a criação da identidade organizacional e as análises dos ambientes interno e externo, passa-se à fase de traçar as estratégias para alcançar os objetivos, missão e valores do negócio. É nessa fase que a direção da empresa cria planos de ação focados, cada um, num alvo diferente.

Todo plano de ação precisa ter, no mínimo, respostas às seguintes perguntas:

- Qual é o alvo?
- O que será feito para alcançar o alvo?
- Por que será feito?
- Onde será feito?
- Quando será feito (prazo)?
- Por quem será feito?
- Como será feito?
- Quanto vai custar?

Observe que essas perguntas estão dentro da ferramenta 5W2H, tão difundida no século XXI. Com base nela, é possível criar etapa a etapa planos de ações focados nos objetivos do negócio e alcançá-los, de forma eficiente e eficaz.

Lembre-se de imbuir todos da empresa nesses planos de ação, pois queremos colaboradores comprometidos, e não somente envolvidos, com o sucesso dos planos e da empresa como um todo. É interessante também fomentar o potencial sinergético da equipe, afinal, é da empresa que vem o sustento dos funcionários.

13.3. CRIANDO UMA VANTAGEM COMPETITIVA POR MEIO DA PRODUÇÃO

O que é uma vantagem competitiva? É algo que sua empresa tem que os concorrentes não têm. Quem tem uma vantagem competitiva tende a sair na frente na corrida pelos clientes. Exemplo de vantagens competitivas: preço menor que o do concorrente (se o cliente vê isso como uma vantagem), prazo melhor que o do concorrente etc. Sempre pela ótica do cliente, pois é ele quem determina se algo agrega ou não valor e, consequentemente, se é ou não uma vantagem competitiva.

Uma estratégia de produção é a criação de formas de alcançar os objetivos organizacionais por meio dos recursos produtivos. Por exemplo: o que a produção pode fazer para ajudar a empresa a alcançar o objetivo de ser mais ágil que os concorrentes?

Os principais fatores utilizados pelas empresas como diferenciais competitivos são:

- Custo: sempre menor que o do concorrente;
- Qualidade: sempre melhor que o do concorrente;
- Confiabilidade: sempre com desempenho melhor que o do concorrente;
- Flexibilidade: sempre se adaptando às necessidades do mercado, melhor que o concorrente;

- Velocidade: sempre mais rápido que o concorrente.

Óbvio que seguir todos os diferenciais competitivos é utopia. Por isso, as empresas escolhem quais diferenciais seguir segundo os desejos e expectativas do mercado. Quem determina os rumos do negócio é o cliente.

Para criar um processo de planejamento estratégico coerente e coeso, é preciso avaliar os seguintes fatores de decisão-chave envolvendo a implementação da estratégia de produção:

- Capacidade: quantidade produzida, de que tipo e em que tempo;
- Fornecimento e integração vertical: extensão, produzir internamente ou de forma terceirizada;
- Instalações: qual tamanho necessário, a localização, grau de especialização;
- Tecnologia do processo e da informação: nível de automação, conectividade, liderar *versus* seguir a concorrência;
- Sistemas de orçamento de capital com alocação de recursos;
- Recursos humanos: contratação, seleção, recrutamento, política de remuneração, plano de cargos e salários;
- Organização do trabalho e controle: planejamento, PCP, controle da produção, compras, gestão de estoques;
- Gestão da qualidade: prevenção de defeitos, perdas, controle e monitoramento da qualidade, intervenção e eliminação dos defeitos;
- Sistemas de recompensa e medição de desempenho: indicadores de desempenho, programa de produtividade e recompensa;
- Pesquisa e desenvolvimento de novos produtos: liderar ou seguir o líder, organização da equipe de projetos, frequência de lançamento de novos produtos, foco no design e inovação, diferenciação;
- Organização administrativa: centralizada ou descentralizada, nível de delegação, trabalho em equipe e potencial sinérgico.

Infelizmente alguns empresários creem que a produção é o problema da empresa, por diversos motivos, mas os mais usuais são atrasos, altos custos e baixas margens, perdas da empresa etc. A produção, pelo contrário, é a salvação da lavoura. Em tempos de crise ela se adapta bem às condições incertas de demanda, e em tempos de alta demanda ela se sacrifica pelo bem da empresa. Obviamente, isso ocorrerá se ela for bem gerida por líderes competentes e qualificados, e não chefes com pensamento antiquado e mente fechada para as novidades e melhorias. Se bem gerida, a produção é, estrategicamente falando, um setor-chave para o sucesso da empresa como um todo. A produção é o coração da empresa.

13.4. ESTRATÉGIA DE CAPACIDADE

Assim como na estratégia de produção, a estratégia de capacidade também precisa estar alinhada aos pressupostos, missão, visão e valores do negócio como um todo, a fim de que as estratégias de capacidade fomentem a potencialidade do negócio e dos resultados esperados. Alguns fatores que toda estratégia de capacidade precisa considerar: estimativa e previsão da variação da demanda pelos produtos e serviços da empresa; custos de construção, operação e manutenção de instalações de diversos tamanhos, segundo suas capacidades; orientação tecnológica dos processos e produtos; análise do mercado externo, principalmente dos comportamentos dos seus concorrentes; grau de disponibilidade, competência e custos de seus fornecedores.

A capacidade produtiva não é algo tão simples de ser calculada. Ela depende diretamente do *mix* de produtos e serviços demandados, da política da empresa, das taxas de produção, dos indicadores de desempenho, dos níveis de tecnologia no processo, da complexidade de cada produto/serviço e dos recursos humanos, entre outros fatores. Digamos que encontrar a capacidade produtiva antecipada com acurácia de 100% é praticamente utopia, justamente pelas variáveis citadas anteriormente. O que conseguimos é encontrar a capacidade aproximada, média, segundo certos cenários simulados. Por exemplo, se o *mix* de produtos em produção for X, a capacidade é Y, se for Z, a capacidade será W etc. Outro fator que impacta muito a capacidade produtiva é o humano. Quando o fator humano é quem dita o ritmo do processo teremos problemas, pois é de conhecimento de todos que o ser humano não tem a mesma produtividade e assertividade, oscilando entre picos e vales de produtividade. Logo, recomendamos automatizar o máximo possível de processos. A máquina não fadiga, não tem sindicato, não fica doente, não pede aumento, não leva as coisas para o lado pessoal, não gera encargos trabalhistas (o que em um país como o Brasil é fator que por si só já é de grande valia para justificar a automação dos processos), não faz conluio e não cria vadiagem sistemática, entre tantos outros motivos.

Além disso, a capacidade pode ser definida segundo três abordagens: capacidade definida, que é a capacidade de projeto, definida sob condições perfeitas de operação na capacidade das máquinas especificada pelo seus fabricantes; capacidade programada, que é a capacidade esperada, definida segundo o tempo realmente efetivo disponível para produção, descontando as paradas programadas e tudo mais que for previsível; e a capacidade real, que é a capacidade efetivamente produzida no dia a dia, descontando os problemas inesperados, as paradas não programadas, os defeitos, os rejeitos, a improdutividade etc., ou seja, tudo que impeça a capacidade programada de ser cumprida.

A capacidade real, por ser mais vulnerável a fatores diversos, é influenciada por ao menos oito fatores importantes, a saber:

i. A capacidade é baseada na tecnologia empregada no processo e nas operações;
ii. A capacidade depende do *mix* de produção, pois os produtos e/ou serviços têm tempos de produção distintos pela sua própria complexidade de fabricação;

iii. A capacidade depende da relação e da interação entre os recursos gargalos do sistema produtivo;
iv. A capacidade pode ser estocada, na forma de horas-máquina, quando mantida a capacidade de máquina sobressalente, ociosa, ou na forma de horas-homem, quando mantida certa quantidade de mão de obra ociosa. Tanto uma quanto outra são utilizadas em períodos de pico de demanda ou de necessidade de recursos extras por problemas diversos. Lembre-se: imprevistos tendem a acontecer no chão de fábrica, logo, ter certa capacidade sobressalente é uma boa estratégia em empresas de qualquer porte;
v. A capacidade depende da maneira e da política de gerenciamento dos recursos produtivos, sejam eles instalações ou homens, incluindo horas trabalhadas, níveis de estoque e paradas programadas, 'entre outras que estão nas mãos dos gestores;
vi. A capacidade é dinâmica, dependente da curva de aprendizagem e dos processos de melhoria contínua executados na empresa;
vii. A capacidade é específica daquela localidade, ou seja, não é diretamente proporcional à metragem da planta, quantidade de horas-homem, horas-máquina, ou outro fator, pois cada localidade tem características peculiares que levam a diferenças na capacidade;
viii. A capacidade depende da taxa com que novos pedidos chegam aos postos de processamento, influenciando a capacidade instalada, pois se os pedidos não chegarem num fluxo contínuo pode gerar ociosidade momentânea de capacidade que não poderá ser preenchida após o processo ter iniciado (tempo perdido jamais pode ser recuperado).

Algumas técnicas podem ser utilizadas para incrementar a capacidade instalada. Seja qual for a técnica, nenhuma terá a eficiência da técnica que melhora a capacidade focada na melhoria do gargalo. Da Teoria das Restrições (TOC), de Eliyahu Goldratt, vem a concepção de gargalo, que é tudo aquilo que restringe o fluxo, é a etapa de maior tempo de processamento e menor número de itens produzidos por escala de tempo. Também da TOC veio que quem dita a capacidade do sistema produtivo é o gargalo, logo, uma melhoria feita e um minuto ganho no gargalo é um minuto ganho no sistema inteiro; já uma melhoria feita e um minuto ganho num recurso não gargalo, perda de tempo. Assim fica claro porque a melhor técnica para incrementar a capacidade instalada precisa obrigatoriamente passar pelo recurso gargalo, sob pena de perder tempo e dinheiro em melhorias não gargalo que em nada colaborarão para que a empresa alcance seus resultados.

Uma estratégia bastante usada na gestão da produção é a de manter colchões de capacidade, ou seja, de manter certa capacidade "estocada", em forma de horas-máquina e horas-homem, disponíveis para suprir emergências, como picos de demanda, quebras de máquinas, faltas de funcionários, atrasos de materiais etc. Uma maneira de dimensionar essa capacidade estocada seria analisar o histórico de cada fator que impacta direta e indiretamente a capacidade real instalada e calcular a variação em porcentagem que esses fatores tiveram sobre as capacidades da época, e assim estabelecer índices médios de capacidade estocada para cada fator separadamente. Para o fator variação na demanda prevista, uma boa estratégia seria simplesmente calcular as previsões segundo cenários mais prováveis, pessimistas e otimistas, não pulverizando demais os dados e não agregando em demasia.

Manter colchões de capacidade pode parecer, à primeira vista, um desperdício. Porém, os gestores aprenderam com a experiência que não pode haver atraso de entrega nas fábricas. Quando a empresa atrasa a entrega ela não perde somente por meio de multas contratuais por atraso, mas também a oportunidade de disponibilizar seu produto na prateleira ao consumidor, e este não encontrando seu produto tende a comprar do concorrente. E se gostar, ele nunca mais volta ao seu e ainda compartilha o experimento com seu círculo de amizades. Ou seja, os custos advindos do atraso na entrega chegam a ser infinitos, imensuráveis, pois a empresa não perde apenas uma venda, ela pode perder todo o fluxo de venda futuro com esse cliente.

13.5. INTEGRAÇÃO VERTICAL E TERCEIRIZAÇÃO

Uma das mais importantes decisões estratégicas que a empresa e seus gestores devem tomar é o que será produzido internamente (integração vertical) e o que será terceirizado. Historicamente, podemos lembrar de Henry Ford como um grande incentivador e praticante da integração vertical, pois ele chegou a ter fazendas de seringueiras na América do Sul para produzir borracha para seus automóveis. Com o passar do tempo, a própria Ford viu que se terceirizasse algumas etapas do processo ela poderia dispender menos energia em atividades que não eram o cerne do negócio, e focar seus esforços em atividades que definiriam estrategicamente seus resultados.

No século XXI é mais comum vermos empresas investirem em terceirização que em integração vertical. A Volkswagen Brasil Caminhões trabalha na forma de consórcio modular, e seus caminhões são montados, em boa parte, pelos seus fornecedores-chave na planta da VW.

A terceirização não precisa necessariamente ser feita somente de parte ou de toda a produção, mas também de setores como P&D e logística. Estrategicamente falando, a terceirização deve ser feita em setores em que o peso no *core* do negócio é pequeno, sendo mais um custo que um investimento.

Porém, a decisão de comprar ou fabricar (terceirizar ou integrar) não deve ser feita pura e exclusivamente com base em custos, e sim, na cadeia de valor gerada pelas operações. Sob o prisma da cadeia de valor é possível ter uma visão mais acurada sobre os custos e principalmente sobre as implicações estratégicas que essa decisão trará para a empresa. Além disso, é importante levar em consideração os ativos na integração das atividades. Itens como propriedade intelectual, sigilo industrial, informação, reputação e know-how pesam muito de decisões estratégicas relacionadas à terceirização ou integração.

Além disso, é importante frisar que não existem somente relações extremas de terceirização e integração. Podem haver também alianças estratégicas entre fornecedor e comprador na forma de terceirização, mas tão alinhada e nivelada entre si que parece uma relação de integração. É o conceito de parceria estratégica, no qual os atores são flexíveis a ponto de suportar algumas alterações no *mix*, nos prazos ou nas quantidades solicitadas sem penalizar seu parceiro, pois o intuito é justamente este: fortalecer a parceria. Porém, é importante que essa parceria não seja uma prisão, em que um fica única e exclusivamente dependente do outro, podendo e devendo ambos terem outras opções de parceria para a saúde financeira e sustentabilidade do negócio.

Existem alguns fatores que influenciam diretamente as decisões de integração vertical. Os três mais importantes são:

- Capacitações e recursos: em algumas empresas pode faltar capacitação ou recursos para executar internamente certas etapas do processo. Isso ocorre tanto por escassez de recursos financeiros quanto por foco estratégico do negócio. Por exemplo, a falta de recursos como motivo principal ocorre bastante em empresas iniciantes, que ainda não têm um fluxo de caixa e reservas altas a ponto de integrar verticalmente todos os seus processos. Por outro lado, pode ser que uma empresa já consolidada decida investir seu tempo e seus recursos em operações que são chave para o negócio, e terceirizar outras que não detêm sigilo industrial ou são mais bem executadas por terceiros;
- Necessidades de coordenação: a terceirização exige das empresas uma grande eficiência na coordenação das informações e das atividades. Atividades desconexas e descoordenadas levam a atrasos, falhas e prejuízos inesperados. A tecnologia da informação colabora hoje em dia com a melhoria da coordenação dos dados, aproximando os atores e diminuindo os *gaps* existentes na integração entre eles. Logo, quando empresas diferentes compartilham informações de forma rápida e segura via tecnologia da informação, a integração vertical não é necessária para alcançar uma boa coordenação;
- Controle e riscos estratégicos: na terceirização há que se ter total cuidado com as informações trocadas e o nível de confiança entre comprador e fornecedor. Os riscos de roubo de informações sigilosas ou de plágio de algum processo ou produto são prováveis quando não se tem um relacionamento estratégico, de parceria e com ótimo aparato legal contratual. Por isso, é importante que a empresa se proteja registrando suas patentes e marcas antes de dar sequência em relações de parceria e terceirizações. Outro risco é o da troca repentina de fornecedor, que não seria tão prejudicial se houvesse substitutos à altura e de forma rápida. Caso não haja substitutos em quantidade suficiente, a empresa corre o risco de ficar refém do fornecedor atual até que encontre e valide um novo fornecedor à altura do seu concorrente, ou superior, de preferência. Não podemos nos esquecer dos altos custos advindos das trocas de fornecedores e parceiros, às vezes obrigando as empresas a permanecerem com a parceria por um tempo maior, de forma a diluir ou amenizar os efeitos dos custos advindos da ruptura da parceria.

13.6. O CRESCENTE PAPEL DA TECNOLOGIA DA INFORMAÇÃO NO PLANEJAMENTO ESTRATÉGICO DA PRODUÇÃO

As trajetórias da Gestão da Produção e do Planejamento Estratégico podem ser divididas em antes e depois da chegada da Tecnologia da Informação nas empresas, que ocorreu massivamente a partir da década de 1970. Nas fábricas, surgia o MRP que prometia, e assim o fez, revolucionar a gestão de materiais e planejamento da produção. Com ele, a função lógica do PCP deixou de ser executada por uma só pessoa, e passou a ser mais democrática e disponível no sistema MRP da empresa. Com isso, os dados foram ficando mais próximos da realidade, os planejamentos, mais assertivos e os custos de produção, mais realísticos.

Na década de 1980 entram em cena os microprocessadores e, com eles, os microcomputadores. Assim, a troca e compartilhamento de informações por planilhas e editores de texto foram sendo motivadas e potencializadas, modificando a maneira de gerir existente até então.

Após essa fase, a computação tomava um vulto incrível nas fábricas, criando interfaces entre projeto e fabricação com os softwares de CAD, CAM e CAE (desenho, manufatura e engenharia assistidos por computadores, na sequência). Adicionalmente, com a automação à mão da maioria, de forma democrática, foram criadas muitas fábricas flexíveis, com manufaturas e layouts flexíveis, arranjados e rearranjados segundo a necessidade da demanda ou decisões dos gestores.

Como uma evolução dos sistemas MRP surgiram os softwares ERP, que tinham como função principal fazer aquilo que o MRP não fazia: integrar os diversos setores da empresa num único local. Com isso, as informações fluíam de maneira eficiente entre os setores, os dados ficavam mais assertivos e as tomadas de decisões se tornavam de fato eficientes e eficazes. O propósito central do ERP é esse, o de integrar as informações e dados num único local para democratizar e facilitar o acesso e a tomada de decisões. A sigla ERP vem das iniciais de *Enterprise Resources Planning*, ou Planejamento dos Recursos do Empreendimento.

No final da década de 1990 foi criada a internet, com intuito de globalizar a informação, de forma ágil e eficiente. Com ela, vieram as intranets, rede de computadores interligados em tempo real usando a ferramenta da internet, mas no ambiente interno das empresas. Também surgiram as extranets, redes externas que possibilitavam a troca de informações valiosas entre empresas para tomadores de decisões.

Aliados à internet vieram os EDI, softwares e ferramentas de intercâmbio eletrônico de dados entre empresas, que agilizavam muito as trocas, além de propiciarem coleta e transmissão de dados fidedignos, realísticos.

Porém, alguns riscos precisam ser mensurados e controlados pelas empresas que querem implantar softwares ERP. Um dos maiores é o ato de implantar ERP por modismo ou porque o concorrente implantou, sem análise prévia da atual situação da maturidade cultural e processual da empresa. A implantação do ERP, se feita de forma correta por equipe competente, tende a corrigir a maioria dos problemas e falhas nos processos. Porém, se o intuito é implantar o ERP para "copiar" os processos dos concorrentes ou de outras empresas grandes por causa da experiência prévia da empresa fornecedora do software em implantação nesses concorrentes, pode estar havendo um equívoco. É importante fazer a implantação do ERP para corrigir processos – recomeçá-los, se preciso –, tendo em mente, entretanto, que uma reengenharia pode ser necessária. Assim, as chances de sucesso aumentam.

Entretanto, o estudo para decisão de qual software de ERP a empresa deve escolher deve ser extremamente meticuloso. O fato é que após a escolha, trocar de software leva a empresa a arcar com custos imensuráveis, podendo até levar a prejuízos que afetem a competitividade e a sustentabilidade do negócio. Por isso, muito cuidado na escolha do software: uma escolha errada pode engessar os processos e a empresa não conseguirá alcançar os resultados esperados. Recomendamos que seja feita uma análise criteriosa do fornecedor do software, e que sejam feitas visitas às empresas que já o implantaram – não somente aquelas indicadas pelo fornecedor, pois obviamente são casos de sucesso. Que os processos das organizações já usuárias sejam estudados e comparados com os da empresa que quer fazer uso do software e que esse estudo seja bem feito, para se ter o máximo de garantia. Essa fase deve tomar o tempo necessário, sob pena de grandes prejuízos.

REFERÊNCIAS

ABERDEEN GROUP. *Sales and Operations Planning:* Aligning Business Goals with Supply Chain Tactics. Boston: Aberdeen Group, jun. 2008. Disponível em: https://www.academia.edu/25626256/Sales_and_Operations_Planning_Aligning_Business_Goals_with_Supply_Chain_Tactics. Acesso em: abr. 2021.

ALMEIDA, M. M. K.; MARINS, F. A. S.; SALGADO, A. M. P.; SANTOS, F. C. A.; SILVA, S. L. Mitigation of the bullwhip effect considering trust and collaboration in supply chain management: a literature review. *The International Journal of Advanced Manufacturing Technology,* [*s.l.*], v. 77, n. 1-4, p. 495-513, 21 out. 2014.

ALVEKRANS, A.; LANTZ, B.; ROSÉN, P.; SILJEMYR, L.; SNYGG, J. From knowledge to decision – a case study of sales and operations planning in healthcare. *Production Planning &Control,* Londres, v. 27, n. 12, p. 1019-1026, 21 abr. 2016.

ANDRADE, M. A. C.; ARTMANN, E. Démarche estratégica em unidade materno infantil hospitalar. *Revista Saúde Pública,* [*s.l.*], v. 43, n. 1, p. 105-114, fev. 2009.

COX, J. F.; BLACKSOTNE, J. H. (ed.) APICS Dictionary. 11. ed., Chicago: Amer, 2004.

ARAUJO, F. J. Aplicação da TOC em uma Estrutura Hospitalar de Grande Porte: O Uso da Metodologia em um Processo Sistêmico nos Serviços de Internação. *Revista de Gestão em Sistemas de Saúde,* São Paulo, v. 2, n. 1, p. 161-180, jun. 2013.

ARNOLD, J. R.; CHAPMAN, S. N. *Introduction to Materials Management.* Columbus: Prentice Hall, 2001.

ATS Global. *SIMATIC IT Preactor Advanced Scheduling.* ATS Global, [s. d.]. Disponível em: https://www.ats-global.com/simatic-it-preactor-advanced-scheduling/. Acesso em: 30 abr. 2021.

AZZOLINI JUNIOR, W. *Tendência do processo de evolução dos sistemas de administração da produção.* 2004. Tese (Doutorado em Engenharia Mecânica). USP, São Carlos, 2004.

BARDIN, L. *Análise de conteúdo.* Lisboa: Edições 70, 1977.

BARNES, R. M. *Estudo de Movimentos e de Tempos:* projeto e medida do trabalho. São Paulo: Edgard Blücher, 1977.

BARRETO, G. J. M.; FARIAS FILHO, J. R.; CARNEIRO, C. A. G. V.; FARIAS, A. P. P. Revisão bibliográfica sobre a manufatura ágil e comparação e diferenciação entre três eras produtivas. *Revista Produção Online*, Florianópolis, v. 5, n. 1, p. 1-23, mar. 2005.

BAUER, A.; BOWDEN, R.; BROWNE, J.; DUGGAN, J.; LYONS, G. *Shop Floor Control Systems:* from design to implementation. Londres: Chapmann & Hall, 1991.

BAUER, M. W.; GASKELL, G. *Pesquisa Qualitativa com Texto, Imagem e Som:* Um manual prático. 4. ed. Petrópolis: Vozes, 2005.

BEULKE, R.; BERTÓ, D. J. *Gestão de custos e resultado na saúde:* hospitais, clínicas, laboratórios e congêneres. 3. ed. São Paulo: Saraiva, 2005.

BLANCK, M.; BANDEIRA, D. L. Análise da capacidade operacional de um centro cirúrgico: modelagem matemática aplicada ao dimensionamento e alocação de recursos. *REGE Revista de Gestão,* São Paulo, v. 22, n. 4, p. 565-583, dez. 2015.

BOUTE, R. N.; DISNEY, S. M.; LAMBRECHT, M. R.; HOUDT, B. V. Coordinating lead times and safety stocks under auto correlated demand. *European Journal of Operational Research,* [*s.l.*], v. 232, n. 1, p. 52-63, jan. 2014.

BOTTA-GENOULAZ, V.; MILLET, P. An investigation in to the use of ERP systems in the service sector. *International Journal of Production Economics,* [*s.l.*], v. 99, n. 1-2, p. 202-221, jan. 2006.

BRADLEY, J. Management based critical success factors in the implementation of Enterprise Resource Planning systems. *International Journal of Accounting Information Systems,* [*s.l.*], v. 9, n. 3, p. 175-200, set. 2008.

BREMER, C. F.; AZEVEDO, R. C.; MATHEUS, L. F. O retrato do Sales and Operations Planning (S&OP) no Brasil – parte 2. *Revista Mundo Logística*, v. 1, n. 6, set. 2008.

BRUSSET, X. Does supply chain visibility enhance agility? *International Journal of Production Economics,* [*s.l.*], v. 171, p. 46-59, jan. 2016.

CAMPOMAR, M. C. Do uso do "Estudo de Caso" em Pesquisas para Dissertação e Teses em Administração. *Revista de Administração*, São Paulo, v. 26, n. 3, p. 95-97, set. 1991.

CARDOSO, W. *Engenharia de Métodos e Produtividade:* a teoria na prática. 1. ed. Ananindeua: Itacaiúnas, 2018.

CARDOSO, W. *Planejamento de Vendas e Operações (S&OP) para Hospitais:* o pioneiro na área da saúde no Brasil. 1. ed. Ananindeua: Itacaiúnas, 2018.

CAULFIELD, J. Blood Supply Management: Experience and recommendations from Australia. *ISBT Science Series*, Melbourne (Austrália), v. 8, n. 1, p. 41-45, maio 2013.

CHAE, B. K.; OLSON, D. L. Business Analytics for Supply Chain: a dynamic-capabilities framework. *International Journal of Information Technology & Decision Making*, [*s.l.*], v. 12, n. 1, p. 9-26, jan. 2013.

CHASE, R. B.; APTE, U. M. A history of research in service operations: What's the big idea? *Journal of Operations Management*, [*s.l.*], v. 25, n. 2, p. 375-386, mar. 2007.

CHIAVENATO, I. *Administração nos novos tempos*. 2. ed. Rio de Janeiro: Elsevier, 2010.

CHIAVENATO, I. *Gestão de pessoas:* o novo papel dos recursos humanos nas organizações. 3. ed. Rio de Janeiro: Elsevier, 2010.

COELHO, M. F.; CHAVES, L. D. P.; ANSELMI, M. L.; HAYASHIDA, M.; SANTOS, C. B. Analysis of the Organizational Aspects of a Clinical Emergency Department: A Study in a General Hospital in Ribeirão Preto, SP, Brazil. *Revista Latino-americana de Enfermagem*, Ribeirão Preto, v. 18, n. 4, p. 770-777, ago. 2010.

CONSELHO FEDERAL DE MEDICINA. *Resolução CFM Nº 2.079/14*. Dispõe sobre a normatização [...]. Brasília, DF, 14 ago. 2014. p. 1-17. Disponível em: https://portal.cfm.org.br/images/PDF/resolucao2079.pdf. Acesso em: 16 jan. 2017.

COOPER, D. R.; SCHINDLER, P. S. *Métodos de pesquisa em administração*. 10. ed. Porto Alegre: Bookman, 2011.

CORRÊA, H. L.; CORRÊA, C. A. *Administração de Produção e Operações:* manufatura e serviços. 4 ed. São Paulo: Atlas, 2017.

CORRÊA, H. L.; GIANESI, I. G. N.; CAON, M. *Planejamento, programação e controle da produção:* MRPII/ERP – conceitos, uso e implantação. 5. ed. São Paulo: Atlas, 2007.

CRUM, C.; PALMATIER, G. E. *Demand Management Best Practices:* Process, Principles and Collaboration. Plantation, FL: J. Ross Publishing, 2003.

DANNI, T. S.; TUBINO, D. F. Avaliação Operacional no ambiente Just-in-time. *In:* Encontro Nacional de Engenharia de Produção – ENEGEP, 16, 1996, Piracicaba. *Anais* ... Piracicaba: Abepro, 1996, p. 1-11.

DELURGIO, S.; DENTON, B.; CABANELA, R. L.; BRUGGEMAN, S.; WILLIAMS, A. R.; WARD, S.; GROVES, N.; OSBORN, J. Forecasting Weekly Outpatient Demands at Clinics with in a Large Medical Center. *Production and Inventory Management Journal*, [*s.l.*], v. 45, n. 2, p. 35-46, 2009.

FAYOL, H. *Administração Industrial e Geral*. São Paulo: Atlas, 1990.

FENG, Y.; D'AMOURS, S.; BEAUREGARD, F. The value of sales and operations planning in oriented strand board industry with make-to-order manufacturing system: Cross-functional integration under deterministic demand and spot market recourse. *International Journal of Production Economics*, [*s.l.*], v. 115, n.1, p. 189-209, set. 2008.

FERNANDES, F. C. F.; GODINHO FILHO, M. *Planejamento e Controle da Produção:* dos fundamentos ao essencial. 1. ed. São Paulo: Atlas, 2010.

FORD, A. L.; WILLIAMS, J. A.; SPENCER, M.; MCCAMMON, C.; KHOURY, N.; SAMPSON, T. R.; PANAGOS, P.; LEE, J. Reducing Door-to-Needle Times Using Toyota's Lean Manufacturing Principles and Value Stream Analysis. *Journal of the American Heart Association*, [*s.l.*], v. 43, n. 12, p. 3395-3398, dez. 2012.

GAITHER, N.; FRAZIER, G. *Administração da produção e operações*. 8. ed. São Paulo: Pioneira, 2002.

GIL, A. C. *Como elaborar projetos de pesquisa*. São Paulo: Atlas, 2002.

GILL, P. S. Application of Value Stream Mapping to Eliminate Waste in an Emergency Room. *Global Journal of Medical Research*, [*s.l.*], v. 12, n. 6, p. 1-7, 2012.

GLASER-SEGURA, D. A.; PEINADO, J.; GRAEML, A. R. Fatores influenciadores do sucesso da adoção da produção enxuta: uma análise da indústria de três países de economia emergente. *Revista de Administração*, São Paulo, v. 46, n. 4, p. 423-436, dez. 2011.

HAHN, G. J.; KUHN, H. Simultaneous investment, operations, and financial planning in supply chains: A value-based optimization approach. *International Journal of Production Economics*, [*s.l.*], v. 140, n. 2, p. 559-569, dez. 2012.

HOPP, W. J.; SPEARMAN, M. L. *A ciência da fábrica*. Porto Alegre: Bookman, 2013.

IVANOV, D.; PAVLOV, A.; PAVLOV, D.; SOKOLOV, B. Minimization of disruption-related return flows in the supply chain. *International Journal of Production Economics*, [*s.l.*], p. 1-31, abr. 2016.

JACOBS, F. R.; CHASE, R. B. *Administração de operações e da cadeia de suprimentos*. Porto Alegre: AMGH, 2012.

JUNICO, A.; ALVAREZ, R.; PELLEGRIN, I.; KLIPPEL, M.; BORTOLOTTO, P. *Sistemas de Produção:* conceitos e práticas para projetos e gestão da produção enxuta. Porto Alegre: Bookman, 2007.

JURECKA, P. Strategy and Portfolio Management Aspects of Integrated Business Planning. *Central European Business Review*, [*s.l.*], v. 2, n. 1, p. 28-34, mar. 2013.

KOONTZ, H.; WEIHRICH, H.; CANNICE, M. V. *Administração:* uma perspectiva global e empresarial. 13 ed. São Paulo: McGraw-Hill, 2009.

KOTLER, P. *Administração de marketing*. 10. ed. São Paulo: Prentice Hall, 2000.

KOTLER, P.; KELLER, K. L. *Administração de marketing.* 14. ed. São Paulo: Pearson Education do Brasil, 2012.

KRAJEWSKI, L.; RITZMAN, L.; MALHOTRA, M. *Administração de Produção e Operações.* 8 ed. São Paulo: Pearson Universidades, 2008.

LAKATOS, E. M.; MARCONI, M. A. *Fundamentos de metodologia científica:* Técnicas de pesquisa. 7. ed. São Paulo: Atlas, 2010.

LARSSON, A. S.; JOHANSSON, M. I. Health Care Planning – a case study of a surgery clinic. *Research Gate Journal,* [*s.l.*], p. 125-139, 13 jun. 2016.

LEITNER, S.; WALL, F. Simulation-based research in management accounting and control: an illustrative overview. *Journal of Management Control,* [*s.l.*], v. 26, n. 2-3, p. 105-129, 14 jul. 2015.

LIM, L. L.; ALPAN, G.; PENZ, B. Reconciling sales and operations management with distant suppliers in the automotive industry: A simulation approach. *International Journal of Production Economics,* [*s.l.*], v. 151, p. 20-36, maio 2014.

MANIKAS, A. S.; PATEL, P. C. Managing sales surprise: The role of operational slack and volume flexibility. *International Journal of Production Economics,* [*s.l.*], v. 179, p. 101-116, set. 2016.

MARTINS, R. A.; MELLO, C. H. P.; TURRIONI, J. B. *Guia para elaboração de monografia e TCC em engenharia de produção.* São Paulo: Atlas, 2014.

MÄrz, l. Key Performance Indicators for the Evaluation of Balanced Lines. *Proceedings of the 2012 Winter Simulation Conference,* Berlin (Alemanha), p. 1321-1330, dez. 2012.

MEZOMO, J. C. *Gestão da qualidade na saúde:* princípios básicos. São Paulo: J. C. Mezomo, 1995.

MONDEN, Y. *Sistema Toyota de Produção:* uma abordagem integrada ao Just In Time. 4. ed. Porto Alegre: Bookman, 2015.

MOREIRA, D. A. *Administração da Produção e Operações.* São Paulo: Cengage Learning, 2008.

NARAYANAMURTHY, G.; GURUMURTHY, A. Lean Thinking in Healthcare Sector: experience from an indian hospital. *Indian Institute of Management Kozhikode Working Paper,* Kerala (India), p. 1-12, jul. 2014.

OHNO, T. *O Sistema Toyota de Produção:* além da produção em larga escala. 2. ed. Porto Alegre: Bookman, 1997.

OLHAGER, J.; JOHANSSON, P. Linking long-term capacity management for manufacturing and service operations. *Journal of Engineering and Technology Management,* [*s.l.*], v. 29, n. 1, p. 22-33, jan. 2012.

OLIVA, R.; WATSON, N. Cross-functional alignment in supply chain planning: a case study of sales and operations planning. *Journal of Operations Management,* [*s.l.*], v. 29, n. 5, p. 434-448, jul. 2011.

PEDROSO, C. B.; SILVA, A. L. Dinâmica de implantação do Sales and Operations Planning: principais desafios. *Revista Gestão & Produção,* São Carlos, v. 22, n. 3, p. 662-677, 29 set. 2015.

PEDROSO, C. B.; SILVA, A. L.; TATE, W. L. Sales and Operations Planning (S&OP): Insights from a multi-case study of Brazilian Organizations. *International Journal of Production Economics,* [*s.l.*], v. 182, p. 213-229, dez. 2016.

PERALTA, C. B. L.; FORCELLINI, F. A. Lean Healthcare: uma análise da literatura. *Revista Produto & Produção,* Porto Alegre, v. 16, n. 2, p. 93-113, jun. 2015.

PLANK, R. E.; HOOKER, R. Sales and operations planning: using the internet and internet-based tools to further supply chain integration. *Journal of Research in Interactive Marketing,* [*s.l.*], v. 8, n. 1, p. 18-36, 4 mar. 2014.

PLANTIN, A.; JOHANSSON, M. Implementing production planning processes in healthcare - a case study of a surgery clinic. *Proceedings of PLAN Research and Application Conference,* Lund (Sweden), p. 1-17, ago. 2012.

REXHAUSEN, D.; PIBERNIK, R.; KAISER, G. Customer-facing supply chain practices - The impact of demand and distribution management on supply chain success. *Journal of Operations Management,* [*s.l.*], v. 30, n. 4, p. 269-281, maio 2012.

ROSA, M. J. *Modelo de referência para a formação de redes dinâmicas voltadas à execução do planejamento de vendas e operações em um ambiente com diversidade de sistemas de produção.* 2014. 102 p. Dissertação (Mestrado em Engenharia de Produção) - Escola de Engenharia de São Carlos, USP, São Carlos, 2014.

ROTHER, M.; SHOOK, J. *Aprendendo a enxergar:* mapeando o fluxo de valor para agregar valor e eliminar desperdício. São Paulo: Lean Institute Brasil, 2003.

SCHONBERGER, R. J. *Técnicas Industriais Japonesas:* nove lições ocultas sobre a simplicidade. 4. ed. São Paulo: Pioneira, 1993.

SEETHAMRAJU, R. Enterprise systems and demand chain management: a cross-sectional field study. *Information Technology And Management,* [*s.l.*], v. 15, n. 3, p. 151-161, 1 mar. 2014.

SHIMIZU, Y.; SAKAGUCHI, T. A Meta-heuristic Approach for VRP with simultaneous pickup and delivery incorporated with Weber basis saving method. *Transactions of the JSME (in Japanese),* [*s.l.*], v. 81, n. 825, p. 1-11, 2015.

SHINGO, S. *O Sistema Toyota de Produção do Ponto de vista da Engenharia de Produção.* 2. ed. Porto Alegre: Bookman, 1997.

SHINGO, S. *Sistema de Troca Rápida de Ferramentas:* uma evolução nos sistemas produtivos. 2. ed. Porto Alegre: Bookman, 2000.

SHINGO, S.; DILLON, A. P. *Zero Quality Control: Source Inspection and the Poka-yoke System.* Cambridge: Productive, 1986.

SLACK, N.; CHAMBERS, S.; JOHNSTON, R. *Administração da produção.* 2. ed. São Paulo: Atlas, 2008.

SON, I.; LEE, D.; LEE, J. N.; CHANG, Y. B. Market perception on cloud computing initiatives in organizations: An extended resource-based view. *Information & Management*, [*s.l.*], v. 51, n. 6, p. 653-669, set. 2014.

SOUZA, T. A. *Lean healthcare:* aplicação dos conceitos de gestão de operações em centros cirúrgicos. 2015. 94 f. Dissertação (Mestrado em Engenharia de Produção) - Programa de Pós-graduação em Engenharia da Produção e Sistemas, Unisinos, São Leopoldo, 2015.

SWALLMEH, E.; TOBAIL, A.; ABO-HAMAD, W.; GRAY, J.; ARISHA, A. Integrating Simulation Modelling and Value Stream Mapping for Leaner Capacity Planning of an Emergency Department. *Sixth International Conference on Advances in System Simulation - SIMUL 2014, 6.*, Nice (França). Proceedings [...]. Nice (França), 2014. p. 255-262.

TEICHGRABER, U. K.; BUCOURT, M. Applying value stream mapping techniques to eliminate non-value-added waste for the procurement of end of vascular stents. *European Journal of Radiology*, [*s.l.*], v. 81, p. 47-52, 2012.

THOMAS, R. W.; DEFEE, C. C.; RANDALL, W. S.; WILLIAMS, B. Assessing the managerial relevance of contemporary supply chain management research. *International Journal of Physical Distribution & Logistics Management,* [*s.l.*], v. 41, n. 7, p. 655-667, 2011.

THOMÉ, A. M. T.; SCAVARDA, L. F.; FERNANDEZ, N. S.; SCAVARDA, A. J. Sales and operations planning: A research synthesis. *International Journal of Production Economics,* [*s.l.*], v. 138, n. 1, p. 1-13, jul. 2012.

THOMÉ, A. M. T.; SOUSA, R. S.; CARMO, L. F. R. R. S. Complexity as contingency in sales and operations planning. *Industrial Management & Data Systems,* [*s.l.*], v. 114, n. 5, p. 678-695, 3 jun. 2014.

TOMAS, R. N.; SATO, L.; ALCANTARA, R. L. C. Planejamento de Vendas e Operações (*S&OP*) no Segmento de Bens de Consumo: Uma Análise Envolvendo o Estágio de Maturidade do Processo. *Revista de Administração da Unimep*, Piracicaba, v. 10, n. 3, p. 1-25, 30 dez. 2012.

TRINDADE, T. S. *Avaliação da implantação do Sales and Operations Planning*: um estudo de caso em uma empresa do setor eletrônico. 2013. 123 f. Dissertação (Mestrado em Engenharia de Produção) - Programa de Pós-graduação em Engenharia de Produção, Unimep, Santa Bárbara d'Oeste, 2013.

TUBINO, D. F. *Planejamento e Controle da Produção*: teoria e prática. 2. ed. São Paulo: Atlas, 2009.

TUOMIKANGAS, N.; KAIPIA, R. A coordination framework for sales and operations planning (S&OP): synthesis from the literature. *International Journal of Production Economics,* [*s.l.*], v. 154, p. 243-262, 2014.

VAN ROSSUM, L.; AIJ, K. H.; SIMONS, F. E.; VAN DER ENG, N.; TEN HAVE, W. D. Lean healthcare from a change management perspective. *Journal of Health Organization and Management,* [*s.l.*], v. 30, n. 3, p. 475-493, maio 2016.

VOLLMANN, T.; BERRY, W.; WHYBARK, D. C.; JACOBS, F. R. *Sistemas de Planejamento & Controle da Produção para o Gerenciamento da Cadeia de Suprimentos.* 5 ed. Porto Alegre: Bookman, 2006.

WALLACE, T. F. *Planejamento de vendas e operações:* guia prático. São Paulo: IMAM, 2001.

WOCHNER, S.; GRUNOW, M.; STAEBLEIN, T.; STOLLETZ, R. Planning for ramp-ups and new product introductions in the automotive industry: extending sales and operations planning. *International Journal of Production Economics,* [*s.l.*], v. 182, p. 372-383, jul. 2016.

JLEAN INSTITUTE BRASIL. Das Ferramentas Enxutas (lean tools) ao Gerenciamento Enxuto (lean management): a situação da mentalidade enxuta em 2007. *Lean Institute Brasil,* 27 fev. 2008. Disponível em: https://www.lean.org.br/artigos/345/das-ferramentas-enxutas-(lean-tools)-ao-gerenciamento-enxuto-(lean-management)-a-situacao-da-mentalidade-lean-em-2007.aspx. Acesso em: 5 set. 2016.

YIN, R. K. *Estudo de caso:* planejamento e métodos. 5. ed. Porto Alegre: Bookman, 2015.

ZANON, C. J. *Alinhamento estratégico das operações:* estudos de caso na interface com marketing. 2011. 258 f. Tese (Doutorado em Engenharia de Produção). UFSCar, São Carlos, 2011.

EXERCÍCIOS RESOLVIDOS

CAPÍTULO 3 – GESTÃO DE ESTOQUES

EXERCÍCIO 1

Produto	Quant.	Valor Unit.	V x Q	Grau
A	977	R$ 2.200,00	R$ 2.149.400,00	1
B	346	R$ 144,00	R$ 49.824,00	19
C	49	R$ 110,00	R$ 5.390,00	24
D	230	R$ 145,00	R$ 33.350,00	21
E	910	R$ 1.550,00	R$ 1.410.500,00	4
F	330	R$ 760,00	R$ 250.800,00	7
G	198	R$ 89,00	R$ 17.622,00	23
H	560	R$ 780,00	R$ 436.800,00	5
I	878	R$ 1.990,00	R$ 1.747.220,00	3
J	605	R$ 129,00	R$ 78.045,00	13
K	199	R$ 298,00	R$ 59.302,00	17
L	780	R$ 155,00	R$ 120.900,00	9
M	78	R$ 290,00	R$ 22.620,00	22
N	720	R$ 370,00	R$ 266.400,00	6
O	370	R$ 220,00	R$ 81.400,00	12

P	650	R$ 190,00	R$ 123.500,00	8
Q	556	R$ 126,00	R$ 70.056,00	15
R	366	R$ 207,00	R$ 75.762,00	14
S	902	R$ 59,00	R$ 53.218,00	18
T	325	R$ 274,00	R$ 89.050,00	11
U	133	R$ 28,00	R$ 3.724,00	25
V	1040	R$ 1.920,00	R$ 1.996.800,00	2
W	455	R$ 201,00	R$ 91.455,00	10
X	328	R$ 134,00	R$ 43.952,00	20
Y	377	R$ 167,00	R$ 62.959,00	16

Grau	Produto	V x Q	Acumulado	Acum. em %
1	A	R$ 2.149.400,00	R$ 2.149.400,00	23,01%
2	V	R$ 1.996.800,00	R$ 4.146.200,00	44,39%
3	I	R$ 1.747.200,00	R$ 5.893.420,00	63,10%
4	E	R$ 1.410.500,00	R$ 7.303.920,00	78,20%
5	H	R$ 436.800,00	R$ 7.740.720,00	82,88%
6	N	R$ 266.400,00	R$ 8.007.120,00	85,73%
7	F	R$ 250.800,00	R$ 8.257.920,00	88,41%
8	P	R$ 123.500,00	R$ 8.381.420,00	89,74%
9	L	R$ 120.900,00	R$ 8.502.320,00	91,03%
10	X	R$ 91.455,00	R$ 8.593.775,00	92,01%
11	T	R$ 89.050,00	R$ 8.682.825,00	92,96%
12	O	R$ 81.400,00	R$ 8.764.225,00	93,83%
13	J	R$ 78.045,00	R$ 8.842.270,00	94,67%
14	R	R$ 75.762,00	R$ 8.918.032,00	95,48%
15	Q	R$ 70.056,00	R$ 8.988.088,00	96,23%
16	Z	R$ 62.959,00	R$ 9.051.047,00	96,91%
17	K	R$ 59.302,00	R$ 9.110.349,00	97,54%
18	S	R$ 53.218,00	R$ 9.163.567,00	98,11%
19	B	R$ 49.824,00	R$ 9.213.391,00	98,64%
20	Y	R$ 43.952,00	R$ 9.257.343,00	99,11%
21	D	R$ 33.350,00	R$ 9.290.693,00	99,47%
22	M	R$ 22.620,00	R$ 9.313.313,00	99,71%
23	G	R$ 17.622,00	R$ 9.330.935,00	99,90%
24	C	R$ 5.390,00	R$ 9.336.325,00	99,96%
25	U	R$ 3.724,00	R$ 9.340.049,00	100,00%

Logo, as classes ABC da classificação advinda dos dados das Tabelas 3.4 e 3.5 ficam assim:

- Classe A: até 20% dos itens e até 80% do valor, ou seja, 78,20%. Logo, na classe A estarão os itens A, V, I, E.
- Classe B: até 30% dos itens e até 15% do valor, ou seja, 93,83%. Logo, na classe B estarão os itens H, N, F, P, L, X, T, O.
- Classe C: até 50% dos itens e 5% do valor, ou seja, 100%. Logo, na classe C estarão os itens J, R, Q, Z, K, S, B, Y, D, M, G, C, U.

EXERCÍCIO 2

270 pneus/mês ÷ 30 dias/mês = 9 pneus/dia.

E.S.: 9 pneus/dia x 9 dias = 81 pneus.

P.P.: 7 dias x 9 pneus/dia + E.S. = 63 pneus + 81 pneus => P.P. = 144 pneus.

EXERCÍCIO 3

a) $LEP = \sqrt{(Cp \times D \times 2)/Cm} = \sqrt{(40 \times 3167 \times 2)/18} = 119unid.$

CTmín = (Cp x D/Q) + (Cm x Q/2) = (40 x 3167 / 119) + (18 x 119 / 2) => CTmín = R$2.135,54

CTmín(novo) com 12% de acréscimo = R$ 2.391,80 = (Cp x D / Q) + (Cm x Q / 2) => 2391,80 = (40 x 3167 / Q) + (18 x Q / 2) => Multiplicando tudo por Q (equação de 2º grau):

2391,80 x Q = (40 x 3167 x Q / Q) + (18 x Q^2 / 2) =>

$9Q^2 - 2391{,}80Q + 126680 = 0 \Rightarrow \Delta = b^2 - 4ac \Rightarrow \Delta = (-2391{,}80)^2 - 4(9)(126680) \Rightarrow$

$\Delta = 1160227{,}24$; $Q = \dfrac{-b \pm \sqrt{b^2 - 4ac}}{2a} = \dfrac{-b \pm \sqrt{\Delta}}{2a}$

$Q' = \dfrac{2391,8 - \sqrt{1160227,24}}{2 \times 9} = 73{,}04 \Rightarrow Q' = 73\ unid.$

$Q'' = \dfrac{2391,8 + \sqrt{1160227,24}}{2 \times 9} = 192{,}72 \Rightarrow Q'' = 193\ unid.$

b) LEP = 119 => 3167 (unid./mês) / 119 (unid./lote) = 27 lotes/mês

3167/30 = 105,55 unid./dia; 119/105,55 = 1,13 dias para consumir 1 lote

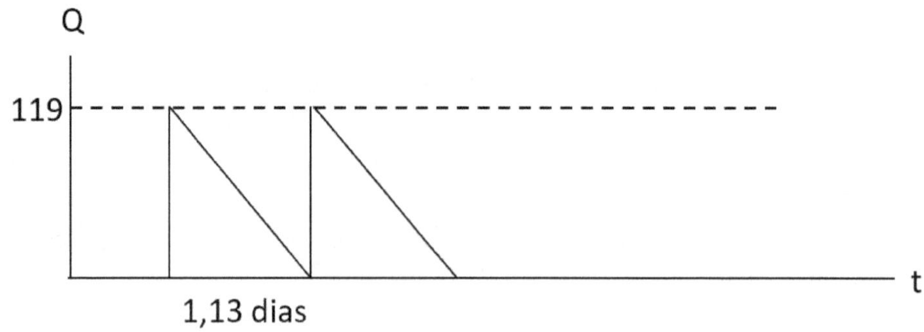

Figura – Gráfico dente-de-serra do Exercício 3

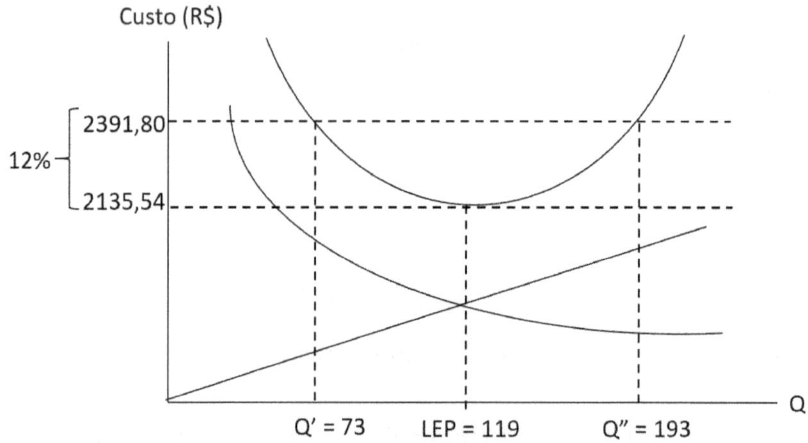

Figura – Gráfico do LEP do Exercício 3

c) Vantagens: a fórmula do LEP é adaptável para diferentes tipos de perfil de estoque. Ela usa diferentes implicações de comportamentos de estoques e dá a quantidade ótima de pedido (custo mais baixo).

Desvantagens: suposições antecipadas (pressuposições) dos modelos como estabilidade da demanda, existência de um custo de pedido fixo e identificável, custo de manutenção de estoque na forma linear, custos reais de estoque no que se refere a seus efeitos dentro de uma operação são muito maiores que o suposto. Os modelos LEP são usados como prescrições, enfatizando uma abordagem que considera muitos dos custos associados a pedidos como fixos, em vez de tentar reduzir ou melhorá-los. A alternativa para resolver essas críticas e substituir o LEP seria o uso do MRP (*Materials Requeriments Planning* – Planejamento das Necessidades de Materiais), metodologia que administra eficientemente o PCP e os estoques.

EXERCÍCIO 4

a)

Quant.	Cm	Cp	CT (Cm + Cp)
50	R$ 575,00	R$ 24.960,00	R$ 25.535,00
100	R$ 1.150,00	R$ 12.480,00	R$ 13.630,00
150	R$ 1.725,00	R$ 8.320,00	R$ 10.045,00
200	R$ 2.300,00	R$ 6.240,00	R$ 8.540,00
250	R$ 2.875,00	R$ 4.992,00	R$ 7.867,00
300	R$ 3.450,00	R$ 4.160,00	R$ 7.610,00
330	R$ 3.795,00	R$ 3.781,82	R$ 7.576,82
350	R$ 4.025,00	R$ 3.565,71	R$ 7.590,71
400	R$ 4.600,00	R$ 3.120,00	R$ 7.720,00
450	R$ 5.175,00	R$ 2.773,33	R$ 7.948,33
500	R$ 5.750,00	R$ 2.496,00	R$ 8.246,00
550	R$ 6.325,00	R$ 2.269,09	R$ 8.594,09
600	R$ 6.900,00	R$ 2.080,00	R$ 8.980,00
650	R$ 7.475,00	R$ 1.920,00	R$ 9.395,00
700	R$ 8.050,00	R$ 1.782,86	R$ 9.832,86
750	R$ 8.625,00	R$ 1.664,00	R$ 10.289,00

b)

$$LEP = \sqrt{(Cp \times D \times 2)/Cm} = \sqrt{(78 \times 16000 \times 2)/23} = 330unid.$$

CTmín = (Cp x D / Q) + (Cm x Q / 2) = (78 x 16000 / 330) + (23 x 330 / 2) => CTmín = R$7.576,82

CTmín(novo) com 10% de acréscimo = R$ 8.334,50 = (Cp x D / Q) + (Cm x Q / 2) => 8334,50 = (78 x 16000 / Q) + (23 x Q / 2) => Multiplicando tudo por Q (equação de 2º grau):

8334,50 x Q = (78 x 16000 x Q / Q) + (23 x Q^2 / 2) =>

11,5Q^2 – 8334,50Q + 1248000 = 0 => Δ = b^2 – 4ac => Δ = (–8334,50)^2 – 4(11,5)

(1248000) => Δ = 12055890,25; $Q = \dfrac{-b \pm \sqrt{b^2 - 4ac}}{2a} = \dfrac{-b \pm \sqrt{\Delta}}{2a}$

$Q' = \dfrac{8334,50 - \sqrt{12055890}}{2 \times 11,5}$ *= 211,41 => Q' = 211 unid.*

$Q'' = \dfrac{8334,50 + \sqrt{12055890}}{2 \times 11,5}$ *= 513,33 => Q" = 514 unid.*

c)

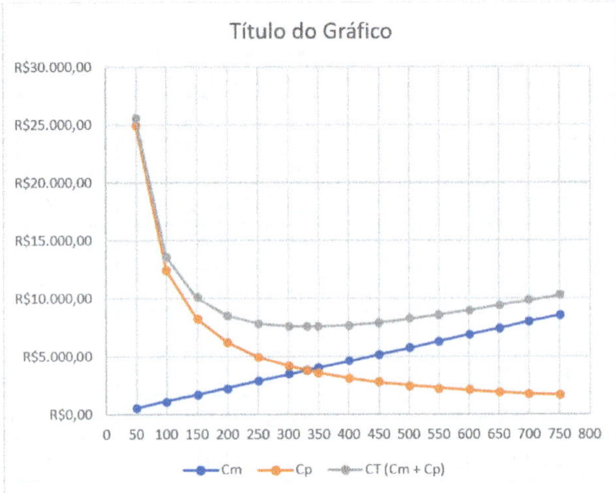

Figura – Gráfico LEP do Exercício 4

d) LEP = 330 => 16000 (unid./mês) / 330 (unid./lote) = 48,48 = 49 lotes/mês

16000 / 30 = 533,33 unid./dia; 330 / 533,33 = 0,62 dias para consumir 1 lote

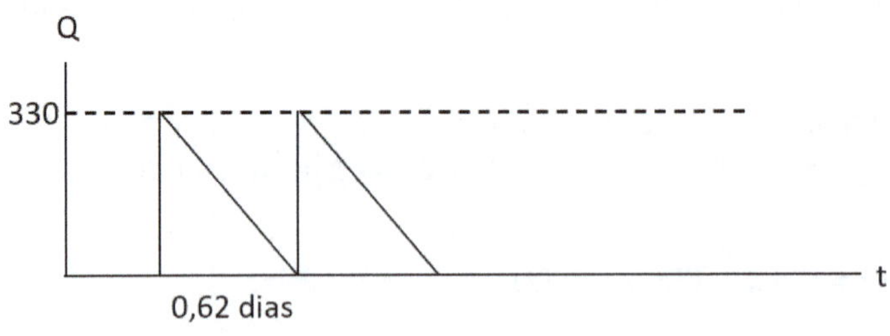

Figura – Gráfico dente-de-serra do Exercício 4

O sistema controle utilizado pelo PCP definido como o planejamento com base na reencomenda implica altos volumes de produção, os quais acarretam o alto índice de desperdício com problemas de qualidade e de armazenamentos. Atualmente, esse sistema é utilizado nas empresas para itens de consumo conhecido e com baixa variação de consumo.

e) Se a quantidade de peças aumentar, o custo total aumentará levando a faixa econômica para cima, pois haverá mais peças em estoque. O número de preparações (Cp) deve cair, mas o custo de manutenção (Cm) aumenta.

EXERCÍCIO 5

Demanda (unidades)	Probabilidade		*Lead Time* (dias)	Probabilidade
1200	7%		5	25%
1400	13%		8	5%
1100	4%		7	6%
1300	5%		3	25%
1250	4%		6	5%
1500	35%		9	2%
1450	32%		4	32%

Resolução:

Demanda média mensal (com pesos): Dmensal = (1200 x 0,07) + (1400 x 0,13) + (1100 x 0,04) + (1300 x 0,05) + (1250 x 0,04) + (1500 x 0,35) + (1450 x 0,32) = 1414 peças/mês ÷ 30 dias/mês = 48 peças/dia.

Lead time médio (com pesos): LT = (5 x 0,25) + (8 x 0,05) + (7 x 0,06) + (3 x 0,25) + (6 x 0,05) + (9 x 0,02) + (4 x 0,32) = 5 dias.

Ponto de Pedido (PP) = LT x Ddiária = 48 x 5 = 240 peças.

Ponto de Pedido (P.P.):

	Dmensal	1100	1200	1250	1300	1400	1450	1500
LT	Ddiária	37	40	42	43	47	48	50
3	LT x Ddiária	111	120	126	129	141	144	150
4	LT x Ddiária	148	160	168	172	188	192	200
5	LT x Ddiária	185	200	210	215	235	240	250
6	LT x Ddiária	222	240	252	258	282	288	300
7	LT x Ddiária	259	280	294	301	329	336	350
8	LT x Ddiária	296	320	336	344	376	384	400
9	LT x Ddiária	333	360	378	387	423	432	450

Estoque de Segurança (E.S.):

	Dmensal	1100	1200	1250	1300	1400	1450	1500
LT	Ddiária	37	40	42	43	47	48	50
3	ES	0	0	0	0	0	0	0
4	ES	0	0	0	0	0	0	0
5	ES	0	0	0	0	0	0	0
6	ES	0	0	12	18	42	48	60
7	ES	19	40	54	61	89	96	110
8	ES	56	80	96	104	136	144	160
9	ES	93	120	138	147	183	192	210

ES = PP médio – PP calculado da tabela anterior, um a um = 240 – PP calculado.

Residual e Probabilidade de E.S.:

Residual	Probabilidade	Prob. Acumulada
0	73,80%	73,80%
10	8,75%	82,55%
12	0,20%	82,75%
18	0,25%	83,00%
19	0,24%	83,24%
40	0,42%	83,66%
42	0,65%	84,31%
48	1,60%	85,91%
54	0,24%	86,15%
56	0,20%	86,35%
60	1,75%	88,10%
61	0,30%	88,40%
80	0,35%	88,75%
89	0,78%	89,53%
93	0,08%	89,61%
96	2,12%	91,73%
104	0,25%	91,98%
110	2,10%	94,08%
120	0,14%	94,22%
136	0,65%	94,87%
138	0,08%	94,95%
144	1,60%	96,55%
147	0,10%	96,65%

160	1,75%	98,40%
183	0,26%	98,66%
192	0,64%	99,30%
210	0,70%	100,00%
Soma	26,20%	

Resposta: Como o exemplo pede um estoque de segurança (ES) de no mínimo 98% de abrangência, o PP deve ser no residual 160 (98,40%), ou seja, 160 + 240 = 400 peças. Conclui-se que para atender 98% das variações do mercado com estoques de segurança, o ponto de pedido deverá ser de 400 peças, não de 240 peças. Adota-se, então, o estoque de segurança de 160 peças.

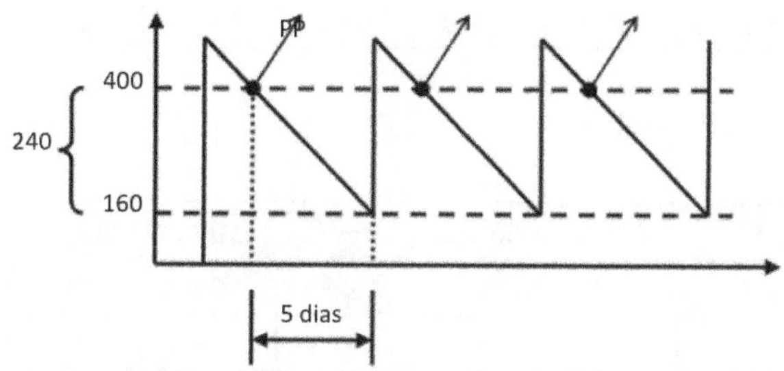

EXERCÍCIO 6

Demanda (unidades)	Probabilidade		*Lead Time* (dias)	Probabilidade
2400	5%		7	8%
2750	8%		10	6%
2600	20%		8	16%
2300	35%		12	20%
2800	10%		9	15%
2650	12%		13	20%
2500	10%		11	15%

Resolução:

Demanda média mensal (com pesos): Dmensal = (2400 x 0,05) + (2750 x 0,08) + (2600 x 0,2) + (2300 x 0,35) + (2800 x 0,1) + (2650 x 0,12) + (2500 x 0,1) = 2513 peças/mês ÷ 30 dias/mês = 84 peças/dia.

Lead time médio (com pesos): LT = (7 x 0,08) + (10 x 0,06) + (8 x 0,16) + (12 x 0,20) + (9 x 0,15) + (13 x 0,2) + (11 x 0,15) = 11 dias.

Ponto de Pedido (PP) = LT x Ddiária = 84 x 11 = 924 peças.

Ponto de Pedido (P.P.):

	Dmensal	2300	2400	2500	2600	2650	2750	2800
LT	**Ddiária**	**77**	**80**	**83**	**87**	**88**	**92**	**93**
7	LT x Ddiária	539	560	581	609	616	644	651
8	LT x Ddiária	616	640	664	696	704	736	744
9	LT x Ddiária	693	720	747	783	792	828	837
10	LT x Ddiária	770	800	830	870	880	920	930
11	LT x Ddiária	847	880	913	957	968	1012	1023
12	LT x Ddiária	924	960	996	1044	1056	1104	1116
13	LT x Ddiária	1001	1040	1079	1131	1144	1196	1209

Estoque de Segurança (E.S.):

	Dmensal	2300	2400	2500	2600	2650	2750	2800
LT	**Ddiária**	**77**	**80**	**83**	**87**	**88**	**92**	**93**
7	ES	0	0	0	0	0	0	0
8	ES	0	0	0	0	0	0	0
9	ES	0	0	0	0	0	0	0
10	ES	0	0	0	0	0	0	0
11	ES	0	0	0	33	44	88	99
12	ES	0	36	72	120	132	180	192
13	ES	77	116	155	207	220	272	285

Residual e Probabilidade de E.S.:

Residual	Probabilidade	Prob. Acumulada
0	58,90%	58,90%
6	0,60%	59,50%
33	3,00%	62,50%
36	1,00%	63,50%
44	1,80%	65,30%
72	2,00%	67,30%

77	7,00%	74,30%
88	1,20%	75,50%
99	1,50%	77,00%
116	1,00%	78,00%
120	4,00%	82,00%
132	2,40%	84,40%
155	2,00%	86,40%
180	1,60%	88,00%
192	2,00%	90,00%
207	4,00%	94,00%
220	2,40%	96,40%
272	1,60%	98,00%
285	2,00%	100,00%
Soma	41,10%	

Resposta: Como o exemplo pede um estoque de segurança (ES) de no mínimo 95% de abrangência, o PP deve ser no residual 220 (96,40%), ou seja, 220 + 924 = 1.144 peças. Conclui-se que para atender 95% das variações do mercado com estoques de segurança, o ponto de pedido deverá ser de 1.144 peças, não de 924 peças. Adota-se então o estoque de segurança de 220 peças.

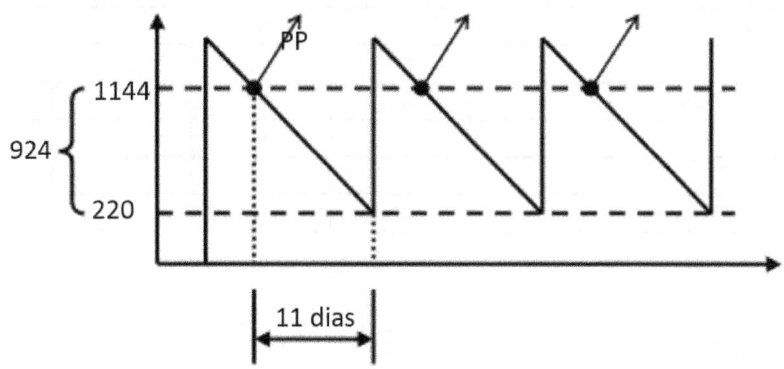

CAPÍTULO 5 – PLANO-MESTRE DA PRODUÇÃO (MPS)

EXERCÍCIO 1

Mês		Setembro				Outubro				Novembro			
Semana		1	2	3	4	1	2	3	4	1	2	3	4
Demanda prevista		30	30	35	35	40	40	50	50	45	45	40	40
Demanda confirmada		35	35	20	10	0	0	0	0	0	0	0	0
Demanda a atender		35	35	35	35	40	40	50	50	45	45	40	40
Recebimento programado		0	100	0	0	0	0	0	0	0	0	0	0
Estoque projetado	10	75	140	105	70	30	90	40	90	45	0	60	20
Plano-mestre produção MPS		100	0	0	0	0	100	0	100	0	0	100	0

Semana	Estoque inicial	Recebimento programado	Demanda	Estoque antes MPS	MPS	Estoque final (MPS + Est. Antes)
1	10	0	35	-25	100	75
2	75	100	35	140	0	140
3	140	0	35	105	0	105
4	105	0	35	70	0	70
1	70	0	40	30	0	30
2	30	0	40	-10	100	90
3	90	0	50	40	0	40
4	40	0	50	-10	100	90
1	90	0	45	45	0	45
2	45	0	45	0	0	0
3	0	0	40	-40	100	60
4	60	0	40	20	0	20

CAPÍTULO 6 – PLANEJAMENTO DAS NECESSIDADES DE MATERIAIS (MRP)

EXERCÍCIO 1

Código	MP1000		1	2	3	4	5	6	7
QR	100	NP							800
TA	2	RP							
	D	200	200	200	200	200	200	200	300

ES	300	NL							800
TP	-	LP					900		

Código	MP1200		1	2	3	4	5	6	7
QR	200	NP					900		
TA	1	RP							
	D	50	50	50	50	50	0		
ES	0	NL					850		
TP	-	LP				850			

Código	MP1100		1	2	3	4	5	6	7
QR	300	NP					900		
TA	2	RP							
	D	100	100	100	100	100	50		
ES	50	NL					850		
TP	-	LP			850				

Código	MP1300		1	2	3	4	5	6	7
QR	M500	NP				1700	7200		
TA	3	RP							
	D	0	0	0	0	800	600		
ES	600	NL				1700	7000		
TP	-	LP	2500	7000					

Código	MP1210		1	2	3	4	5	6	7
QR	200	NP				3400			
TA	1	RP							
	D	50	50	50	50	100			
ES	100	NL				3400			
TP	-	LP			3450				

Código	MP1220		1	2	3	4	5	6	7
QR	300	NP				3400			
TA	1	RP		200					
	D	100	100	300	300	400			
ES	400	NL				3400			
TP	-	LP		3500					

Código	MP1230		1	2	3	4	5	6	7
QR	100	NP				1700			
TA	1	RP							
	D	100	100	100	100	20			

ES	20	NL				1620			
TP	-	LP			1620				

Código	MP1240		1	2	3	4	5	6	7
QR	100	NP				850			
TA	1	RP							
	D	100	100	100	100	0			
ES	0	NL				750			
TP	-	LP			750				

Código	MP1400		1	2	3	4	5	6	7
QR	100	NP			68	42,5			
TA	1	RP							
	D	20	100	100	32	89,5			
ES	60	NL			0	20,5			
TP	-	LP		0	100				

Código	MP1100		1	2	3	4	5	6	7
QR	100	NP			2550				
TA	1	RP							
	D	20	20	20	60				
ES	60	NL			2550				
TP	-	LP		2590					

Código	MP1211		1	2	3	4	5	6	7
QR	200	NP			10,656				
TA	1	RP							
	D	60	60	60	49,344				
ES	20	NL			0,000				
TP	-	LP		0					

Código	MP1221		1	2	3	4	5	6	7
QR	150	NP		8,4					
TA	1	RP							
	D	200	200	191,6					
ES	50	NL		0					
TP	-	LP	0						

CAPÍTULO 7 – PROGRAMAÇÃO DA PRODUÇÃO E SEU SEQUENCIAMENTO (GANTT)

EXERCÍCIO 1

Caldeiraria:

2500 kg/conjunto ÷ 75 peças/conjunto = 33,33 kg/peça

Gargalo: Pré-montagem: 100 kg/dia, balanceando para 125 kg/dia =>

100 kg em 8,8 h, e 125 kg em x horas => x = 11 h/dia = 2,2 hora extra/dia

Corte: 8,8 h/dia normalmente, pois já está na capacidade desejada, de 125 kg/dia

Montagem: 110 kg em 8,8 h e 125 kg em y horas => y = 10 h/dia = 1,2 hora extra/dia

Tempo total para fazer 4 conjuntos (10.000 kg) = tempo do gargalo = 80 dias úteis (10.000 ÷ 125 kg/dia) + 5,6 h (para fazer 1 peça antes de começar a próxima).

Data de início: 25/05

Data de término: 14/09, às 5h36min do turno, ou seja, antes de completar 81 dias úteis.

De onde vieram as 5h36min => Pré-montagem: 100 kg/dia ÷ 8,8 h/dia = 11,36 kg/h; 33,33 kg/peça ÷ 11,36 kg/h = 2,93 h/peça;

Montagem: 110 kg/dia ÷ 8,8 h/dia = 12,5 kg/h; 33,33 kg/peça ÷ 12,5 kg/h = 2,67 h/peça;

Para iniciarmos a usinagem, precisa ter 1 peça pronta da caldeiraria, o que seria 2,93 h + 2,67 h, resultando em 5,6 h.

Usinagem:

Torno: 1 peça a cada 15 min = 4 peças/h = 35,2 peças/dia de 8,8 h; são 2 tornos, logo: 35,2 x 2 = 70,4 peças/dia de 8,8 h.

Para fazer 300 peças (75 peças/conjunto x 4 conjuntos), 300 ÷ 70,4 peças/dia = 4,26 dias = 4 dias 2 h 18 min.

Fresadora: 1 peça a cada 30 min = 2 peças/h = 17,6 peças/dia de 8,8h. Para fazer 300 peças: 300 ÷ 17,6 peças/dia = 17,04 dias = 17 dias 24 min.

Pintura:

1 conjunto a cada 6 h = 4 conjuntos em 24 h; 24 h ÷ 8,8 h/dia = 2,73 dias = 2 dias 6 h 24 min.

Data início total: 25/05

Data término total: 14/09, às 11h36min (5 h 36 min + 6 h da pintura do último conjunto) do turno, ou seja, antes de completar 81 dias.

Tempo total para execução do pedido: 80 dias úteis e 11 h 36 min = 715 h 36 min em turno normal + 272 horas extras.

EXERCÍCIO 2

Chapa 1: 1/4" x 2,54 cm = 0,635 cm espessura; V = 30 cm x 30 cm x 0,635 cm = 571,5 cm^3; Densidade = p/v => 7,85g/cm^3 = p ÷ 571,5 cm^3 => p = 4486,27 g = 4,486 kg; p com 10% de perda = 4,935 kg.

Chapa 2: V = 20 cm x 30 cm x 0,635 cm = 381 cm^3; Densidade = p ÷ v => 7,85 g/cm^3 = p ÷ 381 => p = 2990,85 g = 2,991 kg; p com 10% de perda = 3,29 kg.

Chapa 3: ½" x 2,54 cm = 1,27 cm espessura; V = 35 cm x 30 cm x 1,27 cm = 1333,5 cm^3; Densidade = p ÷ v => 7,85 g/cm^3 = p ÷ 1333,5 cm^3 => p = 10467,98 g = 10,468 kg; p com 10% de perda = 11,515 kg.

Item	Nº	Peso unit.	Medidas (mm)	Chapa (espessura em polegadas)	Peso total	Q
Suporte	–	–	–			1
Chapa 1	1	4,935	300 x 300	1/4 "	4935	1
Chapa 2	2	3,29	200 x 300	1/4 "	3290	1
Chapa 3	3	11,515	350 x 300	1/2 "	11515	1

No corte, 500 kg/dia ÷ 8,8 h/dia = 56,82 kg/h = 0,947 kg/min.

Na solda (gargalo), 0,947 kg/min x 11,515 kg/peça gargalo = 10,9 min para esperar para a próxima etapa.

Capacidades e quantidade de dias:

Corte: (4,935 kg x 1.000 peças) + (3,29 kg x 1.000 peças) + (11,515 kg x 1.000 peças) = 19,740 t; 19,740 t ÷ 500 kg/dia = 39,48 dias = 39 dias 4 h 14 min.

Solda: 19740 kg ÷ 39,48 dias = 500 kg/dia; se 200 kg faço em 8,8 h, 500 kg faço em 22 h. 22 h x 5 dias/semana = 110 h/semana, se dividir por 44 h/semanais = 2,5 turnos/dia, 2 turnos de 8 h, mais 1 turno de 4 h e no sábado, metade disso.

Montagem: se faço 400 kg em 8,8 h, para fazer 500 kg/dia trabalho 11 h/dia, ou 55 h/semana, dividido por 44 h/semana = 1,25 turnos/dia = 1 turno de 8 h e 2 horas extras por dia e no sábado, metade disso.

Data de início: 01/06

Data de término: 24/07, às 4h34min do turno 1.

Tempo total para execução do pedido: 39 dias 4 h 34 min, sendo 2,2 horas extras/dia útil, totalizando 86,86 horas extras durante o atendimento do pedido. Outras possibilidades de arranjo de horário de trabalho podem ser feitas.

EXERCÍCIO 3

Nº de recursos:

O1 => m1 = (0,48 min x 1500 peças/dia) ÷ (60 min/h x 8,8 h/dia x 0,85) = 1,6 => 2 máquinas

O2 => m2 = (0,10 x 1500) ÷ (60 x 8,8 x 0,8) = 0,35 => 1 máquina

O3 => m3 = (0,24 x 1500) ÷ (60 x 8,8 x 0,9) = 0,76 => 1 máquina

O4 => m4 = (0,36 x 1500) ÷ (60 x 8,8 x 0,95) = 1,08 => 2 máquinas

O5 => m5 = (0,6 x 1500) ÷ (60 x 8,8 x 0,98) = 1,74 => 2 máquinas

Usando 1 equipamento por operação:

O1 => m1 = (t1 x N) ÷ (60 x h1 x e1) => 1 = (0,48 x 1500) ÷ (60 x h1 x 0,85) => h1 = 14,12 h

O2 => m2 = (0,10 x 1500) ÷ (60 x h2 x 0,8) => h2 = (0,10 x 1500) ÷ (60 x 0,8) => h2 = 3,12 h

O3 => 1 = (0,24 x 1500) ÷ (60 x h3 x 0,9) => h3 = 6,67 h

O4 => 1 = (0,36 x 1500) ÷ (60 x h4 x 0,95) => h4 = 9,47 h

O5 => 1 = (0,6 x 1500) ÷ (60 x h5 x 0,98) => h5 = 15,31 h

Conclusão: é possível atender à demanda de 1.500 peças/dia, mas é necessário a correta programação e sequenciamento. Pode-se notar que nenhuma operação necessita de mais de 16 h/dia, ou seja, 2 turnos, logo, bastaria a programação prever essa demanda e começar a fabricação no dia anterior, seguindo posteriormente a sequência normal programada.

EXERCÍCIO 4

a) Tempo de processo:

Serra => 40 min/peça x 40 eixos = 1600 min ÷ 60 min/h = 26,67 h; 26,67 h ÷ 8,8 h/dia = 3 dias 16 min úteis

Torno => 80 min/peça x 40 eixos = 3200 min ÷ 60 min/h = 53,33 h; 53,33 h ÷ 8,8 h/dia = 6 dias 32 min úteis

Fresa => 35 min/peça x 40 eixos = 1400 min ÷ 60 min/h = 23,33 h; 23,33 h ÷ 8,8 h/dia = 2 dias 5h 44min úteis

Furadeira => 15 min/peça x 40 eixos = 600 min ÷ 60 min/h = 10 h; 10 h ÷ 8,8 h/dia = 1 dia 1h 12 min úteis

Retífica => 90 min/peça x 40 eixos = 3600 min ÷ 60 min/h = 60 h; 60 h ÷ 8,8 h/dia = 6 dias 7h 12 min úteis

Tempo total de processo = 19 dias 6 h 8 min. Sim, é possível atender, como pode ser visto no gráfico a seguir.

	JUNHO																			
	1ª Semana					2ª Semana					3ª Semana					4ª Semana				
EQUIPAMENTOS	1	2	3	4	5	1	2	3	4	5	1	2	3	4	5	1	2	3	4	5
Serra	X	X	X																	
Torno convencional					X	X	X	X	X	X										
Fresa									X	X	X									
Furadeira				OCUPADO								X	X							
Retífica														X	X	X	X	X	X	X

b) Nº de recursos:

Serra => m1 = (40 x 40) ÷ (60 x 8,8 x 20 x 1) = 0,15 máquinas [este 20 corresponde à quantidade de dias por mês livres de ocupação]

Torno => m2 = (80 x 40) ÷ (60 x 8,8 x 16 x 1) = 0,38 máquinas

Fresa => m3 = (35 x 40) ÷ (60 x 8,8 x 12 x 1) = 0,22 máquinas

Furadeira => m4 = (15 x 40) ÷ (60 x 8,8 x 9 x 1) = 0,13 máquinas

Retífica => m5 = (90 x 40) ÷ (60 x 8,8 x 7 x 1) = 0,97 máquinas

c) Ociosidade do processo:

Serra = 1 – 0,15 = 0,85 = 85%; Torno = 1 – 0,38 = 0,62 = 62%; Fresa = 1 – 0,22 = 0,78 = 78%; Furadeira = 1 – 0,13 = 0,87 = 87%; Retífica = 1 – 0,97 = 0,03 = 3%.

d) Processo de maior restrição é a Retífica, com tempo de operação de 90 min/peça. Dobrando o equipamento, fica m = 2, e: 2 = (t x N) ÷ (60 x h x e) => 2 = (90 x N) ÷ (60 x 8,8 x 7 x 1) => N = 82 peças. Ociosidade: m = (90 x 82) ÷ (60 x 8,8 x 7 x 1) = 1,99 = 1%.

Serra => m1 = (40 x 82) ÷ (60 x 8,8 x 20 x 1) = 0,31 máquinas = 69% ociosidade

Torno => m2 = (80 x 82) ÷ (60 x 8,8 x 16 x 1) = 0,78 máquinas = 22% ociosidade

Fresa => m3 = (35 x 82) ÷ (60 x 8,8 x 12 x 1) = 0,45 máquinas = 55% ociosidade

Furadeira => m4 = (15 x 82) ÷ (60 x 8,8 x 9 x 1) = 0,26 máquinas = 74% ociosidade

Retífica => m5 = (90 x 82) ÷ (60 x 8,8 x 7 x 1) = 1,99 máquinas = 1% ociosidade

EXERCÍCIO 5

Produto X:

Quantidades: XL300 = 500 x 2 = 1000 peças; XL500 = 750 x 3 = 2250; total de componentes X = 3.250 peças.

Tempo de processo Furação: 9 x 3250 = 29.250 min.

Tempo de espera Furação = 30 + 24 = 54 min. ASSIM PARA TODOS OS PROCESSOS.

Produto Y:

Quantidades: YL300 = 1 x 500 = 500; YL500 = 2 x 750 = 1500; total de componentes Y = 2.000 peças.

Tempo de processo Furação: 15 x 2000 = 30.000 min.

Tempo de espera Furação = 30 + 30 = 60 min. ASSIM PARA TODOS OS PROCESSOS.

EXERCÍCIO 6

	T. proc. (min.)	Setup (min.)	Máquina	T. fabric. (min.)	T. fabric. (h)
A	2	30	M1	10540	175,67
B	4	20	M2	42160	702,67
C	3	40	M3	23715	395,25
D	3,9963	30	M4	42121	702,02

a) Como são componentes independentes, não precisa terminar uma peça para começar outra em outro equipamento. Se o gargalo dita a capacidade do sistema, a capacidade mensal deve ser calculada assim: Cb = 4 min/componente x 4 componentes/conjunto M200 = 16 min/conjunto; 176 h/mês x 60 min/h = 10560 min/mês => Cb = 10560 min/mês ÷ 16 min/conjunto => Cb = 660 conjuntos/mês.

Logo, a capacidade do sistema seria 660 conjuntos/mês.

b) Ociosidade zero.

c) Mesmo se o pedido fosse alterado para 660 conjuntos/mês, o risco seria o de dedicar toda a fábrica para um único mercado/cliente específico. Será que esse pedido terá continuidade? Se não houver, não compensa. Para entrar novamente em um mercado em que você empresário decidiu sair gasta-se muito dinheiro, talvez mais do que foi gasto para entrar na primeira vez. Isso pode inviabilizar inclusive a sustentabilidade da empresa como um todo.

EXERCÍCIO 7

Carcaça:

1) tempo de espera = 123,2 h; tempo de processo = 160 h

2) tempo de espera = 105,6 h; tempo de processo = 120 h

3) tempo de espera = 88 h; tempo de processo = 60 h

4) tempo de espera = 123,2 h; tempo de processo = 130 h

Eixo:

1) tempo de espera = 70,4 h; tempo de processo = 30 h

2) tempo de espera = 114,4 h; tempo de processo = 190 h

3) tempo de espera = 88 h; tempo de processo = 60 h

4) tempo de espera = 123,2 h; tempo de processo = 130 h

Aro:

1) tempo de espera = 149,6 h; tempo de processo = 70 h

2) tempo de espera = 0; tempo de processo = 50 h

3) tempo de espera = 123,2 h; tempo de processo = 100 h

Montagem das turbinas: 44 h/conj x 10 conjuntos = 440 h; Total: 542,1 h + 440 h = 982,1 h ÷ 176 h/mês = 5,58 meses x 20 dias úteis/mês = 111,6 dias úteis = 111 dias 5 h 17 min.

Início: 10/10; Término: 25/03, às 5h17min.

Fazer solicitação para terceiros fazerem ajustes (– 15 dias corridos) = 10/03

Fazer solicitação de inspeção por parte do cliente (– 20 dias corridos) = 05/03